1권

# 2025 ~ 2024년 모듈형 NCS

## 기출복원 모의고사

〈문항 및 시험시간〉

| 평가영역 | 문항 수 | 시험시간 | 모바일 OMR 답안채점 /<br>성적분석 서비스 |
| --- | --- | --- | --- |
| 의사소통능력 / 수리능력 / 문제해결능력 /<br>조직이해능력 / 정보능력 / 자원관리능력 /<br>자기개발능력 / 대인관계능력 / 직업윤리 | 60문항 | 60분 | |

# 모듈형 NCS 집중학습 봉투모의고사

## 2025 ~ 2024년 모듈형 NCS 기출복원 모의고사

문항 수 : 60문항
시험시간 : 60분

---

**| 코레일 한국철도공사(25상) / 의사소통능력**

**01** 다음 제시된 표현법에 대한 사례로 가장 적절한 것은?

> 관용의 격률이란 자신의 이익은 최소화하고 부담은 최대화하여 말하는 표현법이다. 관용의 격률에 따르면 자신의 부담이 커질수록 상대에게는 예의 있는 표현으로 여겨지기 때문에 어떠한 문제를 자신 탓으로 돌려 말하는 것이라고도 해석된다.

① 민재 : 조은 씨는 좋겠네요. 아들이 훤칠한데 공부까지 잘해서요.
② 지우 : 설명이 너무 어려워서 이해가 되지 않아요. 더 쉽게 설명해 주시겠어요?
③ 다예 : 제가 다음 주에 발표가 있으니, 이번 주까지 자료 정리해서 보내줄 수 있나요?
④ 동현 : 짐을 옮겨야 되는데 너무 무거워서, 미안한데 잠깐 도와 줄 수 있을까요?
⑤ 선주 : 제가 시력이 안 좋아서 잘 보이지가 않네요. 조금 더 크게 보여주실 수 있나요?

---

**| 코레일 한국철도공사(25상) / 수리능력**

**02** 다음 수식을 계산한 결과는 $\frac{q}{p}$의 기약분수 형태로 나타낼 수 있으며, $p$와 $q$는 서로소이다. 이때, $p+q$의 값은?

$$\frac{18 \times (15^2 + 12 + 3)}{90^2 - 2 \times 45 \times 4} + 1$$

① 90
② 100
③ 110
④ 120
⑤ 130

**03** K시의 전철 요금은 1회 탑승 시 1,500원이며, 오전 6시 30분 이전에 탑승할 경우 20%의 할인이 적용된다. K시에 사는 A씨는 전철을 이용하여 한 달간 총 22일의 출근과 퇴근을 할 예정이다. 한 달 전철 요금을 62,000원 이하로 유지하려면 A씨가 할인을 받아야 하는 날은 최소 며칠이어야 하는가?(단, A씨는 오후 6시에 회사에서 퇴근한다)

① 12일　　　　　　　　　② 13일
③ 14일　　　　　　　　　④ 15일
⑤ 16일

**04** 다음 사례에서 나타나는 창의적 사고 개발방법으로 가장 적절한 것은?

> 3개의 노선이 교차하는 환승역인 K역은 복잡한 역사 구조로 인해 승객들이 길을 헤매는 문제가 있다. A주임은 이러한 문제를 창의적으로 해결하기 위해 지하철역과 비슷하게 사람이 많고 구조가 복잡한 쇼핑센터의 사례를 탐색하였다. 탐색 결과 쇼핑센터에서 입점 가게 위치를 스마트폰 증강현실 지도로 보여주는 기술이 있음을 확인하였고, 이를 바탕으로 K역에 적용하여 QR코드를 찍고, 환승구역이나 나가는 곳을 입력하면, 그 위치를 스마트폰 증강현실을 통해 안내하는 서비스를 기획하였다.

① NM법　　　　　　　　　② Synectics
③ 체크리스트　　　　　　　④ SCAMPER
⑤ 브레인스토밍

**05** 다음은 철도사업을 수행하는 K공사에 대한 SWOT 분석 결과이다. 기회(Opportunity)요인에 해당하는 사례를 〈보기〉에서 모두 고르면?

> 〈보기〉
> ㄱ. 신재생 관련 법안 개정으로 인한 철도 이용객 수 증가
> ㄴ. 높은 국내 철도망 운영 노하우
> ㄷ. 도시철도에 대한 민간투자의 확대
> ㄹ. 정부의 교통요금 동결 정책 지속
> ㅁ. 직원 수 부족으로 인해 저조한 고객 만족도
> ㅂ. 글로벌 공동 철도 프로젝트 참여

① ㄱ, ㄴ, ㅁ　　　　　　　② ㄱ, ㄷ, ㅂ
③ ㄴ, ㄷ, ㄹ　　　　　　　④ ㄴ, ㅁ, ㅂ
⑤ ㄷ, ㅁ, ㅂ

**06** 다음 사례에서 나타나는 A씨의 논리적 오류로 가장 적절한 것은?

> 매일 지하철을 이용하여 출퇴근하는 A씨는 혼잡해진 지하철 상황에 불만을 가지고 있다. 어느 날 혼잡한 출근시간에 지하철이 흔들려 어떤 학생이 A씨와 부딪히게 되었다. 부딪힌 학생은 즉시 A씨에게 사과하였지만, A씨는 화를 내며 요즘 젊은이들은 전부 조심성도 없고 남을 배려하지도 않는다고 학생을 비난하였다.

① 무지의 오류  
② 결합의 오류  
③ 애매성의 오류  
④ 과대 해석의 오류  
⑤ 성급한 일반화의 오류

**07** 다음은 한국철도공사의 문제해결 사례이다. 〈보기〉의 사례와 문제해결 방법을 바르게 연결한 것은?

〈보기〉

ㄱ. 한국철도공사는 65세 이상의 노인을 위한 복지 정책으로 노인 무임승차제도를 실시하고 있다. 그러나 한국철도공사의 재정문제와 더불어 이용자 세대별 형평성 문제로 인해 무임승차 혜택에 대한 이용자들의 갈등이 첨예해졌다. 이 문제를 해결하기 위해 A차장은 노인 이용자 대표를 한국철도공사에 초청하여 노인 무임승차제도 혜택 축소를 목적으로 합의점을 찾기 위한 토론회를 개최하였다.

ㄴ. 최근 한국철도공사의 고객센터에는 노인들이 매표 키오스크를 사용하기 불편하다는 불만이 자주 들어오고 있다. A센터장은 직원들에게 이 사실을 알리고, 노인 이용자가 편하게 키오스크를 사용할 수 있는 방법을 모색하기 위해 노인 역할극 및 브레인스토밍을 통해 아이디어를 모으도록 유도하였다. 그 결과 직원들의 아이디어를 결합하여 키오스크를 조작하는 동안 잠시 기대어 앉을 수 있는 간이 의자와 주요 기능을 크게 강조하는 방안이 채택되어 노인 이용자들이 편하게 이용할 수 있게 되었다.

ㄷ. 신입사원 B는 철도회사 업무에 익숙하지 않아 발생하는 실수로 팀 내부에서 갈등을 일으키고 있다. 이를 해결하기 위해 A팀장은 B사원에게 철도업무에서 실수가 있을 때, 어떤 상황이 일어날 수 있는지 넌지시 이야기하며 헷갈리는 일이 있을 때는 팀원들의 도움을 받는 것이 좋다고 조언하였고, 다른 팀원들에게는 신입사원 시절에는 모두가 실수가 많았다며 B사원이 업무에 빨리 적응할 수 있도록 도와달라고 격려하였다. 이후 B사원과 다른 팀원들의 노력으로 B사원은 빠르게 업무에 적응하게 되었다.

| | ㄱ | ㄴ | ㄷ |
|---|---|---|---|
| ① | 소프트 어프로치 | 하드 어프로치 | 퍼실리테이션 |
| ② | 소프트 어프로치 | 퍼실리테이션 | 하드 어프로치 |
| ③ | 하드 어프로치 | 소프트 어프로치 | 퍼실리테이션 |
| ④ | 하드 어프로치 | 퍼실리테이션 | 소프트 어프로치 |
| ⑤ | 퍼실리테이션 | 소프트 어프로치 | 하드 어프로치 |

**08** 다음 중 밑줄 친 어휘의 쓰임이 옳은 것은?

① 보복관세는 사실상 총구만 겨루지 않았을 뿐 보이지 않는 전쟁이다.
② 비타민 B3의 복용이 암환자의 수명을 늘인다는 연구 결과가 나타났다.
③ 오해에 대해 해명하지 않았더니 소문은 겉잡을 수 없이 퍼져나갔다.
④ 자신과 정치적 성향이 다르다고 편을 가늠하는 것은 폭력과 다름이 없다.
⑤ 전라도 김치는 갖은 양념과 속이 꽉 찬 배추로 K-푸드의 선두주자로 자리매김하고 있다.

**09** 다음 중 공문서의 항목의 표시에 대한 설명으로 옳지 않은 것은?

① 항목을 표시할 때 항목 기호와 그 항목의 내용 사이에는 1타를 띄운다.
② 문서의 두 번째 항목부터는 바로 위 항목 위치에서 오른쪽으로 2타씩 옮겨 시작한다.
③ 항목의 순서는 숫자인 경우에는 오름차순으로, 한글인 경우에는 가나다순으로 표시한다.
④ 항목을 표시할 때 필요한 경우에 한하여 ㅁ, ㅇ, -, · 등의 특수기호 표시를 허용한다.
⑤ 항목을 표시할 때에는 상위 항목부터 가. → 1. → 가) → 1) → (가) → (1)의 순서로 표시한다.

**10** 다음 중 공문서의 금액 표기로 옳은 것은?

① 금1,130,000원(금백십삼만원)
② 금1,130,000원(금일백십삼만원)
③ 금1,130,000원(금일백일십삼만원)
④ 금 1,130,000원(금 일백십삼만원)
⑤ 금 1,130,000원(금 일백일십삼만원)

**| 서울교통공사(25상) / 대인관계능력**

**11** 다음 중 두 팀장의 대화에서 나타나는 임파워먼트 장애요인의 차원으로 가장 적절한 것은?

> 김팀장 : 박팀장님, 요즘 우리 부서원들이 회의 때 별다른 의견을 내지 않고, 자신들의 생각도 잘 표현하지 않는 것 같아요.
> 박팀장 : 저희 팀도 그래요. 사실 새로운 시도나 아이디어를 말해 보라고 하면, 다들 조심스러워하는 분위기입니다.
> 김팀장 : 우리 회사가 실수를 거의 용납하지 않는 분위기라 그런 것 같지 않으세요? 한 번 실수라도 하면 바로 윗선에서 문제 삼고, 실패에 대한 압박도 심하잖아요.
> 박팀장 : 맞아요. 위에서 항상 '실수 없이 일하라'고 강조하니까, 팀원들도 무엇인가를 시도하는 일 자체를 꺼리는 것 같아요. 새로운 아이디어를 내거나 도전하는 걸 아예 포기한 모습이 보이더라고요.
> 김팀장 : 너무 엄격한 시스템 때문에 팀원들이 자율적으로 움직이기 힘든 상황인 것 같네요.
> 박팀장 : 실제로 우리가 더 권한을 주고 싶어도 이 분위기에서는 팀원들이 책임질 일이 생길까봐 더 소극적으로 움직일 수밖에 없는 것 같습니다.

① 개인 차원
② 대인 차원
③ 관리 차원
④ 조직 차원
⑤ 장애요인 없음

**| 건강보험심사평가원(25상) / 의사소통능력**

**12** 다음 밑줄 친 외래어를 우리말로 바르게 순화하지 않은 것은?

① 그 전시회의 테마는 극사실주의로 현실보다 더 현실적인 작품을 볼 수 있다.
  → 주제
② 전문가들은 이번 포럼에서 관세전쟁 속에서의 지속가능한 전략에 대해 논하였다.
  → 회의
③ 코로나19가 재확산하는 양상을 보이자 시민들의 팬데믹에 대한 우려가 커지고 있다.
  → 세계적인 감염병 대유행
④ 세계 유명 도시는 그 지역만의 정체성과 타 지역과의 차별성을 가진 랜드마크를 갖고 있다.
  → 상징물

**13.** ② 81분

**14.** ①

**15** 다음 중 제시된 단어와 가장 비슷한 어휘는?

> 된서리

① 타계(他界)  ② 타격(打擊)
③ 타점(打點)  ④ 타락(墮落)
⑤ 타산(打算)

**16** 다음 중 빈칸에 들어갈 단어로 가장 적절한 것은?

> 정조는 애민주의를 _____하며 백성들을 위한 정책을 펼쳤다.

① 표징(表徵)  ② 표집(標集)
③ 표방(標榜)  ④ 표류(漂流)
⑤ 표리(表裏)

**17** 다음 중 밑줄 친 단어의 의미가 다른 것은?

① 인간은 네 번째 <u>차원</u>인 시간을 인식하며 살아간다.
② 그의 능력은 취미의 <u>차원</u>을 넘어 예술의 경지로 나아갔다.
③ 과도한 사탕발림이 예의의 <u>차원</u>을 넘어 불편하게 다가왔다.
④ 독창적인 아이디어가 한 <u>차원</u> 높은 수준의 품질을 이끌어 내었다.

**18** 다음 글과 가장 관련 있는 한자성어는?

> A씨는 대학 졸업 후 창업에 도전하기로 결심했다. 그는 자신의 아이디어에 확신을 가지고 작은 카페를 열었지만, 예상치 못한 문제들이 끊임없이 발생했다. 위치 선정이 잘못되었고, 경쟁이 치열했으며, 운영 경험 부족으로 인해 손님을 끌어들이지 못했다. 결국 1년 만에 카페는 문을 닫아야 했고, A씨는 큰 빚과 좌절감 속에서 실패를 받아들여야 했다.
> 하지만 A씨는 실패를 통해 얻은 교훈을 놓치지 않았다. 그는 자신이 부족했던 점들을 분석하며 경영과 마케팅에 대해 더 깊이 공부하기 시작했다. 또한 카페를 운영하며 쌓은 고객 관리 경험과 식음료 산업에 대한 이해를 바탕으로 새로운 방향을 모색했다. 그러던 중, 그는 소규모 카페 운영자들이 겪는 어려움 해소를 돕기 위해 전문 컨설팅 서비스를 제공하는 사업 아이디어를 떠올렸다.
> A씨는 이전의 실패를 발판 삼아 철저히 준비한 끝에 컨설팅 회사를 설립했다. 그의 서비스는 소규모 카페 운영자들에게 실질적인 도움을 제공하며 빠르게 입소문을 탔고, 사업은 성공적으로 성장했다.

① 전화위복(轉禍爲福)
② 사필귀정(事必歸正)
③ 일취월장(日就月將)
④ 우공이산(愚公移山)

**19** 다음 사례에서 나타나는 논리적 오류로 가장 적절한 것은?

> A씨는 오랜만에 고향 친구를 만났다. 약속 장소에서 A씨는 고향 친구가 말끔한 정장을 입고 나온 것을 보고, 그가 부자일 확률보다 부자이면서 좋은 차를 끌고 다닐 확률이 높다고 생각하였다.

① 결합의 오류
② 무지의 오류
③ 연역법의 오류
④ 과대 해석의 오류

**20** 다음 중 단어의 뜻이 나머지와 다른 것은?

① 호도(糊塗)  ② 맹아(萌芽)
③ 무마(撫摩)  ④ 은폐(隱蔽)

**21** 다음 중 밑줄 친 어휘가 나머지와 다른 의미로 사용된 것은?

① 건조한 환경으로 인해 쉽게 불이 붙었다.
② 새로운 소재로 불이 붙는 것을 방지하였다.
③ 토론은 양측이 첨예하게 대립해 불이 붙었다.
④ 들판에 불이 붙자 걷잡을 수 없이 퍼져 나갔다.

**22** K고등학교의 운동장은 윗변이 20m, 밑변이 50m, 높이가 20m인 등변 사다리꼴 형태이다. 운동장의 가장자리에 2m마다 의자를 놓고 학생을 앉힐 때, 의자에 앉을 수 있는 학생의 수는?

① 59명  ② 60명
③ 61명  ④ 62명

23  다음 중 효과적인 시간관리를 통하여 빠르고 효율적인 생산으로 작업 소요 시간을 단축시켰을 때, 기업의 입장에서 나타나는 효과로 옳지 않은 것은?

① 가격 인상
② 위험 감소
③ 정확한 예산 분배
④ 시장 점유율 증가

24  다음 중 효율적이고 합리적인 인사관리 원칙 중 해당 직무 수행에 가장 적합한 인재를 배치해야 한다는 원칙으로 옳은 것은?

① 단결의 원칙
② 공정 인사의 원칙
③ 종업원 안정의 원칙
④ 적재적소 배치의 원칙

25  다음 사례에서 나타나는 물적자원관리의 원칙으로 옳은 것은?

> 편의점 점장인 A씨는 상품의 판매량과 입고량을 파악하여 많이 팔리고, 많이 들어오는 상품은 출입구에 가깝게 위치시켰으며, 적게 팔려서 주문할 양이 적은 상품은 매장 안쪽에 배치하여 상품의 입·출하가 원활하게 이루어지도록 하였다.

① 동일성의 원칙
② 유사성의 원칙
③ 회전대응의 원칙
④ 기호화의 원칙

**26** 다음 중 비언어적 요소인 쉼을 사용하는 경우로 적절하지 않은 것은?

① 양해나 동조를 구할 경우
② 상대방에게 반문을 할 경우
③ 이야기의 흐름을 바꿀 경우
④ 연단공포증을 극복하려는 경우
⑤ 이야기를 생략하거나 암시할 경우

**27** 다음 밑줄 친 부분에 해당하는 키슬러의 대인관계 의사소통 유형은?

> 의사소통 시 이 유형의 사람은 따뜻하고 인정이 많고 자기희생적이나 타인의 요구를 거절하지 못하므로 타인과의 정서적인 거리를 유지하는 노력이 필요하다.

① 지배형　　　　　　　② 사교형
③ 친화형　　　　　　　④ 고립형
⑤ 순박형

**28** 농도가 15%인 소금물 200g과 농도가 20%인 소금물 300g을 섞었을 때, 섞인 소금물의 농도는?

① 17%　　　　　　　② 17.5%
③ 18%　　　　　　　④ 18.5%
⑤ 19%

29. 40가지 (③)

30. 61 (④)

31. 과대 해석의 오류 (③)

**32** 다음은 스마트팜을 운영하는 K사에 대한 SWOT 분석 결과이다. 이에 따른 전략이 나머지와 다른 것은?

〈K사 스마트팜 SWOT 분석 결과〉

| 구분 | | 분석 결과 |
|---|---|---|
| 내부환경요인 | 강점<br>(Strength) | • 차별화된 기술력 : 기존 스마트팜 솔루션과 차별화된 센서 기술, AI 기반 데이터 분석 기술 보유<br>• 젊고 유연한 조직 : 빠른 의사결정과 시장 변화에 대한 적응력<br>• 정부 사업 참여 경험 : 스마트팜 관련 정부 사업 참여 가능성 |
| | 약점<br>(Weakness) | • 자금 부족 : 연구개발, 마케팅 등에 필요한 자금 확보 어려움<br>• 인력 부족 : 다양한 분야의 전문 인력 확보 필요<br>• 개발력 부족 : 신규 기술 개발 속도 느림 |
| 외부환경요인 | 기회<br>(Opportunity) | • 스마트팜 시장 성장 : 스마트팜에 대한 관심 증가와 이에 따른 정부의 적극적인 지원<br>• 해외 시장 진출 가능성 : 글로벌 스마트팜 시장 진출 기회 확대<br>• 활발한 관련 연구 : 스마트팜 관련 공동연구 및 포럼, 설명회 등 정보 교류가 활발하게 논의 |
| | 위협<br>(Threat) | • 경쟁 심화 : 후발 주자의 등장과 기존 대기업의 시장 장악 가능성<br>• 기술 변화 : 빠르게 변화하는 기술 트렌드에 대한 대응 어려움<br>• 자연재해 : 기후 변화 등 예측 불가능한 자연재해로 인한 피해 가능성 |

① 정부 지원을 바탕으로 연구개발에 필요한 자금을 확보한다.
② 스마트팜 관련 공동연구에 참가하여 빠르게 신규 기술을 확보한다.
③ 스마트팜에 대한 높은 관심을 바탕으로 온라인 펀딩을 통해 자금을 확보한다.
④ 포럼 등 설명회에 적극적으로 참가하여 전문 인력 확충을 위한 인맥을 확보한다.
⑤ 스마트팜 관련 정부 사업 참여 경험을 바탕으로 정부의 적극적인 지원을 확보한다.

**33** 다음 글에서 나타난 문제해결절차의 단계로 가장 적절한 것은?

> K대학교 기숙사는 최근 학생들의 불만이 끊이지 않고 있다. 특히, 식사의 질이 낮고, 시설이 노후화되었으며, 인터넷 연결 상태가 불안정하다는 의견이 많았다. 이에 K대학교 기숙사 운영위원회는 문제해결을 위해 긴급회의를 소집했다.
> 회의에서 학생 대표들은 식단의 다양성 부족, 식재료의 신선도 문제, 식당 내 위생 상태 불량 등을 지적했다. 또한, 시설 관리 담당자는 건물 외벽의 균열, 낡은 가구, 잦은 누수 현상 등 시설 노후화 문제를 강조했다. IT 담당자는 기숙사 내 와이파이 연결 불안정, 인터넷 속도 저하 등 통신환경 문제를 제기했다.
> 운영위원회는 이러한 다양한 의견을 종합하여 문제를 더욱 구체적으로 분석하기로 결정했다. 먼저, 식사 문제의 경우 학생들의 식습관 변화에 따른 메뉴 구성의 문제, 식자재 조달 과정의 비효율성, 조리 시설의 부족 등의 문제를 파악했다. 시설 문제는 건물의 노후화로 인한 안전 문제, 에너지 효율 저하, 학생들의 편의성 저하 등으로 세분화했다. 마지막으로, 통신환경 문제는 기존 네트워크 장비의 노후화, 학생 수 증가에 따른 네트워크 부하 증가 등의 세부 문제가 제시되었다.

① 문제 인식
② 문제 도출
③ 원인 분석
④ 해결안 개발
⑤ 실행 및 평가


**34** 다음 중 밑줄 친 단어가 맞춤법상 옳지 않은 것은?

① 김주임은 지난 분기 매출을 조사하여 증가량을 <u>백분율</u>로 표기하였다.
② 젊은 세대를 중심으로 빠른 이직 트렌드가 형성되어 <u>이직률</u>이 높아지고 있다.
③ 이번 학기 <u>출석율</u>이 이전보다 크게 향상되어 학생들의 참여도가 높아지고 있다.
④ 이번 시험의 <u>합격률</u>이 역대 최고치를 기록하며 수험생들에게 희망을 안겨주었다.

**35** S공사는 2024년 상반기에 신입사원을 채용하였다. 전체 지원자 중 채용에 불합격한 남성의 수와 여성의 수는 같으며, 합격한 남성의 수와 여성의 수의 비율은 2 : 3이라고 한다. 전체 남성 지원자와 전체 여성 지원자의 비율이 6 : 7이고, 합격한 남성의 수가 32명이면 전체 지원자는 몇 명인가?

① 192명　　　　　　　　　　② 200명
③ 208명　　　　　　　　　　④ 216명

**36** 다음 중 빅데이터 분석 기획 절차를 순서대로 바르게 나열한 것은?

① 범위 설정 → 프로젝트 정의 → 위험 계획 수립 → 수행 계획 수립
② 범위 설정 → 프로젝트 정의 → 수행 계획 수립 → 위험 계획 수립
③ 프로젝트 정의 → 범위 설정 → 위험 계획 수립 → 수행 계획 수립
④ 프로젝트 정의 → 범위 설정 → 수행 계획 수립 → 위험 계획 수립

**37** 다음 중 제시된 단어와 가장 비슷한 단어는?

| 비상구 |
|---|

① 진입로　　　　　　　　　　② 출입구
③ 돌파구　　　　　　　　　　④ 여울목
⑤ 탈출구

**38.** 

A열차가 터널을 완전히 빠져나오는 데 14초가 걸리므로 $v_A \times 14 = L + \ell$ (L: 터널 길이, ℓ: 열차 길이).
B열차는 t=5에 진입, t=9에 완전히 빠져나오므로 4초 소요: $v_B \times 4 = L + \ell$.
따라서 $v_B / v_A = 14/4 = 3.5$

정답: ④ 3.5배

**39.**

A팀 사용일: 5, 10, 15, 20, …  
B팀 사용일: 4, 8, 12, 16, 20, …  
겹치는 날: 20, 40, 60, … (20일마다)

A가 먼저 사용, 교대로 사용하므로 겹친 날 중 A=9회, B=8회 ⇒ 총 17번째 겹친 날 = 340일

- A팀 예정일(5의 배수): 68일
- 그중 겹친 날 17일 중 B가 사용한 8일은 A가 사용 못함
- 따라서 340일까지 A팀 사용: 68 − 8 = 60회
- 340일 이후 다음 겹친 날(360일) 전까지 A 단독 사용일: 345, 350, 355 (3일)
- 최대 사용 횟수: 60 + 3 = 63회

정답: ③ 63회

**40.**

㉠ 짜깁기 (○), ㉡ 뒤처지기 (○)

정답: ① 짜깁기 / 뒤처지기

**41** 다음 중 공문서 작성 시 유의해야 할 점으로 옳지 않은 것은?

① 한 장에 담아내는 것이 원칙이다.
② 부정문이나 의문문의 형식은 피한다.
③ 마지막엔 반드시 '끝'자로 마무리한다.
④ 날짜 다음에 괄호를 사용할 경우에는 반드시 마침표를 찍는다.

**42** 영서가 어머니와 함께 40분 동안 만두를 60개 빚었다고 한다. 어머니가 혼자서 1시간 동안 만두를 빚을 수 있는 개수가 영서가 혼자서 1시간 동안 만두를 빚을 수 있는 개수보다 10개 더 많을 때, 영서는 1시간 동안 만두를 몇 개 빚을 수 있는가?

① 30개
② 35개
③ 40개
④ 45개

**43** 대칭수는 순서대로 읽은 수와 거꾸로 읽은 수가 같은 수를 가리키는 말이다. 예컨대, 121, 303, 1,441, 85,058 등은 대칭수이다. 1,000 이상 50,000 미만의 대칭수는 모두 몇 개인가?

① 180개
② 325개
③ 405개
④ 490개

**44** 어떤 자연수 '25□'가 3의 배수일 때, □에 들어갈 수 있는 모든 자연수의 합은?

① 12
② 13
③ 14
④ 15

**45** 다음 중 비영리 조직에 해당하지 않는 것은?

① 교육기관
② 자선단체
③ 사회적 기업
④ 비정부기구

**46** 5km/h의 속력으로 움직이는 무빙워크를 이용하여 이동하는 데 36초가 걸렸다. 무빙워크 위에서 무빙워크와 같은 방향으로 4km/h의 속력으로 걸어 이동할 때 걸리는 시간은?

① 10초
② 15초
③ 20초
④ 25초

**47** 다음 중 동료의 피드백을 장려하기 위한 방안으로 적절하지 않은 것은?

① 행동과 수행을 관찰한다.
② 즉각적인 피드백을 제공한다.
③ 뛰어난 수행성과에 대해서는 인정한다.
④ 간단하고 분명한 목표와 우선순위를 설정한다.
⑤ 긍정적인 상황에서는 피드백을 자제하는 것도 나쁘지 않다.

**48** 다음 중 내적 동기를 유발하는 방법으로 적절하지 않은 것은?

① 변화를 두려워하지 않는다.
② 업무 관련 교육을 생략한다.
③ 주어진 일에 책임감을 갖는다.
④ 창의적인 문제해결법을 찾는다.
⑤ 새로운 도전의 기회를 부여한다.

**49** 다음은 갈등 정도와 조직 성과의 관계에 대한 그래프이다. 이에 대한 설명으로 옳지 않은 것은?

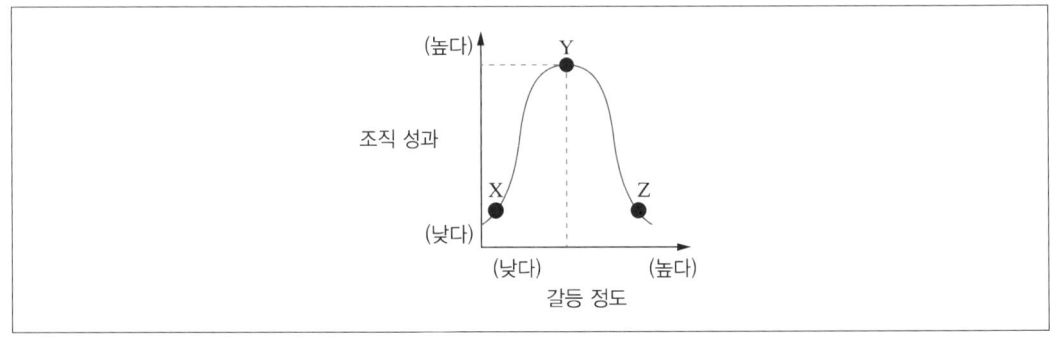

① 적절한 갈등이 있을 경우 가장 높은 조직 성과를 얻을 수 있다.
② 갈등이 없을수록 조직 내부가 결속되어 높은 조직 성과를 보인다.
③ Y점에서는 갈등의 순기능, Z점에서는 갈등의 역기능이 작용한다.
④ 갈등이 없을 경우 낮은 조직 성과를 얻을 수 있다.
⑤ 갈등이 잦을 경우 낮은 조직 성과를 얻을 수 있다.

**50** 다음 중 한자성어의 뜻이 바르게 연결되지 않은 것은?

① 水魚之交 : 아주 친밀하여 떨어질 수 없는 사이
② 結草報恩 : 죽은 뒤에라도 은혜를 잊지 않고 갚음
③ 靑出於藍 : 제자나 후배가 스승이나 선배보다 나음
④ 指鹿爲馬 : 윗사람을 농락하여 권세를 마음대로 함
⑤ 刻舟求劍 : 말로는 친한 듯 하나 속으로는 해칠 생각이 있음

**51** 다음 중 단어와 그 발음법이 바르게 연결되지 않은 것은?

① 결단력 – [결딴녁]
② 옷맵시 – [온맵씨]
③ 몰상식 – [몰상씩]
④ 물난리 – [물랄리]
⑤ 땀받이 – [땀바지]

**52** 나음과 같이 일정한 규칙으로 수를 나열할 때 빈칸에 들어갈 수는?

| • 7 | 13 | 4 | 63 |
|---|---|---|---|
| • 9 | 16 | 9 | ( ) |

① 45
② 51
③ 57
④ 63
⑤ 69

**53** 다음 중 실무형 팔로워십을 가진 사람의 자아상으로 적절한 것을 〈보기〉에서 모두 고르면?

〈보기〉
ㄱ. 기쁜 마음으로 과업을 수행
ㄴ. 판단, 사고를 리더에 의존
ㄷ. 조직의 운영방침에 민감
ㄹ. 일부러 반대의견을 제시
ㅁ. 규정과 규칙에 따라 행동
ㅂ. 지시가 있어야 행동

① ㄱ, ㄴ
② ㄴ, ㄷ
③ ㄷ, ㅁ
④ ㄹ, ㅁ
⑤ ㅁ, ㅂ

**54** 다음 중 갈등의 과정 단계를 순서대로 바르게 나열한 것은?

ㄱ. 이성과 이해의 상태로 돌아가며 협상과정을 통해 쟁점이 되는 주제를 논의하고, 새로운 제안을 하고, 대안을 모색한다.
ㄴ. 설득보다는 강압적, 위협적인 방법 등 극단적인 모습을 보이며 상대방의 생각이나 의견, 제안을 부정하고, 상대방은 그에 대한 반격으로 대응함으로써 자신들의 반격을 정당하게 생각한다.
ㄷ. 의견 불일치가 해소되지 않아 감정이 개입되어 상대방의 주장에 대한 문제점을 찾기 시작하고, 상대방의 입장은 부정하면서 자기주장만 하려고 한다.
ㄹ. 서로 간의 생각이나 신념, 가치관 차이로 인해 의견의 불일치가 생겨난다.
ㅁ. 회피, 경쟁, 수용, 타협, 통합 등의 방법으로 서로 간의 견해를 일치하려 한다.

① ㄹ-ㄱ-ㄴ-ㄷ-ㅁ
② ㄹ-ㄴ-ㄷ-ㄱ-ㅁ
③ ㄹ-ㄷ-ㄴ-ㄱ-ㅁ
④ ㅁ-ㄱ-ㄴ-ㄷ-ㄹ
⑤ ㅁ-ㄹ-ㄴ-ㄷ-ㄱ

**55** 다음과 같은 특성을 가진 대인관계 유형으로 가장 적절한 것은?

• 단순하고 솔직하며 대인관계에서 너그럽고 겸손한 경향을 의미한다.
• 타인에게 잘 설득당해 주관 없이 너무 끌려 다닐 수 있으며 잘 속거나 이용당할 가능성이 높다.
• 원치 않는 타인의 의견에 반대하지 못하고 화가 나도 타인에게 알리기 어렵다.

① 복종형
② 순박형
③ 친화형
④ 사교형
⑤ 실리형

**56** 다음 중 B에 대한 A의 행동이 직장 내 괴롭힘에 해당하지 않는 것은?

① A대표는 B사원에게 본래 업무에 더해 개인적인 용무를 자주 지시하였고, B사원은 과중한 업무로 인해 근무환경이 악화되었다.
② A팀장은 업무처리 속도가 늦은 B사원만 업무에서 배제시키고 청소나 잡일만을 지시하였다. 이에 B사원은 고의적인 업무배제에 정신적 고통을 호소하였다.
③ A팀장은 기획의도와 맞지 않는다는 이유로 부하 B사원에게 수차례 보완을 요구하였다. 계속해서 보완을 명령받은 B사원은 늘어난 업무량으로 인해 스트레스를 받아 휴직을 신청하였다.
④ A대리는 육아휴직 후 복직한 동기인 B대리를 다른 직원과 함께 조롱하고 무시하며 따돌렸다. 이에 B대리는 우울증을 앓았고 결국 퇴사하였다.
⑤ A대표는 실적이 부진하다는 이유로 B과장에게 다른 직원이 보는 앞에서 욕설을 하는 등 모욕감을 주었고 이에 B과장은 정신적 고통을 호소하였다.

**57** 다음 중 A의 사례에서 볼 수 있는 직업윤리 의식으로 가장 적절한 것은?

> 어릴 적부터 각종 기계를 분해하고 다시 조립하는 취미가 있던 A는 공대를 졸업한 뒤 로봇 엔지니어로 활동하고 있다. A는 자신의 직업이 적성에 꼭 맞는다고 생각하여 더 높은 성취를 위해 성실히 노력하고 있다.

① 소명의식
② 봉사의식
③ 책임의식
④ 직분의식
⑤ 천직의식

**58** 다음 중 경력개발의 단계별 이해로 적절하지 않은 것은?

① 직업 선택 : 외부 교육 등 필요한 교육 이수
② 조직 입사 : 조직의 규칙과 규범에 대해 배움
③ 경력 초기 : 역량을 증대시키고 꿈을 추구해 나감
④ 경력 중기 : 이전 단계를 재평가하고 좀 더 업그레이드 된 꿈으로 수정함
⑤ 경력 말기 : 지속적으로 열심히 일함

**59** 다음 중 성급한 일반화의 오류를 범한 사례로 적절한 것을 〈보기〉에서 모두 고르면?

―〈보기〉―
ㄱ. 진호는 성철이보다 크고, 성철이는 상현이보다 크므로 진호는 상현이보다 클 것이다.
ㄴ. C동굴에 박쥐가 있으므로 모든 박쥐는 C동굴에서만 살 것이다.
ㄷ. 그 갈색 음료수가 커피이므로 모든 갈색 음료수는 커피일 것이다.
ㄹ. 수연이는 점심에 햄버거를 먹었으므로 주말에 늦잠을 잘 것이다.

① ㄱ, ㄴ
② ㄱ, ㄹ
③ ㄴ, ㄷ
④ ㄴ, ㄹ
⑤ ㄷ, ㄹ

**60** 다음 명제에서 나타난 논리적 오류로 옳은 것은?

- 밤에만 볼 수 있는 동물은 야행성 동물이다.
- 고양이는 야행성 동물이다.
- 따라서 고양이는 밤에만 볼 수 있는 동물이다.

① 후건긍정의 오류
② 전건부정의 오류
③ 논점 일탈의 오류
④ 허수아비 공격의 오류
⑤ 무지에 호소하는 오류

이 출판물의 무단복제, 복사, 전재 행위는 저작권법에 저촉됩니다.
파본은 구입처에서 교환하실 수 있습니다.

# 제1회 모듈형

## NCS 모의고사

〈문항 및 시험시간〉

| 평가영역 | 문항 수 | 시험시간 | 모바일 OMR 답안채점 /<br>성적분석 서비스 |
|---|---|---|---|
| 의사소통능력 / 수리능력 / 문제해결능력 /<br>조직이해능력 / 정보능력 / 자원관리능력 / 기술능력 /<br>자기개발능력 / 대인관계능력 / 직업윤리 | 60문항 | 60분 | |

# 모듈형 NCS 집중학습 봉투모의고사

## 제1회 모의고사

문항 수 : 60문항
시험시간 : 60분

---

**| 의사소통능력**

**01** 다음과 같은 상황에서 A의 의사소통을 저해하는 요소로 가장 적절한 것은?

> A : B씨, 회의 자료 인쇄했어요?
> B : 네? 말씀 안 하셔서 몰랐어요.
> A : 아니, 사람이 이렇게 센스가 없어서야. 그런 건 알아서 해야지.

① 의사소통 과정에서의 상호작용 부족
② 경쟁적인 메시지
③ 감정의 억제 부족
④ 잘못된 선입견
⑤ 복잡한 메시지

---

**| 의사소통능력**

**02** 다음 중 기초외국어능력이 필요한 상황이 아닌 것은?

① 외국인과 함께 일하는 국제 비즈니스 상황
② 외국에서 들어온 기계가 어떻게 작동되는지 매뉴얼을 봐야 하는 상황
③ 외국으로 보낼 서류를 작성하는 상황
④ 같은 언어를 사용하는 상사에게 보고하는 상황
⑤ 외국인을 상대로 전화 응대해야 하는 상황

**03** 다음은 기안문 작성 시 유의해야 할 사항에 대한 자료이다. 이를 바탕으로 (가) ~ (라)에 해당하는 유의사항을 〈보기〉에서 찾아 바르게 연결한 것은?

〈기안문 작성 시 유의사항〉

올바른 문서 작성은 정확한 의사소통을 위하여 필요할 뿐만 아니라 문서 자체의 품격을 높이고, 그 기관의 대외적인 권위와 신뢰도를 높여 준다. 문서의 올바른 작성을 위하여 다음과 같은 사항에 유의할 필요가 있다.

〈보기〉
㉠ 서식을 통일하여 규정된 서식을 사용하는 것이 경제적이다.
㉡ 상대방의 입장에서 이해하기 쉽게 작성한다.
㉢ 애매모호하거나 과장된 표현에 의하여 사실이 왜곡되지 않도록 한다.
㉣ 감정적이고 위압적인 표현을 쓰지 않는다.

|   | (가) | (나) | (다) | (라) |
|---|---|---|---|---|
| ① | ㉠ | ㉡ | ㉢ | ㉣ |
| ② | ㉠ | ㉢ | ㉣ | ㉡ |
| ③ | ㉡ | ㉢ | ㉠ | ㉣ |
| ④ | ㉢ | ㉡ | ㉣ | ㉠ |
| ⑤ | ㉢ | ㉣ | ㉠ | ㉡ |

**04** 마이클 포터는 경쟁우위 전략으로 차별화 전략, 집중화 전략, 원가우위 전략을 제시하였다. 다음 사례에 나타난 전략의 특징으로 옳은 것은?

> 애플은 일반적으로 경쟁사에 비해 제품의 가격이 비싸다. 하지만 소비자들은 애플 제품의 품질, 디자인, 브랜드 이미지에 대해 비싼 가격을 지불하고 제품을 구매하기 때문에 경쟁사들보다 영업이익률이 높다.

① 제품을 더 저렴하게 제공하는 경쟁사가 등장하면 고객을 잃게 된다.
② 급격한 기술 변화가 이전의 시설이나 노하우를 필요 없게 만들 수 있다.
③ 한정된 영역에 경영자원을 집중한다.
④ 브랜드 이미지를 위해 광고가 경쟁의 수단으로 작용한다.
⑤ 비용우위를 통한 가격 정책으로 매출을 올린다.

**05** 다음 글을 읽고 이해한 내용으로 적절하지 않은 것은?

> 중소기업 영업부에서 수주업무를 담당하는 S과장은 거래처 한 곳에서 큰 프로젝트를 수주할 좋은 기회를 얻게 되었고, 이를 위하여 기술부와 영업부 직원 모두가 며칠 동안 밤을 세우며 프로젝트를 추진했다. 드디어 입찰하는 날이 되었고, S과장은 뿌듯한 기분으로 운전을 하며 입찰장소로 향하고 있었다. 그런데 운전 중이던 S과장은 앞에서 달리고 있던 승용차 한 대가 사람을 친 후 달아나는 것을 목격했다. S과장은 출혈이 심하고 의식도 없던 환자를 차에 태우고 인근병원으로 정신없이 운전하였고, 결국 상당한 시간이 지체되었다. 그 후 S과장은 황급히 입찰장소로 향했으나 교통체증이 너무 심했고, 현장에 도착하니 입찰은 이미 다 끝나 버린 상태였다.

① 회사의 입장에서 S과장은 좋은 일을 했다고 볼 수 있다.
② S과장의 행동은 직업인으로서 책임과 본분을 망각한 행위이다.
③ S과장은 환자를 태우고 가면서 회사에 상황을 보고했어야 한다.
④ 회사 업무 중에는 공적인 입장에서 판단해야 함을 알 수 있다.
⑤ 사회적 입장에서 S과장은 생명의 은인으로 찬사받을 수 있다.

※ 다음 글을 읽고 이어지는 질문에 답하시오. [6~7]

김본부장 : 이팀장, 오늘 대표이사님께 보고드릴 매출자료 좀 같이 봅시다.
이팀장 : 네, 본부장님. 바로 출력해서 회의실로 가겠습니다.
김본부장 : (매출보고서를 살펴보며) A고객사는 이번 분기 매출이 안 늘었네요? 지난번 단가를 내려달라는 요청이 와서 결재한 기억이 있는데 이러면 역마진이 날 텐데요.
이팀장 : 다음 분기에는 나아지겠죠. 기억하시는 것처럼 A사에서 갑자기 거래처를 바꾸겠다고 해서 저희가 급히 요구하는 수준으로 단가를 낮췄는데 생각만큼 주문물량이 늘어나지 않아서요.
김본부장 : 음. 그럼 이번 대표이사님 보고서에서 이 부분은 빼고 갑시다.
이팀장 : 사실대로 보고드리는 게 낫지 않을까요? 다음 분기도 저희 예상만큼 물량이 늘어난다는 보장도 없고 그때도 본부장님이 전결하신 건이라 대표이사님께는 보고가 되지 않았습니다.
김본부장 : 요즘 같은 때 뭐 좋은 일도 아닌데 굳이 이런 걸 보고하겠어요. 이번에는 그냥 넘어갑시다.
이팀장 : 그래도 나중에 문제가 커지는 것보다는 낫지 않을까요?
김본부장 : 나나 이팀장 둘 다 책임질 수 있는 것도 아닌데 다음 분기에 나아지면 그때 보고합시다.
이팀장 : 매도 먼저 맞는 게 낫다고 그래도 이번에 말씀 드리는 게 낫지 않을까요?

| 조직이해능력

**06** 다음 중 이팀장이 조직생활 과정에서 겪고 있는 상황으로 가장 적절한 것은?

① 집단 이기주의
② 공동행동의 룰
③ 윤리적 가치
④ 윤리적 갈등
⑤ 공동체의식 결여

| 조직이해능력

**07** 다음 중 이팀장이 조직생활에서 고민하게 되는 요인으로 가장 적절한 것은?

① 진실 대 충성 : 진실을 말할 것인가? 상사에게 충성할 것인가?
② 단기 대 장기 : 자신의 결정이 단기적인 결과를 가져오는가? 장기적인 결과에 영향을 미치는가?
③ 개인 대 집단 : 자신의 결정이 개인에게 영향을 미치는가? 집단에 영향을 미치는가?
④ 위 세 가지 요인 모두를 고민하고 있다.
⑤ 위 세 가지 요인 중 '단기 대 장기', '개인 대 집단'의 두 가지를 고민하고 있다.

| 대인관계능력

**08** 다음은 갈등을 최소화하기 위한 방안에 대한 팀원들 간의 대화 내용이다. 빈칸에 들어갈 내용으로 적절하지 않은 것은?

> A팀원 : 요즘 들어 팀 분위기가 심상치 않아. 어제 팀장님은 회의 중에 한숨까지 쉬시더라고.
> B팀원 : 그러게 말야. 요즘 들어 서로 간의 갈등이 너무 많은 것 같은데, 어떻게 해야할지 모르겠어.
> C팀원 : 갈등을 최소화하기 위해 지켜야 할 기본 원칙들을 팀 게시판에 올려서 서로 간의 갈등 원인을 생각해 보게 하는 것은 어떨까?
> A팀원 : 좋은 생각이야. 기본 원칙으로는 _____ 는 내용이 들어가야 해.

① 자신이 받기를 원하지 않는 형태로 다른 사람에게 작업을 넘겨주지 말라
② 자신의 책임이 어디서부터 어디까지인지를 명확히 하라
③ 불일치하는 쟁점이나 사항이 있다면 다른 사람이 아닌 당사자에게 직접 말하라
④ 의견의 차이를 인정하지 말고 하나의 의견으로 통일하라
⑤ 조금이라도 의심이 들 때에는 분명하게 말해 줄 것을 요구하라

| 자원관리능력

**09** 다음 중 효과적으로 인맥을 관리하기 위한 방법으로 적절하지 않은 것은?

① A씨는 자신의 주변에 있는 인맥을 모두 하나의 인맥관리카드에 작성하여 관리하고 있다.
② NQ를 높이는 데 관심이 많은 B씨는 사람들의 경조사에 참석하며 인맥을 관리하고 있다.
③ 인맥을 키워나가기 위해 C씨는 먼저 인맥 지도를 그려 현재 자신의 인맥 상태를 점검하기로 하였다.
④ SNS상 많은 팔로워를 보유하고 있는 유명 인플루언서 D씨는 자신이 팔로우한 사람들의 SNS에 찾아가 댓글을 남기며 안부를 전한다.
⑤ 명함관리를 통해 효과적으로 인맥을 관리할 수 있다는 이야기를 들은 E씨는 명함에 상대방의 특징들을 메모하기 시작했다.

| 의사소통능력

**10** 다음은 직장에서 문서를 작성할 경우 지켜야 하는 문서작성의 원칙이다. 문서작성의 원칙에 대해 잘못 이해하고 있는 사람은?

〈문서작성의 원칙〉
- 문장은 짧고, 간결하게 작성하도록 한다.
- 상대방이 이해하기 쉽게 쓴다.
- 중요하지 않은 경우 한자의 사용을 자제해야 한다.
- 간결체로 작성한다.
- 문장은 긍정문의 형식으로 써야 한다.
- 간단한 표제를 붙인다.
- 문서의 주요한 내용을 먼저 쓰도록 한다.

① A : 문장에서 끊을 수 있는 부분은 가능한 한 끊어서 짧은 문장으로 작성하되, 실질적인 내용을 담아 작성해야 해.
② B : 상대방이 이해하기 어려운 글은 좋은 글이 아니야. 우회적인 표현이나 현혹적인 문구는 되도록 삭제하는 것이 좋겠어.
③ C : 문장은 되도록 자세하게 작성하여 빠른 이해를 돕도록 하고, 문장마다 행을 바꿔 문서가 깔끔하게 보이도록 해야겠군.
④ D : 표제는 문서의 내용을 일목요연하게 파악할 수 있도록 도와줘. 간단한 표제를 붙인다면 상대방이 내용을 쉽게 이해할 수 있을 거야.
⑤ E : 일반적인 글과 달리 직장에서 작성하는 문서에서는 결론을 먼저 쓰는 것이 좋겠군.

| 자원관리능력

**11** 다음 중 물적자원관리의 과정에 대한 설명으로 적절하지 않은 것은?
① 물품의 정리 및 보관 시 물품을 앞으로 계속 사용할 것인지 그렇지 않을지를 구분해야 한다.
② 유사성의 원칙은 유사품을 같은 장소에 보관하는 것을 말하며, 이는 보관한 물품을 보다 쉽고 빠르게 찾을 수 있도록 하기 위해서 필요하다.
③ 물품의 특성에 맞는 보관장소를 선정해야 하므로, 종이류와 유리 등은 그 재질의 차이를 고려하여 보관장소에 차이를 두는 것이 바람직하다.
④ 물품의 정리 시 회진대응 보관의 원칙은 입출하의 빈도가 높은 품목은 출입구 가까운 곳에 보관하는 것을 말한다.
⑤ 물품의 무게와 부피에 따라서 보관장소를 달리해야 한다. 무게가 무겁거나 부피가 큰 것은 별도로 취급하여 개별 물품의 훼손이 생기지 않게 보관한다.

**12** 의사표현의 종류는 상황이나 사태와 관련하여 공식적 말하기, 의례적 말하기, 친교적 말하기로 구분할 수 있다. 다음 중 공식적 말하기에 해당하는 것을 〈보기〉에서 모두 고르면?

〈보기〉
- ㉠ 토론
- ㉡ 연설
- ㉢ 토의
- ㉣ 주례
- ㉤ 회의
- ㉥ 안부전화

① ㉠, ㉡
② ㉠, ㉥
③ ㉠, ㉡, ㉢
④ ㉠, ㉡, ㉣
⑤ ㉡, ㉢, ㉤

**13** 광고회사에 근무 중인 A대리는 K전자의 스마트폰 광고 프로젝트를 진행하게 되었고, 마침내 최종 결과물을 발표할 일만 남겨두고 있다. A대리가 광고를 의뢰한 업체의 관계자를 대상으로 프레젠테이션을 진행한다고 할 때, 다음 중 A대리가 준비해야 할 일을 〈보기〉에서 모두 고르면?

〈보기〉
- ㉠ 프레젠테이션할 내용을 완전히 숙지한다.
- ㉡ 프레젠테이션 예행연습을 한다.
- ㉢ 팀원들의 니즈를 파악한다.
- ㉣ 프레젠테이션에 활용할 다양한 시청각 기자재를 준비한다.
- ㉤ 요점을 구체적이면서도 자세하게 전달할 수 있도록 연습한다.

① ㉠, ㉡
② ㉡, ㉢
③ ㉠, ㉡, ㉢
④ ㉠, ㉡, ㉣
⑤ ㉡, ㉣, ㉤

| 직업윤리

**14** 다음은 직업의 의미에 대한 설명이다. 이를 참고할 때, 직업의 사례로 가장 적절한 것은?

> 직업은 경제적 보상이 있어야 하고, 본인의 자발적 의사에 의한 것이어야 하며, 장기적으로 계속해서 일하는 지속성을 가지고 있어야 한다.

① 보드게임을 좋아하는 승호는 퇴근 후 보드게임 동아리에 참여하고 있다.
② 커피를 좋아하는 현희는 카페에서 커피를 연구하며 바리스타로 일하고 있다.
③ 영희는 동네 요양원을 찾아가 청소, 빨래 등을 하며 봉사활동을 하였다.
④ 꽃을 좋아하는 민정이는 주말마다 꽃꽂이를 취미활동으로 하고 있다.
⑤ 지연이의 할아버지는 일본 제철소에서 강제노동에 시달린 경험을 갖고 계시다.

| 문제해결능력

**15** 다음은 논리적 사고를 개발하기 위한 방법에 대한 그림이다. 이에 대한 설명으로 옳은 것은?

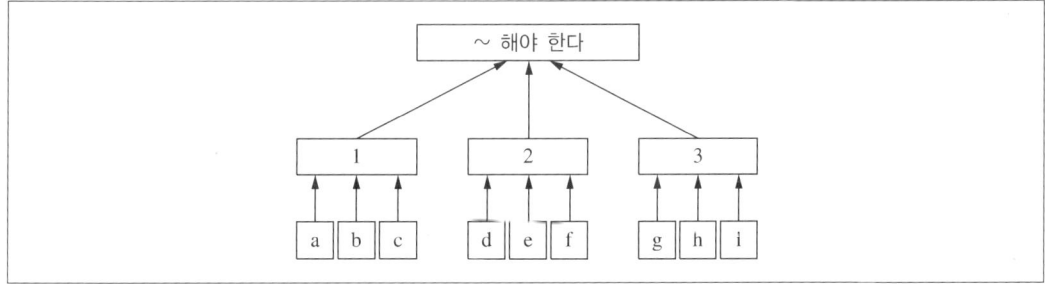

① 눈앞에 있는 정보로부터 의미를 찾아내어 가치 있는 정보를 이끌어 낸다.
② 논리적으로 분해한 문제의 원인을 나무 모양으로 나열하여 문제를 해결한다.
③ 하위의 사실이나 현상부터 사고하여 상위의 주장을 만들어 간다.
④ 내·외부적으로 발생되는 장점 및 단점을 종합적으로 고려하여 해결 방안을 찾는다.
⑤ '중복 없이, 누락 없이'를 통해 상위의 개념을 하위의 개념으로 논리적으로 분해한다.

## 자기개발능력

**16** C사원은 현재 진행하는 업무가 자신의 흥미나 적성과 맞지 않아 고민이나, 현재까지 해왔던 일을 그만둘 수는 없는 상황이다. 다음 중 C사원이 취할 수 있는 방법으로 적절하지 않은 것은?

① '나는 지금 주어진 일이 적성에 맞는다.'라고 지속적으로 자기암시를 한다.
② 일을 너무 큰 단위로 하지 않고 작은 단위로 나누어 수행해 본다.
③ 선천적으로 부여되는 흥미나 적성은 개발이 불가능하므로 적성검사를 다시 수행한다.
④ 하루의 일과가 끝나면 자신이 수행한 결과물을 점검해 본다.
⑤ 회사의 문화와 풍토를 고려한다.

## 기술능력

**17** 다음 사례와 같은 재해를 예방하기 위한 대책으로 적절하지 않은 것은?

〈재해 개요〉
X기업에 설치된 소각로 하부에서 피해자가 소각재 및 이물질을 하부 배출구로 밀어주는 4번 푸셔가 정상 작동되지 않아 경고판을 무시한 채 전원부의 차단 없이 에어건을 사용하여 정비 작업 중 갑자기 작동된 4번 푸셔에 상체가 끼어 사망한 재해이다.

① 근로자 상호 간에 불안전한 행동을 지적하여 안전에 대한 이해를 증진시킨다.
② 설비의 정비, 청소 등의 작업 시 근로자가 위험해질 우려가 있는 경우 설비를 정지시킨다.
③ 설비의 운전을 정지하였을 때, 타인이 설비를 운전하는 것을 방지한다.
④ 끼임에 대한 위험성이 있는 장소에는 방호울이나 방책을 설치한다.
⑤ 기계가 양호한 상태로 작동되도록 유지 관리를 한다.

**18** 다음은 고객으로부터 사랑받는 브랜드의 요건에 대한 자료이다. 이를 토대로 자신을 브랜드화하기 위한 전략을 세우고자 할 때, 적절하지 않은 것은?

- 친근감 : 오랜 기간 관계를 유지한 브랜드에 대한 친숙한 느낌을 말한다.
- 열정 : 브랜드를 소유하거나 사용해 보고 싶다는 동기를 유발하는 욕구이다.
- 책임감 : 소비자가 브랜드와 애정적 관계를 유지하겠다는 약속으로, 소비자에게 신뢰감을 주어 지속적인 소비가 가능하도록 하는 것이다.

① 자신의 내면을 관리하여 다른 사람과의 관계를 돈독히 유지해야 한다.
② 다른 사람과 같은 보편성을 가지기 위해 능력을 끊임없이 개발해야 한다.
③ 자신이 할 수 있는 범위에서 최상의 생산성을 낼 필요가 있다.
④ 자기 PR을 통하여 지속적으로 자신을 다른 사람에게 알리도록 한다.
⑤ 지속적인 자기개발이 이루어질 수 있도록 장단기 계획을 수립해야 한다.

**19** 터널의 길이가 10km이고 열차의 길이가 2km, 열차의 속력이 3km/h라면 열차가 터널을 완전히 통과하는 데 걸리는 시간은 몇 시간인가?

① 3시간　　　　　　　　　　② 4시간
③ 5시간　　　　　　　　　　④ 6시간
⑤ 7시간

**20** 농도가 10%인 설탕물 300g에서 일정량의 물을 증발시켰더니 농도가 30%인 설탕물이 되었다. 증발시킨 물의 양은 얼마인가?

① 50g  ② 100g
③ 150g  ④ 200g
⑤ 250g

**21** A~G 7개의 팀이 토너먼트로 시합을 하려고 한다. 다음과 같이 1개의 팀만 부전승으로 올라가 경기를 진행한다고 할 때, 대진표를 작성하는 경우의 수는 모두 몇 가지인가?

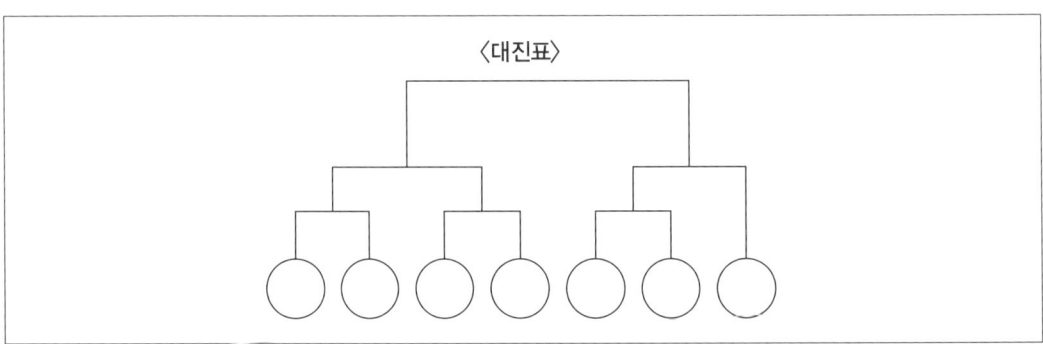

① 300가지  ② 315가지
③ 340가지  ④ 380가지
⑤ 400가지

※ 다음 글을 읽고 이어지는 질문에 답하시오. [22~23]

K기업 기획팀의 이현수 대리는 금일 오후 5시까지 전산시스템을 통해 제출해야 하는 사업계획서를 제출하지 못하였다. 이는 K기업이 정부로부터 지원금을 받을 수 있는 매우 중요한 사안으로, 이번 사건으로 K기업 전체에 비상이 걸렸다. 이현수 대리를 비롯하여 사업계획서와 관련된 담당자들은 금일 오후 4시 30분까지 제출 준비를 모두 마쳤으나, 회사 전산망 마비로 전산시스템 접속이 불가능해 사업계획서를 제출하지 못하였다. 이들은 정부기관 측 담당자에게 사정을 설명하였으나, 담당자는 예외는 없다고 답변하였다. 이를 지켜본 강민호 부장은 '㉠ 이현수 대리는 기획팀을 대표하는 인재인데 이런 실수를 하다니 기획팀이 하는 업무는 모두 실수투성일 것이 분명할 것'이라고 말하였다.

**| 문제해결능력**

**22** 다음 중 윗글에서 나타난 문제와 문제점을 바르게 연결한 것은?

| | 문제 | 문제점 |
|---|---|---|
| ① | 정부 담당자 설득 실패 | 사업계획서 제출 실패 |
| ② | 사업계획서 제출 실패 | 정부 담당자 설득 실패 |
| ③ | 사업계획서 제출 실패 | 전산망 마비 |
| ④ | 전산망 마비 | 사업계획서 제출 실패 |
| ⑤ | 전산망 마비 | 정부 담당자 설득 실패 |

**| 문제해결능력**

**23** 다음 중 윗글의 ㉠에서 나타난 논리적 오류는?

① 권위나 인신공격에 의존한 논증
② 무지의 오류
③ 애매성의 오류
④ 연역법의 오류
⑤ 허수아비 공격의 오류

※ 다음 글을 읽고 이어지는 질문에 답하시오. [24~25]

IT기술을 개발하는 회사의 글로벌 전략부 이과장은 새로운 기술을 도입하기 위해 기술선택을 하려고 한다. 이과장은 ㉠ 기술경영진과 기술기획담당자들에 의한 체계적인 분석을 통해 기업이 획득해야 하는 대상기술과 목표기술수준을 결정한다. 이과장의 기술선택 과정에서의 진행상황은 다음과 같다. 먼저 수요 변화 및 경쟁자 변화, 기술 변화 등을 분석하고 기업의 장기 비전, 중장기 매출목표 및 이익목표를 설정했다. 다음으로 기술능력, 생산능력, 마케팅 및 영업능력, 재무능력 등을 분석하였다. 그리고 최근에 사업 영역을 결정하고 경쟁 우위 확보 방안을 수립했다.

**| 기술능력**

**24** 다음 중 윗글의 ㉠이 설명하는 기술선택 방식은?

① 확장적 기술선택　　　　② 상향식 기술선택
③ 하향식 기술선택　　　　④ 복합적 기술선택
⑤ 통합적 기술선택

**| 기술능력**

**25** 다음 중 윗글에 제시된 이과장의 기술선택 과정 다음으로 진행해야 할 절차가 아닌 것은?

① 핵심기술 선택　　　　　② 기술전략 수립
③ 제품 생산공정 분석　　　④ 내부역량 분석
⑤ 기술 획득 방법 결정

※ 다음 글을 읽고 이어지는 질문에 답하시오. [26~27]

K기업에서는 올해 상반기 신입사원 50명을 대상으로 보고서 작성 관련 교육을 진행하였다. 교육이 모두 끝난 후, 교육을 이수한 신입사원을 대상으로 설문조사를 실시하였다. 설문 문항은 총 5문항이며, 전반적인 강의 만족도, 교육 강사의 전문성, 강의 장소 및 시간에 대한 만족도, 강의 내용의 도움 정도, 향후 타 강의 참여 의향에 대해 질문하였다. 각 문항은 '매우 그렇다', '그렇다', '보통이다', '그렇지 않다', '매우 그렇지 않다'로 답변할 수 있도록 설문지를 구성하였다.
다음 표는 각 문항에 대하여 '매우 그렇다'와 '그렇다'라고 답변한 빈도와 백분율을 나타낸 것이다.

〈올해 상반기 보고서 작성 세미나 만족도 조사 결과 – 긍정 답변〉

| 구분 | 빈도 | 백분율 |
| --- | --- | --- |
| 1. 나는 전반적으로 교육에 대해 만족한다. | 30 | ㉠ |
| 2. 교육 강사의 전문성에 대해 만족하였다. | 25 | ㉡ |
| 3. 강의 공간과 강의 시간에 대해 만족하였다. | 48 | ㉢ |
| 4. 강의 내용은 향후 업무 수행에 도움이 될 것이다. | 41 | ㉣ |
| 5. 향후 비슷한 강의가 있다면 참여하고 싶다. | 30 | ㉤ |

▎수리능력

**26** K기업 인사팀 A씨는 각 만족도 문항의 긍정 답변에 대해 백분율을 산출하려고 한다. 빈칸 ㉠~㉤에 들어갈 백분율이 바르게 연결된 것은?(단, 소수점 둘째 자리에서 반올림한다)

| | ㉠ | ㉡ | ㉢ | ㉣ | ㉤ |
| --- | --- | --- | --- | --- | --- |
| ① | 15% | 12.5% | 24% | 20.5% | 15% |
| ② | 30% | 25% | 48% | 41% | 60% |
| ③ | 30% | 35% | 60% | 41% | 96% |
| ④ | 60% | 30% | 53% | 46% | 46% |
| ⑤ | 60% | 50% | 96% | 82% | 60% |

▎수리능력

**27** K기업은 매년 신입사원 교육을 S교육 컨설팅에게 의뢰하여 진행하고 있는데, 매년 재계약 여부를 만족도 조사 점수를 통해 결정한다. K기업은 올해 만족도 조사 점수가 낮아 내년에도 S교육 컨설팅에게 교육을 맡겨야 하는지 고민 중이다. 다음 중 K기업의 만족도 점수 활용에 대한 설명으로 옳은 것은?

① 관찰 가능한 자료를 통해 논리적으로 어떠한 결론을 추출 또는 검증한다.
② 의사결정의 보조적인 수단으로 활용하였다.
③ 표본을 통해 연구대상 집단의 특성을 유추한다.
④ 많은 수량적 자료를 처리 가능하고 쉽게 이해할 수 있는 형태로 축소한다.
⑤ 불확실성을 제거해 일반화를 이루는 데 도움이 된다.

**28** 자원 낭비 요인을 다음과 같이 4가지로 나누어 볼 때, 〈보기〉의 사례에 해당하는 낭비 요인이 바르게 연결된 것은?

〈자원 낭비 요인〉

(가) 비계획적 행동 : 자원을 어떻게 활용할 것인가에 대한 계획 없이 충동적이고 즉흥적으로 행동하여 자원을 낭비하게 된다.
(나) 편리성 추구 : 자원을 편한 방향으로만 활용하는 것을 의미하며, 물적자원뿐만 아니라 시간, 돈의 낭비를 초래할 수 있다.
(다) 자원에 대한 인식 부재 : 자신이 가지고 있는 중요한 자원을 인식하지 못하는 것으로, 무의식적으로 중요한 자원을 낭비하게 된다.
(라) 노하우 부족 : 자원관리의 중요성을 인식하면서도 자원관리에 대한 경험이나 노하우가 부족한 경우를 말한다.

〈보기〉

㉠ A는 가까운 거리에 있는 패스트푸드점을 직접 방문하지 않고 배달 앱을 통해 배달료를 지불하고 음식을 주문한다.
㉡ B는 의자를 만들어 달라는 고객의 주문에 공방에 남은 재료와 주문할 재료를 생각하여 일주일 안으로 제작이 완료될 것이라고 이야기하였지만, 생각하지 못한 재료의 배송 기간으로 제작 시간이 부족해 결국 약속된 기한을 지키지 못하였다.
㉢ 현재 수습사원인 C는 처음으로 프로젝트를 담당하게 되면서 나름대로 계획을 세우고 열심히 수행했지만, 예상치 못한 상황이 발생하자 당황하여 처음 계획했던 대로 진행할 수 없었고 결국 아쉬움을 남긴 채 프로젝트를 완성하였다.
㉣ D는 TV에서 홈쇼핑 채널을 시청하면서 품절이 임박했다는 쇼호스트의 말을 듣고는 무작정 유럽 여행 상품을 구매하였다.

|   | (가) | (나) | (다) | (라) |
|---|---|---|---|---|
| ① | ㉡ | ㉣ | ㉠ | ㉢ |
| ② | ㉢ | ㉠ | ㉡ | ㉣ |
| ③ | ㉢ | ㉣ | ㉡ | ㉠ |
| ④ | ㉣ | ㉠ | ㉡ | ㉢ |
| ⑤ | ㉣ | ㉢ | ㉡ | ㉠ |

**29** 경영지원부의 김부장은 사내 소프트볼 대회에 앞서 소프트볼 구장의 잔디 정리를 하려고 한다. 소프트볼 구장에 대한 정보가 다음과 같을 때, 잔디 정리를 해야 할 면적은 얼마인가?

⟨잔디 정리 면적⟩

다음 그림의 색칠된 부분의 잔디를 정리하여야 한다.

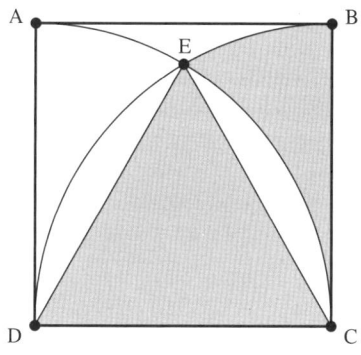

⟨소프트볼 구장⟩

- 소프트볼 구장은 가로, 세로가 12인 정사각형 모양이다.
- 점 E는 각각 점 C, D에서 부채꼴 모양을 그린 뒤 두 호가 만나는 지점이다.

① $36\sqrt{3} - 10\pi$
② $36\sqrt{3} - 11\pi$
③ $36\sqrt{3} - 12\pi$
④ $72\sqrt{3} - 11\pi$
⑤ $72\sqrt{3} - 12\pi$

| 정보능력

**30** 다음 글을 읽고 정보관리의 3원칙을 바르게 나열한 것은?

> '구슬이 서말이라도 꿰어야 보배'라는 속담처럼 여러 가지 채널과 갖은 노력 끝에 입수한 정보가 우리가 필요한 시점에 즉시 활용되기 위해서는 모든 정보가 차곡차곡 정리되어 있어야 한다. 이처럼 정보의 관리란 수집된 다양한 형태의 정보를 어떤 문제해결이나 결론도출에 사용하기 쉬운 형태로 바꾸는 일이다. 정보를 관리할 때에는 특히 정보에 대한 사용목표가 명확해야 하며, 정보를 쉽게 작업할 수 있어야 하고, 즉시 사용할 수 있어야 한다.

① 목적성, 용이성, 유용성
② 다양성, 목적성, 통일성
③ 용이성, 통일성, 다양성
④ 통일성, 목적성, 유용성
⑤ 통일성, 목적성, 용이성

| 대인관계능력

**31** 상대방을 설득시키기 위한 전략으로는 여러 가지 전략을 볼 수 있다. 다음 글에서 설명하고 있는 설득전략으로 가장 적절한 것은?

> 어떤 과학적인 논리보다도 동료를 비롯한 사람들의 말과 행동으로 상대방을 설득하는 것이 협상과정에서 생기는 갈등을 해결하기가 더 쉽다는 것이다. 즉, 사람은 과학적 이론보다 자신의 동료나 이웃의 말이나 행동에 의해서 쉽게 설득된다는 것이다. 예를 들어 광고를 내보내서 고객들로 하여금 자신의 제품을 구매하도록 설득하는 것보다 소위 '입소문'을 통해서 설득하는 것이 매출에 더 효과적임을 알 수 있다.

① See – Feel – Change 전략
② 호혜 관계 형성 전략
③ 헌신과 일관성 전략
④ 사회적 입증 전략
⑤ 희소성 해결 전략

| 자원관리능력

**32** 다음 중 시간계획에 대한 설명으로 옳지 않은 것은?

① 시간이라고 하는 자원을 최대한 활용하기 위한 것이다.
② 가장 많이 반복되는 일에 가장 적은 시간을 부배한다.
③ 최단시간에 최선의 목표를 달성하려고 한다.
④ 시간계획을 잘할수록 자기의 이상을 달성할 수 있는 시간을 창출할 수 있다.
⑤ 시간계획에 너무 얽매여서는 안 된다.

**33** 논리적 사고를 하기 위해서는 생각하는 습관, 상대 논리의 구조화, 구체적인 생각, 타인에 대한 이해, 설득의 5가지 요소가 필요하다. 다음 중 글에서 설명하는 '설득'에 해당하는 것은?

> 논리적 사고의 구성요소 중 설득은 자신의 사상을 강요하지 않고, 자신이 함께 일을 진행하는 상대와 의논하기도 하고 설득해 나가는 가운데 자신이 깨닫지 못했던 새로운 가치를 발견하고 발견한 가치에 대해 생각해 내는 과정을 의미한다.

① 아, 네가 아까 했던 말이 이거였구나. 그래, 지금 해보니 아까 했던 이야기가 무슨 말인지 이해가 될 것 같아.
② 네가 왜 그런 생각을 하게 됐는지 이해가 됐어. 그래, 너와 같은 경험을 했다면 나도 그렇게 생각했을 것 같아.
③ 네가 하는 말이 이해가 잘 안 되는데, 내가 이해한 게 맞는지 구체적인 사례를 들어서 한번 얘기해 볼게.
④ 네 말은 지금처럼 불안정한 시장 상황에서 무리하게 사업을 확장할 경우 리스크가 너무 크게 발생할 수 있다는 거지?
⑤ 네가 말한 내용이 업무 개선에 좋을 것 같다고 하지만, 명확히 왜 좋은지 알 수 없어 생각해 봐야 할 거 같아.

**34** B팀장은 자신의 경력을 개발하기 위한 계획을 수립하려고 한다. 다음 중 B팀장이 경력개발계획을 수립하기 위한 과정을 순서대로 바르게 나열한 것은?

| ㉠ 경력개발 전략 수립 | ㉡ 경력목표 설정 |
| ㉢ 직무정보 탐색 | ㉣ 자신과 환경 이해 |

① ㉠ - ㉣ - ㉢ - ㉡
② ㉡ - ㉢ - ㉣ - ㉠
③ ㉢ - ㉡ - ㉣ - ㉠
④ ㉢ - ㉣ - ㉡ - ㉠
⑤ ㉣ - ㉢ - ㉠ - ㉡

| 의사소통능력

**35** 다음 중 가장 적절한 의사표현법을 사용하고 있는 사람은?

① A대리 : (늦잠으로 지각한 후배 사원의 잘못을 지적하며) 오늘도 지각을 했네요. 어제도 늦게 출근하지 않았나요? 왜 항상 지각하는 거죠?
② B대리 : (후배 사원의 고민을 들으며) 방금 뭐라고 이야기했죠? 미안해요. 아까 이야기한 고민에 대해서 어떤 답을 해줘야 할지 생각하고 있었어요.
③ C대리 : (후배 사원의 실수가 발견되어 이를 질책하며) 이번 프로젝트를 위해 많이 노력했다는 것은 압니다. 다만, 발신 메일 주소를 한 번 더 확인하는 습관을 갖는 것이 좋겠어요. 앞으로는 더 잘할 거라고 믿어요.
④ D대리 : (거래처 직원에게 변경된 계약서에 서명할 것을 설득하며) 이 정도는 그쪽에 큰 손해 사항도 아니지 않습니까? 지금 서명해 주지 않으시면 곤란합니다.
⑤ E대리 : (후배 사원에게 업무를 지시하며) 이번 일은 직접 발로 뛰어야 해요. 특히 빨리 처리해야 하니까 반드시 이 순서대로 진행하세요!

| 직업윤리

**36** 다음은 K사 사보에 올라온 영국 처칠 수상의 일화이다. 이에 대한 직장생활의 교훈으로 가장 적절한 것은?

> 어느 날 영국의 처칠 수상은 급한 업무 때문에 그의 운전기사에게 차를 빠르게 몰 것을 지시하였다. 그때 교통 경찰관은 속도를 위반한 처칠 수상의 차량을 발견하고 차를 멈춰 세웠다. 처칠 수상은 경찰관에게 말했다. "이봐. 내가 누군지 알아?" 그러자 경찰관이 대답했다. "얼굴은 우리 수상 각하와 비슷하지만, 법을 지키지 않는 것을 보니 수상 각하가 아닌 것 같습니다." 경찰관의 답변에 부끄러움을 느낀 처칠은 결국 벌금을 지불했고, 교통 경찰관의 근무 자세에 감명을 받았다고 한다.

① 무엇보다 고객의 가치를 최우선으로 생각해야 한다.
② 업무에 대해서는 스스로 자진해서 성실하게 임해야 한다.
③ 모든 결과는 나의 선택으로 일어난 것으로 여긴다.
④ 조직의 운영을 위해서는 지켜야 하는 의무가 있다.
⑤ 직장동료와 신뢰를 형성하고 유지해야 한다.

**37** 다음 중 비판적 사고에 대한 설명으로 옳지 않은 것을 〈보기〉에서 모두 고르면?

〈보기〉
A. 비판적 사고의 목적은 주장의 단점을 명확히 파악하는 것이다.
B. 맹목적이고 무원칙적인 사고는 비판적 사고라 할 수 없다.
C. 비판적 사고를 하기 위해서는 감정을 철저히 배제한 중립적 입장에서 주장을 파악해야 한다.
D. 비판적 사고는 타고나는 것이므로 학습을 통한 배움에는 한계가 있다.
E. 비판적 사고는 어떤 주장에 대해 적극적으로 분석하는 것이다.

① A, B
② A, D
③ C, D
④ C, E
⑤ D, E

**38** 다음 글을 읽고 이해한 내용으로 가장 적절한 것은?

최근 환경오염의 주범이었던 화학회사들이 환경 보호 정책을 표방하고 나섰다. 기업의 분위기가 변하면서 대학의 엔지니어뿐만 아니라 기업에 고용된 엔지니어들도 점차 대체기술, 환경기술, 녹색 디자인 등을 추구하는 방향으로 전환해 가고 있는 것이다.
또한, 최근 각광받고 있는 3R의 구호[줄이고(Reduce), 재사용하고(Reuse), 재처리하자(Recycle)]는 엔지니어들로 하여금 미래 사회를 위한 자신들의 역할에 대해 방향을 제시해 주고 있다.

① 개발이라는 이름으로 행해지는 개발독재의 사례로 볼 수 있다.
② 자연과학기술에 대한 연구개발의 사례로 적절하다.
③ 균형과 조화를 위한 지속가능한 개발의 사례로 볼 수 있다.
④ 기술이나 자금을 위한 개발수입의 사례이다.
⑤ 기업의 생산능률을 위한 조직개발의 사례로 볼 수 있다.

| 문제해결능력

**39** 다음은 일상생활에서 자주 발견되는 논리적 오류에 대한 설명이다. (가) ~ (다)에 해당하는 논리적 오류 유형을 바르게 연결한 것은?

> (가) 상대가 의도하지 않은 것을 강조하거나 허점을 비판하여 자신의 주장을 내세운다. 상대방의 주장과 전혀 상관없는 별개의 논리를 만들어 공격하는 경우도 있다.
> (나) 적절한 증거 없이 몇몇 사례만을 토대로 결론을 내린다. 일부를 조사한 통계 자료나 대표성이 없는 불확실한 자료를 사용하기도 한다.
> (다) 타당한 논거보다는 많은 사람들이 수용한다는 것을 내세워 어떤 주장을 정당화하려 할 때 발생한다.

|   | (가) | (나) | (다) |
|---|---|---|---|
| ① | 인신공격의 오류 | 애매성의 오류 | 무지의 오류 |
| ② | 인신공격의 오류 | 성급한 일반화의 오류 | 과대 해석의 오류 |
| ③ | 허수아비 공격의 오류 | 성급한 일반화의 오류 | 대중에 호소하는 오류 |
| ④ | 허수아비 공격의 오류 | 무지의 오류 | 대중에 호소하는 오류 |
| ⑤ | 애매성의 오류 | 무지의 오류 | 허수아비 공격의 오류 |

| 직업윤리

**40** 근면에는 외부로부터 강요당한 근면과 스스로 자진해서 하는 근면 두 가지가 있다. 다음 〈보기〉 중 스스로 자진해서 하는 근면끼리 바르게 연결한 것은?

〈보기〉
㉠ 생계를 유지하기 위해 기계적으로 작업장에서 하는 일
㉡ 승진을 위해 외국어를 열심히 공부하는 일
㉢ 상사의 명령에 의해 하는 야근
㉣ 영업사원이 실적향상을 위해 노력하는 일

① ㉠, ㉡   ② ㉠, ㉢
③ ㉡, ㉢   ④ ㉡, ㉣
⑤ ㉢, ㉣

## 41 다음 중 빈칸에 들어갈 말로 적절하지 않은 것은?

창의적 사고는 창조적인 가능성이다. 여기에는 '문제를 사전에 찾아내는 힘', '문제해결에 있어서 다각도로 힌트를 찾아내는 힘' 그리고 '문제해결을 위해 끈기 있게 도전하는 태도' 등이 포함된다. 다시 말해서 창의적 사고에는 사고력을 비롯하여 성격, 태도에 걸친 전인격적인 가능성까지도 포함된다. 이러한 창의적 사고는 창의력 교육훈련을 통해 개발할 수 있으며, _____ 일수록 높은 창의력을 보인다.

① 모험적
② 적극적
③ 예술적
④ 객관적
⑤ 자유분방적

## 42 A사는 자동차 관련 부품을 개발하고 있으며, 다음은 A사의 내부회의 내용이다. ㉠ ~ ㉢ 중 정보의 특성을 고려하여 바르게 설명한 것을 모두 고르면?

이팀장 : 이번 A프로젝트는 기한이 9월 11일까지입니다.
최대리 : T사에서 차량 외부차양 개발에 대한 의견을 요청했습니다. 외부차양이 내부차양에 비해 실용적인지에 대한 자료가 필요합니다.
이팀장 : 시간이 없어 효율적으로 찾아봐야 하니 박주임은 1차 자료보다는 ㉠ 2차 자료를 찾아보도록 해요.
박주임 : 네, 그럼 성능 비교에 대한 ㉡ 논문을 찾아보겠습니다.
이팀장 : 김대리는 B프로젝트를 맡기로 했으니 기온에 따른 냉방 효과를 예측할 수 있는 ㉢ 인포메이션(Information)을 만들어보도록 해요.
김대리 : 네, 알겠습니다.

① ㉠
② ㉡
③ ㉠, ㉢
④ ㉡, ㉢
⑤ ㉠, ㉡, ㉢

| 정보능력

**43** 다음 중 전자상거래(Electronic Commerce)에 대한 설명으로 옳은 것을 〈보기〉에서 모두 고르면?

─〈보기〉─
ㄱ. 내가 겪은 경험담도 전자상거래 상품이 될 수 있다.
ㄴ. 인터넷 서점, 홈쇼핑, 홈뱅킹 등도 전자상거래 유형이다.
ㄷ. 개인이 아닌 공공기관이나 정부는 전자상거래를 할 수 없다.
ㄹ. 팩스나 전자우편 등을 이용하여 전자상거래를 할 수 없다.

① ㄱ, ㄴ  ② ㄱ, ㄷ
③ ㄴ, ㄷ  ④ ㄴ, ㄹ
⑤ ㄷ, ㄹ

| 조직이해능력

**44** 다음은 K회사에서 새롭게 개발한 립스틱에 대한 설명이다. 이를 토대로 할 때 효과적인 홍보 대안으로 가장 적절한 것은?

K회사 립스틱의 특징은 지속력과 선명한 색상, 그리고 20대 여성을 타깃으로 한 아기자기한 디자인이다. 하지만 립스틱의 홍보가 안 되고 있어 매출이 좋지 않다. 조사결과 저가 화장품이라는 브랜드 이미지 때문인 것으로 드러났다.

① 블라인드 테스트를 통해 제품의 질을 인정받는다.
② 홍보비를 두 배로 늘려 더 많이 광고한다.
③ 브랜드 이름을 최대한 감추고 홍보한다.
④ 무료 증정 이벤트를 연다.
⑤ 타깃을 30대 여성으로 바꾼다.

**문제해결능력**

**45** 다음 SWOT 분석을 이해한 내용으로 가장 적절한 것은?

> SWOT 분석에서 강점은 경쟁기업과 비교하여 소비자로부터 강점으로 인식되는 것이 무엇인지, 약점은 경쟁기업과 비교하여 소비자로부터 약점으로 인식되는 것이 무엇인지, 기회는 외부환경에서 유리한 기회요인은 무엇인지, 위협은 외부환경에서 불리한 위협요인은 무엇인지를 찾아내는 것이다. SWOT 분석의 가장 큰 장점은 기업의 내부 및 외부환경의 변화를 동시에 파악할 수 있다는 것이다.

① 제품의 우수한 품질은 기회요인으로 볼 수 있다.
② 초고령화 사회는 실버산업에 있어 기회요인으로 볼 수 있다.
③ 기업의 비효율적인 업무 프로세스는 위협요인으로 볼 수 있다.
④ 살균제 달걀 논란은 빵집에게 있어 약점요인으로 볼 수 있다.
⑤ 근육운동 열풍은 헬스장에게 있어 강점요인으로 볼 수 있다.

**정보능력**

**46** 다음 중 정보의 가공 및 활용에 대한 설명으로 적절하지 않은 것은?

① 정보는 원형태 그대로 혹은 가공하여 활용할 수 있다.
② 수집된 정보를 가공하여 다른 형태로 재표현하는 방법도 가능하다.
③ 정적정보의 경우 이용한 이후에도 장래활용을 위해 정리하여 보존한다.
④ USB에 저장된 영상정보는 동적정보에 해당된다.
⑤ 동적정보는 입수하여 처리한 후에는 해당 정보를 즉시 폐기해도 된다.

**47** 다음은 예산 관리 시스템의 유형 중 하나인 '항목별 예산 관리'에 대한 설명이다. 항목별 예산 관리의 특징으로 보기 어려운 것은?

> 항목별 예산 관리는 대개 회계연도를 기준으로 하는 가장 기본적인 예산 형식이며, 사회복지 조직에서 가장 많이 사용되고 있는 형식이다. 지출항목별 회계와 전년도에 기초하여 작성되며, 액수의 점진적인 증가에 기초를 둔 점진주의적 특징을 가진다.

① 지출근거가 명확하므로 예산 통제에 효과적이다.
② 예산 항목별로 지출이 정리되므로 회계에 유리하다.
③ 예산 증감의 신축성을 가진다.
④ 예산 증감의 기준의 타당성이 희박하고 효율성을 무시한다.
⑤ 프로그램의 목표나 내용, 결과에 대한 고려가 부족하다.

**48** 다음 중 빈칸 ㉠ ~ ㉢에 들어갈 말을 순서대로 바르게 나열한 것은?

> 경청이란 다른 사람의 말을 주의 깊게 들으며, ㉠ 하는 능력이다. 경청은 대화의 과정에서 당신에 대한 ㉡ 을/를 쌓을 수 있는 최고의 방법이다. 우리가 경청하면 상대는 본능적으로 안도감을 느낀다. 그리고 우리가 말을 할 경우, 자신도 모르게 더 ㉢ 하게 한다. 이러한 심리적 효과로 인해 우리의 말과 메시지, 감정은 아주 효과적으로 상대에게 전달된다.

|   | ㉠ | ㉡ | ㉢ |   | ㉠ | ㉡ | ㉢ |
|---|---|---|---|---|---|---|---|
| ① | 설득 | 인정 | 의지 | ② | 설득 | 신뢰 | 의지 |
| ③ | 공감 | 신뢰 | 집중 | ④ | 공감 | 친분 | 집중 |
| ⑤ | 공감 | 친분 | 의지 |   |   |   |   |

**| 조직이해능력**

**49** 총무부에서 근무하던 B씨는 승진하면서 다른 부서로 발령이 났다. 기존에 같이 근무하던 D씨에게 사무인수인계를 해야 하는 상황에서 B씨와 D씨가 수행해야 할 사무인수인계 요령으로 적절하지 않은 것은?

① 기밀에 속하는 사항일수록 문서에 의함을 원칙으로 한다.
② 사무인수인계서는 기명날인 후 해당 부서에서 이를 보관한다.
③ 사무인수인계와 관련하여 편철된 부분과 오류의 수정이 있는 부분은 인수자와 인계자가 각각 기명날인을 한다.
④ 사무의 인수인계와 관련하여 인수자가 인계자에게 제증빙을 요구하였으나, 증빙이 미비하거나 분실한 경우에는 그 사실을 별지에 반드시 기재하도록 한다.
⑤ 사무인수인계서 1장을 작성하여 인계자와 인수자 및 입회자가 기명날인을 한 후 해당 부서에서 이를 보관한다.

**| 대인관계능력**

**50** 다음 사례에서 알 수 있는 효과적인 팀의 특징으로 가장 적절한 것은?

> A ~ C가 운영 중인 커피전문점은 현재 매출이 꾸준히 상승하고 있다. 매출 상승의 원인을 살펴보면 A ~ C는 각자 자신이 해야할 일이 무엇인지 정확하게 알고 있다. A는 커피를 제조하고 있으며, B는 디저트를 담당하고 있다. 그리고 C는 계산 및 매장관리를 전반적으로 맡고 있다. A는 고객들이 다시 생각나게 할 수 있는 독창적인 커피 맛을 위해 커피 블렌딩을 연구하고 있으며, B는 커피와 적합하고, 고객들의 연령에 맞는 다양한 디저트를 개발 중이다. 그리고 C는 A와 B가 자신의 업무에 집중할 수 있도록 적극적으로 지원하고 있다. 이처럼 A ~ C는 서로의 업무를 이해하면서 즐겁게 일하고 있으며, 이것이 매출 상승의 원인으로 작용하고 있다.

① 의견의 불일치를 건설적으로 해결한다.
② 창조적으로 운영된다.
③ 결과에 초점을 맞춘다.
④ 역할을 명확하게 규정한다.
⑤ 개인의 강점을 활용한다.

**51** 다음 글에 해당하는 자원관리 시스템으로 옳은 것은?

미국의 코네티컷주 정보기술 컨설팅 회사인 가트너 그룹에서 처음으로 사용한 용어로, 인사·재무·생산 등 기업의 전 부문에 걸쳐 독립적으로 운영되던 인사정보 시스템·재무정보 시스템·생산관리 시스템 등을 하나로 통합하여 기업 내의 인적·물적자원의 활용도를 극대화하고자 하는 경영혁신기법이다.

① TPS
② MRP
③ ERP
④ CRM
⑤ MIS

**52** 다음 중 자원과 자원관리능력에 대한 설명으로 가장 적절한 것은?

① 자원관리능력이 모든 사람에게 필요한 능력은 아니다.
② 한 가지 유형의 자원만 확보된다면 일을 진행할 수 있다.
③ 한 가지 유형의 자원이 없으면 다른 유형의 자원 확보가 어려울 수 있다.
④ 인적자원을 제외한 모든 자원은 제한적이다.
⑤ 자원이란 인간생활에 도움이 되는 자연계의 일부로, 자연자원만을 자원이라고 한다.

**53** 다음 자료를 토대로 할 때, 의사소통에 대한 설명으로 가장 적절한 것은?

① 의사소통은 상대방에게 메시지를 전달하는 과정이다.
② 의사소통은 정보 전달만을 목적으로 한다.
③ 일방적인 문서를 통한 의사 전달도 의사소통으로 볼 수 있다.
④ 의사소통은 상대방과의 상호작용을 통해 메시지를 다루는 과정이다.
⑤ 성공적인 의사소통을 위해서는 상대방에게 자신의 정보를 최대한 많이 전달해야 한다.

**54** 다음 중 업무상 명함 예절로 적절하지 않은 것은?

① 명함은 오른손으로 준다.
② 명함은 아랫사람이 윗사람에게 먼저 준다.
③ 명함을 계속 만지지 않는다.
④ 명함을 받으면 바로 명함지갑에 넣지 않고 몇 마디 나눈다.
⑤ 명함은 악수를 하기 전에 건네주어야 한다.

**55** 작년 기획팀 팀원 20명의 평균 나이는 35세였다. 올해 65세 팀원 A와 55세 팀원 B가 퇴직하고 새로운 팀원 C가 입사하자 기획팀의 평균 나이가 작년보다 3세 줄었다. 이때, C의 나이는 몇 살인가?

① 28세
② 30세
③ 32세
④ 34세
⑤ 36세

**56** A와 B는 이번 주 토요일에 함께 미용실을 가기로 약속했다. 두 사람이 약속한 토요일에 함께 미용실에 다녀온 후에는 A는 20일마다, B는 15일마다 미용실에 간다. 토요일 이후 처음으로 다시 A와 B가 함께 미용실에 가게 되는 날은 무슨 요일인가?

① 월요일
② 화요일
③ 수요일
④ 목요일
⑤ 금요일

**57** 다음 설명에 해당하는 자기개발의 구성요소는?

- 나의 업무에서 생산성을 높이기 위해서는 어떻게 해야 할까?
- 다른 사람과의 대인관계를 향상시키기 위한 방법은?
- 나의 장점을 살리기 위해 어떤 비전과 목표를 수립해야 할까?

① 자아인식
② 자기관리
③ 자기비판
④ 경력개발
⑤ 자기반성

**| 조직이해능력**

**58** 다음 중 ㉠, ㉡에 대한 설명으로 옳은 것은?

> 조직구조는 조직마다 다양하게 이루어지며, 조직목표의 효과적 달성에 영향을 미친다. 조직구조에 대한 많은 연구를 통해 조직구조에 영향을 미치는 요인으로는 조직의 전략, 규모, 기술, 환경 등이 있음을 확인할 수 있으며, 이에 따라 ㉠ 기계적 조직 혹은 ㉡ 유기적 조직으로 설계된다.

① ㉠은 의사결정 권한이 조직의 하부구성원들에게 많이 위임되어 있다.
② ㉡은 상하 간의 의사소통이 공식적인 경로를 통해 이루어진다.
③ ㉠은 규제나 통제의 정도가 낮아 의사소통 결정이 쉽게 변할 수 있다.
④ ㉡은 구성원들의 업무가 분명하게 정의된다.
⑤ 안정적이고 확실한 환경에서는 ㉠이 적절하고, 급변하는 환경에서는 ㉡이 적절하다.

**| 자원관리능력**

**59** 다음 사례에서 나타난 A씨의 자원 낭비 요인은 무엇인가?

> A씨는 요즘 밤늦게까지 게임을 하느라 잠이 부족하다. 어젯밤에도 다음 날 오전에 친구와 약속이 있다는 것을 알면서도 새벽까지 게임을 하느라 아침이 다 되어 잠이 들었다. 알람이 울려 잠시 눈을 떴지만, 잠을 더 자야겠다는 생각에 알람을 끄고 다시 눈을 감았다. 결국 해가 중천에 뜨고 나서야 일어난 A씨는 잔뜩 화가 난 친구의 문자를 확인하고 친구에게 전화를 걸었지만, 친구는 전화를 받지 않았다.

① 비계획적 행동
② 편리성 추구
③ 자원에 대한 인식 부재
④ 노하우 부족
⑤ 잘못된 가치 판단

**60** 다음은 갈등 해결을 위한 6단계 프로세스이다. 3단계에 해당하는 대화로 가장 적절한 것은?

① 그럼 A씨의 생각대로 진행해 보시죠.
② 제 생각은 이런데, A씨의 생각은 어떠신지 말씀해 주시겠어요?
③ 저도 좋아요. 그것으로 결정해요.
④ 저는 모두가 만족하는 해결책을 찾고 싶어요.
⑤ A씨의 말은 아무리 들어도 이해가 안 되는데요.

# 제2회 모듈형 NCS 모의고사

3권

www.sdedu.co.kr

〈문항 및 시험시간〉

| 평가영역 | 문항 수 | 시험시간 | 모바일 OMR 답안채점 /<br>성적분석 서비스 |
|---|---|---|---|
| 의사소통능력 / 수리능력 / 문제해결능력 /<br>조직이해능력 / 정보능력 / 자원관리능력 / 기술능력 /<br>자기개발능력 / 대인관계능력 / 직업윤리 | 60문항 | 60분 | |

# 제2회 모의고사

문항 수 : 60문항
시험시간 : 60분

| 의사소통능력

**01** 다음 중 문서의 종류와 작성법이 바르게 연결되지 않은 것은?

① 공문서 : 마지막엔 반드시 '끝' 자로 마무리한다.
② 설명서 : 복잡한 내용은 도표화한다.
③ 기획서 : 상대가 요구하는 것이 무엇인지 고려하여 작성한다.
④ 보고서 : 상대에게 어필하여 상대가 채택하도록 설득력 있게 작성한다.
⑤ 공문서 : 날짜는 연도와 월일을 반드시 함께 언급해야 한다.

| 의사소통능력

**02** 다음 중 문서이해의 절차를 순서대로 바르게 나열한 것은?

㉠ 문서의 목적을 이해
㉡ 상대방의 의도를 도표나 그림 등으로 메모하여 요약·정리
㉢ 문서를 통해 상대방의 욕구와 의도 및 요구되는 행동에 대한 내용 분석
㉣ 문서의 정보를 밝혀내고 문서가 제시하고 있는 현안 문제 파악
㉤ 문서에서 이해한 목적 달성을 위해 취해야 할 행동을 생각하고 결정
㉥ 문서가 작성된 배경과 주제 파악

① ㉠-㉡-㉢-㉣-㉤-㉥
② ㉠-㉥-㉣-㉢-㉤-㉡
③ ㉡-㉢-㉣-㉤-㉥-㉠
④ ㉢-㉡-㉤-㉠-㉣-㉥
⑤ ㉥-㉠-㉣-㉢-㉤-㉡

**의사소통능력**

**03** A씨 부부는 대화를 하다 보면 사소한 다툼으로 이어지곤 한다. A씨의 아내는 A씨가 자신의 이야기를 제대로 들어주지 않기 때문이라고 생각한다. 다음 사례에 나타난 A씨의 경청을 방해하는 습관은 무엇인가?

> A씨의 아내가 남편에게 직장에서 업무 실수로 상사에게 혼난 일을 이야기하자 A씨는 "항상 일을 진행하면서 꼼꼼하게 확인하라고 했잖아요. 당신이 일을 처리하는 방법이 잘못됐어요. 다음부터는 일을 하기 전에 미리 계획을 세우고 체크리스트를 작성해 보세요."라고 이야기했다. A씨의 아내는 이런 대답을 듣자고 이야기한 것이 아니라며 더 이상 이야기하고 싶지 않다고 말하고 밖으로 나가 버렸다.

① 짐작하기  
② 걸러내기  
③ 판단하기  
④ 조언하기  
⑤ 옳아야만 하기

**자원관리능력**

**04** 다음 중 시간계획에 대한 설명으로 적절하지 않은 것을 〈보기〉에서 모두 고르면?

〈보기〉
㉠ 시간계획을 너무 자세하게 세우거나, 너무 간략하게 세우는 것은 좋지 않다.  
㉡ 실현가능한 시간계획을 세우는 것이 중요하다.  
㉢ 시간계획을 따르는 것이 가장 중요하므로 무슨 일이 있어도 계획에 따라 실천해야 한다.  
㉣ 시간계획을 효과적으로 세운다면 실제 행동할 때와 차이가 거의 발생하지 않는다.  
㉤ 자유로운 여유 시간은 시간계획에 포함되지 않는다.

① ㉠, ㉢  
② ㉡, ㉣  
③ ㉢, ㉣  
④ ㉢, ㉤  
⑤ ㉢, ㉣, ㉤

**자원관리능력**

**05** 다음은 예산관리의 정의이다. 빈칸에 들어갈 단어로 적절하지 않은 것은?

> 예산관리는 활동이나 사업에 소요되는 비용을 산정하고, 예산을 _____하는 것뿐만 아니라 예산을 _____하는 것 모두를 포함한다고 할 수 있다. 즉, 예산을 _____하고 _____하는 모든 일을 예산관리라고 할 수 있다.

① 지원  
② 편성  
③ 통제  
④ 수립  
⑤ 집행

**| 조직이해능력**

**06** 다음 중 조직목표의 기능에 대한 설명으로 옳지 않은 것은?

① 조직이 나아갈 방향을 제시해 주는 기능을 한다.
② 조직 구성원의 의사결정 기준의 기능을 한다.
③ 조직 구성원의 행동에 동기를 유발시키는 기능을 한다.
④ 조직을 운영하는 데에 융통성을 제공하는 기능을 한다.
⑤ 조직구조나 운영과정과 같이 조직 체제를 구체화할 수 있는 기준이 된다.

**| 의사소통능력**

**07** 직장 내에서의 의사소통은 반드시 필요하지만, 적절한 의사소통을 형성한다는 것은 쉽지 않다. 다음과 같은 갈등 상황을 유발하는 원인으로 가장 적절한 것은?

> 기획팀의 K대리는 팀원 3명과 함께 프로젝트를 수행하고 있다. K대리는 이번 프로젝트를 조금 여유 있게 진행할 것을 팀원들에게 요청하였다. 팀원들은 프로젝트 진행을 위해 회의를 진행하였는데, L사원과 P사원의 의견이 서로 대립하는 바람에 결론을 내리지 못한 채 회의를 마치게 되었다. K대리가 회의 내용을 살펴본 결과 L사원은 프로젝트 기획 단계에서 좀 더 꼼꼼하고 상세한 자료를 모으자는 의견이었고, 반대로 P사원은 여유 있는 시간을 프로젝트 수정·보완 단계에서 사용하자는 의견이었다.

① L사원과 P사원이 K대리의 의견을 서로 다르게 받아들였기 때문이다.
② L사원이 K대리의 고정적 메시지를 잘못 이해하고 있기 때문이다.
③ L사원과 P사원이 자신의 정보를 상대방이 이해하기 어렵게 표현하고 있기 때문이다.
④ L사원과 P사원이 서로 잘못된 정보를 전달하고 있기 때문이다.
⑤ L사원과 P사원이 서로에 대한 선입견을 갖고 있기 때문이다.

**08** 다음은 문서작성 시 유의해야 할 한글 맞춤법 및 어법이다. 이를 참고할 때, 표기로 옳지 않은 것은?

〈한글 맞춤법 및 어법〉

1) 고 / 라고
 앞말이 직접 인용되는 말임을 나타내는 조사는 '라고'이다. '고'는 앞말이 간접 인용되는 말임을 나타내는 격조사이다.
2) 로써 / 로서
 지위나 신분 또는 자격을 나타내는 격조사는 '로서'이며, '로써'는 어떤 일의 수단이나 도구를 나타내는 격조사이다.
3) 율 / 률
 받침이 있는 말 뒤에서는 '렬, 률', 받침이 없는 말이나 'ㄴ' 받침으로 끝나는 말 뒤에서는 '열, 율'로 적는다.
4) 년도 / 연도
 한자음 '녀, 뇨, 뉴, 니'가 단어 첫머리에 올 때는 두음 법칙에 따라 '여, 요, 유, 이'로 적는다. 단, 의존 명사의 경우 두음 법칙을 적용하지 않는다.
5) 연월일의 표기
 아라비아 숫자만으로 연월일을 표시할 경우 마침표는 연월일 다음에 모두 사용해야 한다.

① 이사장은 "이번 기회를 통해 소중함을 깨닫게 되었으면 좋겠다."라고 말했다.
② 모든 것이 말로써 다 표현되는 것은 아니다.
③ 올해의 상반기 목표 성장률을 달성하기 위해서는 모두가 함께 노력해야 한다.
④ 노인 일자리 추가 지원 사업을 시작한 지 반 연도 되지 않아 지원이 끝이 났다.
⑤ 시험 원서 접수는 2025. 12. 05.(금)에 마감됩니다.

※ 다음 글을 읽고 이어지는 질문에 답하시오. [9~10]

> 외국계 게임회사에서 신사업기획을 담당하다 2년 전 교육용 소프트웨어 회사의 기술영업직으로 이직을 한 김대리는 최근 자신에 대한 심각한 고민에 빠지기 시작했다. 처음 이직을 할 때는 자신감이 있었다. 외향적이며 적극적이라는 얘기도 주변에서 많이 들었고 무엇보다 영업을 하면 신사업기획을 할 때와는 달리 실제 현장에서 손에 잡히는 일을 할 수 있을 것이라고 느껴서 일을 시작하게 되었다. 그럼에도 불구하고 2년이 지난 지금 실적 문제로 인해 곤란한 상황에 놓이게 되었다. 팀 내에서도 실적이 제일 좋지 않아 매일 팀장 눈치를 보고 있고, 더군다나 경기도 안 좋아져서 조직 내 압박감도 크게 느끼고 있다.
>
> 기존에 신사업기획 직무를 맡았을 때는 인정도 받고 성과도 좋은 편에 속했다. 다만 스스로가 만족스럽지 않았다. 하는 일이 뜬구름 잡는 이야기 같고 내가 이걸 잘해서 뭘 할 수 있는지도 명확하지 않았다. 또한 조직의 상황이나 방향에 따라 열심히 해 놓은 사업기획이 실행되지 않는 것으로 의욕이 많이 꺾이기도 했다. 실제 현장에서 뛰는 영업은 자신도 있고 잘할 수 있을 것이라고 생각했는데 요즘은 전에 했던 직무가 더 맞는 것인지 다시 의문이 든다. 그러다 보니 일도 손에 잘 안 잡히고 고민만 늘어가기 시작했다.

**｜자기개발능력**

**09** 다음 중 업무전환에 대한 김대리의 문제점으로 볼 수 없는 것은?

① 객관적으로 자신을 바라보고 스스로를 잘 이해하지 못했다.
② 업무 수행을 위한 치밀한 준비와 노력이 선행되지 않았다.
③ 자신의 가치를 위해 한 단계 더 성장하고자 하는 욕구와 의지가 부족했다.
④ 업무전환에 대해 자신의 한계를 명확하게 인식하지 못했다.
⑤ 직업 생활에서 자신의 가치에 대한 확신이 부족했다.

**｜자기개발능력**

**10** 다음 중 김대리가 자신을 위해 해야 하는 행동으로 가장 적절한 것은?

① 지금 나타나는 자신의 한계를 돌파할 수 있는 단기적인 대응책을 찾아 실행해야 한다.
② 과거에 했던 일이나 지금 하는 일을 제외하고 현재 자신의 흥미는 무엇인지를 고민해야 한다.
③ 성장 욕구나 의지 부족이라고 생각하고 더 강한 정신력을 가질 수 있도록 스스로를 채찍질해야 한다.
④ 다시 원점으로 돌아가 자신의 내면을 파악하고 행동에 미치는 영향에 대해 생각해 보아야 한다.
⑤ 다른 사람들의 조언을 전부 수용하여 모두가 지향하는 모습으로 자기개발 방법을 설정해야 한다.

| 정보능력

**11** 다음은 데이터베이스에 대한 설명이다. 데이터베이스의 특징으로 적절하지 않은 것은?

> 데이터베이스란 대량의 자료를 관리하고 내용을 구조화하여 검색이나 자료 관리 작업을 효과적으로 실행하는 프로그램으로, 삽입, 삭제, 수정, 갱신 등을 통하여 항상 최신의 데이터를 유동적으로 유지할 수 있으며, 이와 같은 다량의 데이터는 사용자의 질의에 대한 신속한 응답 처리를 가능하게 한다. 또한 이러한 데이터를 여러 명의 사용자가 동시에 공유할 수 있고, 각 데이터를 참조할 때는 사용자가 요구하는 내용에 따라 참조가 가능함은 물론 응용프로그램과 데이터베이스를 독립시킴으로써 데이터를 변경시키더라도 응용프로그램은 변경되지 않는다.

① 실시간 접근성
② 계속적인 진화
③ 동시 공유
④ 내용에 의한 참조
⑤ 데이터 논리적 의존성

| 문제해결능력

**12** 다음 중 (가) ~ (다)의 문제해결 방법을 바르게 연결한 것은?

> (가) 상이한 문화적 토양을 가지고 있는 구성원을 가정하고, 서로의 생각을 직설적으로 주장하고 논쟁이나 협상을 통해 서로의 의견을 조정해 가는 방법이다. 이때 논리, 즉 사실과 원칙에 근거한 토론이 중심적 역할을 한다.
> (나) 깊이 있는 커뮤니케이션을 통해 서로의 문제점을 이해하고 공감함으로써 창조적인 문제해결을 도모한다. 초기에 생각하지 못했던 창조적인 해결 방법이 도출되고, 동시에 구성원의 동기와 팀워크가 강화된다.
> (다) 조직 구성원들을 같은 문화적 토양을 가지고 이심전심으로 서로를 이해하는 상황으로 가정한다. 무언가를 시사하거나 암시를 통하여 의사를 전달하고 기분을 서로 통하게 함으로써 문제해결을 도모하려고 한다.

| | (가) | (나) | (다) |
|---|---|---|---|
| ① | 퍼실리테이션 | 하드 어프로치 | 소프트 어프로치 |
| ② | 소프트 어프로치 | 하드 어프로치 | 퍼실리테이션 |
| ③ | 소프트 어프로치 | 퍼실리테이션 | 하드 어프로치 |
| ④ | 하드 어프로치 | 퍼실리테이션 | 소프트 어프로치 |
| ⑤ | 하드 어프로치 | 소프트 어프로치 | 퍼실리테이션 |

**| 직업윤리**

**13** 다음 글을 읽고 이해한 내용으로 적절하지 않은 것은?

> A와 B는 전파사를 운영하고 있다. A는 간단한 일로 부르는 고객의 집에는 바쁘다는 핑계로 가기를 거부하고, 전기의 합선을 고치는 등 돈벌이가 되는 일만 찾아다녔다. 뿐만 아니라 고객에게 터무니없이 많은 대가를 요구하는 버릇이 있었다. 반면 B는 고객의 요청만 있으면 일의 크고 작음을 가리지 않고 곧장 달려갔을 뿐만 아니라, 부당하게 많은 돈을 받는 일도 없었다. 이처럼 불성실하게 가게를 운영하던 A의 전파사는 매출이 오르지 않아 가게를 줄여서 변두리로 나가게 되었고, 성실하게 가게를 운영한 B의 전파사는 동생에게도 기술을 가르쳐서 또 하나의 가게를 낼 수 있을 정도로 성업을 이루었다.

① A의 경우 단시간에 돈을 벌기 위해서 성실하지 않은 태도를 보였다.
② 장기적으로 볼 때에는 성실한 사람이 결국 성공하게 됨을 알 수 있다.
③ A의 경우 고객에 대해 부정직한 모습을 볼 수 있다.
④ 당장 눈앞의 이익이 되는 일보다는 바람직한 일을 해야 한다.
⑤ B를 통해 항상 해오던 방식이 언제나 옳은 것은 아님을 알 수 있다.

**| 기술능력**

**14** 다음 빈칸에 들어갈 내용으로 옳은 것은?

> 강사 : 안녕하세요. 오늘은 산업재해의 기본적 원인에 대해 알아보려고 합니다. 산업재해의 기본적 원인은 교육적 원인, 기술적 원인, 작업 관리상의 원인과 같이 크게 3가지 유형으로 구분할 수 있다고 저번 강의 때 말씀드렸는데요. 오늘은 이전 시간에 배웠던 교육적 원인 다음으로 기술적 원인에 대해 알아보고자 합니다. 산업재해의 기술적 원인의 사례로는 건물·기계 장치의 설계 불량, _____, 재료의 부적합, 생산 공정의 부적당 등을 볼 수 있습니다.

① 안전 지식의 불충분
② 인원 배치 및 작업 지시 부적당
③ 점검·정비·보존의 불량
④ 유해 위험 작업교육 불충분
⑤ 안전 관리 조직의 결함

**15** A씨는 8층까지 있는 건물에 태양광 패널을 새로 설치하려고 한다. 옥상과 7~8층 바깥 벽면 4개의 면에 설치할 예정이며, 태양광 패널은 1m² 당 설치비용이 30만 원이다. 이때, 들어가는 총 설치비용은 얼마인가?(단, 층 사이 간격과 창문은 무시하며, 층마다 높이는 동일하다)

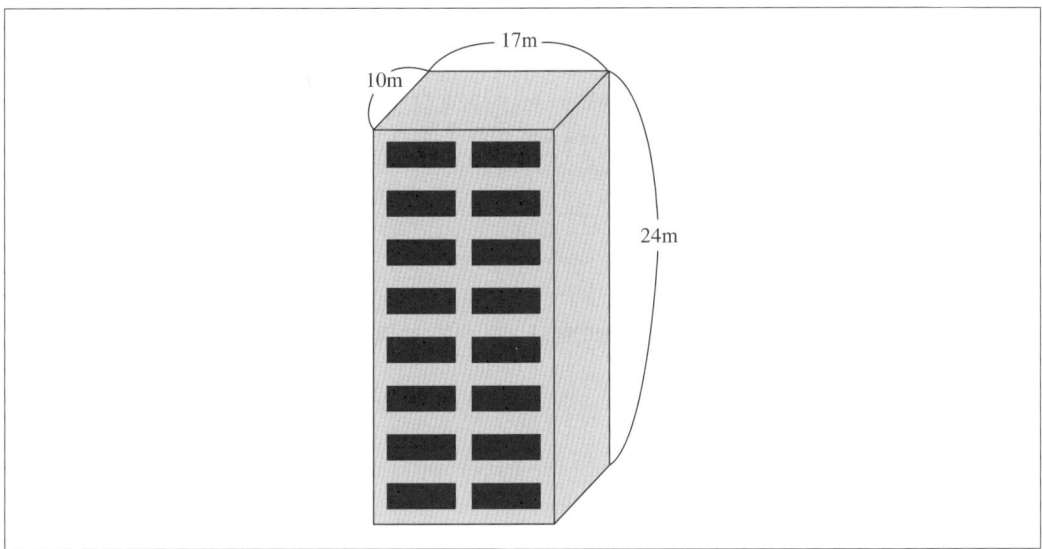

① 11,520만 원  ② 12,860만 원
③ 13,560만 원  ④ 14,820만 원
⑤ 15,220만 원

※ 다음 글을 읽고 이어지는 질문에 답하시오. [16~17]

> 리베이트의 의미는 우리나라에서는 많이 퇴색되어 있지만 미국에서는 발달한 제도로, 대형 판촉행사에서 많이 활용되고 있다. 리베이트는 판매 장려금으로, 영업행위의 도구로 흔히 사용되고 있다.
> 우리나라의 경우 제약업에서 문제가 되는 경우가 빈번하다. 우리나라는 왜곡된 의료보장체계와 복제 의약품이 난립하고 있기 때문에 제약계의 대부분 기업이 신약 개발에 투자하기보다는 복제 의약품 판매에 열을 올리고 있다. 환자를 뺏고 뺏기는 경쟁체제가 심화되면서 정직한 영업을 하기보다는 리베이트를 통해 시장점유율과 매출을 확대시키려는 기업들이 늘어나고 있다. 처방을 해 주는 의사들에게 금전을 제공하거나 세미나 모임 등을 음성적으로 지원해 주는 경우가 빈번하며, 제약업체 영업사원에게 병원 소모품 구매나 개인적인 업무 대행까지 요구해 문제가 되는 사례도 있다. 리베이트는 현행법상 불법이며, 횡령과 분식회계 등 사회적인 문제를 발생시키고 있다.

┃직업윤리

**16** 다음 중 윤리적 행위의 유형에서 리베이트가 해당하는 행위로 가장 적절한 것은?

① 도덕적 타성  ② 도덕적 태만
③ 거짓말  ④ 무지
⑤ 무관심

┃직업윤리

**17** 다음 중 윗글과 같은 비윤리적 행위가 일어나는 원인으로 적절하지 않은 것은?

① 윤리적 문제에 대해 제대로 인식하지 못하는 데에서 기인한다.
② 비윤리적 행동이 미치는 영향에 대해 별거 아니라고 생각하는 데 원인이 있다.
③ 자신들의 입장과 처지를 보호하기 위해 보호적으로 하는 행위이다.
④ 비윤리적 행위라는 것을 분명히 알고 있으나, 그것과 서로 충돌하는 다른 가치가 있을 때 다른 가치를 선호하는 경우이다.
⑤ 자신의 행위가 비윤리적이라는 것을 알고 있지만 윤리적인 기준에 따라 행동하는 것을 중요하게 여기지 않는 태도에 원인이 있다.

**18** K사원은 A기업과 B기업의 사례를 통해 〈보기〉와 같은 결론을 도출하였다. 다음 중 빈칸에 들어갈 말이 바르게 연결된 것은?

> 국내 대표 주류업체인 A기업과 B기업은 오래전부터 업계 1위를 경쟁해 오고 있었다. 그러나 최근에는 A기업의 저조한 판매 실적으로 인해 B기업이 계속해서 업계 선두를 차지하고 있는 상황이다. A기업은 판매 부진 문제를 해결하기 위해 많은 비용을 투입하고 있지만, B기업을 따라잡기에는 역부족이다. 특히 해외의 유명 주류업체들이 국내 시장에 진출함에 따라 국내 시장에서의 A기업의 입지는 더욱더 좁아지고 있다. 반면, B기업은 해외 주류업체들의 국내 시장 진출에도 불구하고 국내 입지가 더욱 탄탄해지고 있으며, 판매율 역시 계속해서 높은 수준을 유지하고 있다. 이미 해외 주류업체의 국내 진출 전부터 이에 대한 문제를 인식하고 대책을 마련해 왔기 때문이다.

〈보기〉

A기업은 현재 겪고 있는 _____ 문제만을 해결하는 데 급급했지만, B기업은 미래에 발생할지도 모르는 _____ 문제를 인식하고 이를 대비했다. 결국 문제를 인식하는 _____의 차이가 두 기업의 성장에 많은 차이를 초래하였음을 알 수 있다.

① 발생형 – 탐색형 – 시점
② 발생형 – 설정형 – 시점
③ 탐색형 – 발생형 – 관점
④ 탐색형 – 설정형 – 관점
⑤ 설정형 – 발생형 – 방법

**19** B대리는 주말마다 집 앞 산책로에서 운동을 한다. 길이가 10km인 산책로를 3km/h의 속력으로 걷다가 중간에 6km/h의 속력으로 뛰어 2시간 만에 완주했을 때, B대리가 6km/h의 속력으로 뛰어간 거리는?

① 4km
② 6km
③ 8km
④ 10km
⑤ 12km

**20** 다음 중 갈등 상황을 효과적으로 관리하기 위해 박팀장이 한 행동에 대한 설명으로 적절하지 않은 것은?

> 해외에서 믹서기를 수입해서 판매하고 있는 K사 영업팀의 김대리는 업무 수행상 문제가 생겨 영업팀장인 박팀장, 구매팀 수입물류 담당자인 최과장과 회의를 하게 되었다.
>
> 김대리 : 최과장님, E사 납품일이 일주일도 남지 않았습니다. E사에 납품해야 하는 기기가 한두 대도 아니고 자그마치 300대입니다. 이번 물량만 해도 100대인데 아직 통관절차가 진행 중이라뇨. 통관이 끝나도 운송에 한글버전으로 패치도 해야 하고, 하루 이틀 문제가 아닙니다.
> 최과장 : 우리 팀도 최선을 다해 노력하고 있어. 관세사한테도 연락했고 인천세관에도 실시간으로 체크를 하고 있는데 상황이 이런 걸 어떻게 하겠어. 불가항력이야.
> 김대리 : 지난번에 초도 물량 납품할 때도 동일한 문제가 있었습니다. 과장님도 기억하시죠? 매번 구매팀에서 서둘러 주지를 않아서 지난번에도 저희 팀 인원까지 투입하고 야간작업까지 해서 겨우 납품일을 맞췄습니다. 이번에는 이런 식이면 납품일을 하루 이틀은 넘기게 될 것이 눈에 보입니다. 불가항력이라뇨. 어떻게든 맞춰주십시오.
> 최과장 : 미안한데 고객사에 상황을 설명하고 한 3일만 납품일을 늦춰주면 안 될까?
> 김대리 : 안 됩니다. 어렵게 계약한 거 알고 계시잖아요. E사는 저희 고객사 중에도 제일 크지만 업계에서도 서로 납품하려고 눈에 불을 켜고 있는 곳입니다. 문제가 일어나면 경쟁사들이 하이에나처럼 달려들 거예요.
> 박팀장 : 둘 다 진정하고 다 우리가 잘하려고 하다 보니 일어난 문제가 아닌가. 목표는 같으니 같이 생각을 한번 해 보자고. 최과장, 지난 번에 수입할 때는 일주일이 채 안 걸린 것 같은데 이번에는 벌써 열흘이 넘었는데 문제가 뭐야?
> 최과장 : 일단 배송도 늦어졌고 통관도 서류상에 문제가 있어 지연되고 있습니다. 제조업체에서 추가로 확인 받아야 할 서류들이 있는데 그쪽도 원격근무를 하다 보니 처리가 늦어지고 있어서요. 소통에 문제가 있습니다.
> 박팀장 : 그럼 우선 해외 제조사에 연락해서 문제의 실마리를 찾아보자고. 최과장은 나랑 같이 연락을 해 봅시다.

① 갈등 상황을 받아들이고 객관적으로 평가하고 있다.
② 갈등을 유발시킨 원인에 대해 알아보고 있다.
③ 갈등은 부정적인 결과를 초래한다는 인식을 전제로 하고 있다.
④ 조직에 이익이 될 수 있는 해결책을 찾아보고 있다.
⑤ 대화와 협상으로 의견조율에 초점을 맞추고 있다.

**21** 전체 인원이 200명인 집단을 대상으로 S, K, M 3개의 방송사 오디션 프로그램에 대한 선호도를 조사하였더니 다음과 같은 결과를 얻었다. S방송사의 오디션 프로그램을 좋아하는 사람 중 남자의 비율은 얼마인가?

〈선호도 조사결과〉
- 각 응답자는 S사, K사, M사 중 하나로 응답하였다.
- 전체 응답자 중 여자는 60%이다.
- 여자 응답자 중 50%가 S사를 선택했다.
- K사를 선택한 남자 응답자는 30명이다.
- 남자 응답자 중 M사를 선택한 사람은 40%이다.
- M사를 선택한 여자 응답자는 20명이다.

① $\dfrac{1}{5}$  
② $\dfrac{2}{5}$  
③ $\dfrac{3}{13}$  
④ $\dfrac{5}{23}$  
⑤ $\dfrac{19}{39}$

**22** 다음 설명에 해당하는 그래프로 옳은 것은?

- 원 그래프의 일종으로, 거미줄 그래프라고도 한다.
- 비교하는 수량을 지름 또는 반지름으로 나누어 원의 중심에서 거리에 따라 각 수량의 관계를 나타낸다.
- 주로 계절별 매출액 등의 변동을 비교하거나 경과 등을 나타낼 때 사용한다.

① 막대 그래프  
② 레이더 차트  
③ 선 그래프  
④ 층별 그래프  
⑤ 점 그래프

| 자기개발능력

**23** 다음은 교육팀에서 근무하는 L사원이 직장동료에게 자신에 대한 사원평가 결과를 이야기하는 내용이다. L사원의 자기개발 실패 원인으로 가장 적절한 것은?

> 이번 회사에서 사원평가를 했는데 나보고 자기개발능력이 부족하다고 하네. 6시 퇴근시각에 바로 퇴근을 하더라도 집이 머니까 도착하면 8시고, 바로 씻고 저녁 먹고 잠깐 쉬면 금방 10시야. 방 정리하고 설거지하면 어느새 11시가 되는데. 어느 틈에 자기개발을 하라는 건지 이해도 잘 안 되고 답답하기만 해.

① 자기중심적이고 제한적인 사고
② 현재 하고 있는 일을 지속하려는 습성
③ 자신의 주장과 반대되는 주장에 대한 배척
④ 자기개발 방법에 대한 정보 부족
⑤ 인간의 욕구와 감정의 작용

| 문제해결능력

**24** A대리는 K공사 사내 문제처리 과정을 매뉴얼하여 전사에 공표하는 업무를 맡게 되었다. 문제처리 과정 중 마지막 단계인 실행 및 Follow-up 단계에서 실행상의 문제점을 해결하기 위한 모니터링 체제를 구축하기 위해 고려해야 할 체크리스트를 만들려고 한다. 다음 중 체크리스트 항목으로 적절하지 않은 것은?

① 문제가 재발하지 않을 것을 확신할 수 있는가?
② 해결안별 세부실행내용이 구체적으로 수립되었는가?
③ 혹시 또 다른 문제를 발생시키지 않았는가?
④ 바람직한 상태가 달성되었는가?
⑤ 사전에 목표한 기간 및 비용은 계획대로 지켜졌는가?

※ 다음 글을 읽고 이어지는 질문에 답하시오. [25~26]

- 인쇄기기 제조업체 A사는 타 업체에 시장점유율이 밀리자 해당 업체의 프린터기를 구입하여 분해한 뒤 분석하여, 성공요인을 도출하였다. 이러한 성공요인을 신제품 개발에 활용하거나 기존 제품에 적용함으로써 자사의 제품 경쟁력을 향상시켰다.
- 대형 유통판매업체 B사는 해외 대형 할인점을 따라 다수의 패션브랜드를 매장 안에 입점시킴으로써 매장의 분위기를 전환하였다. B사의 관계자는 해외 대형 할인점을 참고한 것은 맞으나, 구체적인 방법은 국내 현실 및 소비자 성향에 맞게 조정하였다고 밝혔다.
- 국내 금융업체인 C금융사의 본사에는 대형 디스플레이가 설치되어 있다. 이 디스플레이에는 C금융사 고객이 남긴 불만사항이 실시간으로 업데이트되고 있다. 이러한 방식은 뉴욕의 한 신문사에서 본사에 설치된 모니터의 독자의 댓글들이 실시간으로 나타나는 것을 보게 된 경영진이 C금융사에도 도입하게 된 것이다. 그러나 디스플레이 도입 후, 직원들은 디스플레이가 부담스럽고 심리적 압박감을 유발한다고 불만사항을 제기하였다. 예상치 못한 결과에 C금융사의 경영진들은 직원들에게 불만을 잠재우면서도 디스플레이의 설치 목적은 그대로 유지할 수 있는 방안을 마련하고자 한다.

|기술능력

**25** 다음 중 A~C사가 수행한 기술선택의 방법에 대한 설명으로 적절하지 않은 것은?

① 우수 기업이나 성공 사례의 장점을 자사에 그대로 적용하는 방법이다.
② 특정 분야에서 뛰어난 업체나 상품, 기술, 경영 방식 등을 배워 합법적으로 응용하는 것이다.
③ 계획 단계, 자료 수집 단계, 분석 단계, 개선 단계로 진행될 수 있다.
④ 비교대상에 따른 분류와 수행방식에 따른 분류로 그 종류를 나눌 수 있다.
⑤ 수행방식에 따른 분류에는 직・간접적 방법이 있다.

|기술능력

**26** 다음 중 C금융사가 수행한 기술선택의 방법으로 적절한 것을 〈보기〉에서 모두 고르면?

―〈보기〉―
㉠ 같은 기업 내의 다른 지역, 타 부서, 국가 간의 유사한 활용을 대상으로 하는 기술선택 방법이다.
㉡ 동일 업종에서 고객을 직접적으로 공유하는 경쟁기업을 대상으로 하는 기술선택 방법이다.
㉢ 제품, 서비스 및 프로세스의 단위 분야에 있어 가장 우수한 실무를 보이는 비경쟁적 기업 내의 유사 분야를 대상으로 하는 기술선택 방법이다.
㉣ 대상을 직접 방문하여 수행하는 기술선택 방법이다.
㉤ 인터넷 및 문서 형태의 자료를 통해서 수행하는 기술선택 방법이다.

① ㉠, ㉡
② ㉠, ㉤
③ ㉡, ㉤
④ ㉢, ㉣
⑤ ㉣, ㉤

※ 다음은 K기관의 불만고객 응대 프로세스에 따른 상담 내용이다. 이어지는 질문에 답하시오. [27~28]

> 상담사 : 안녕하십니까. K기관 상담사 □□□입니다.
> 고객 : 학자금 대출 이자 납입건으로 문의할 게 있어서요.
> 상담사 : 네, 고객님 어떤 내용이신지 말씀해 주시면 제가 도움을 드리도록 하겠습니다.
> 고객 : 제가 K기관으로부터 대출을 받고 있는데 아무래도 대출 이자가 잘못 나간 것 같아서요. 안 그래도 바쁘고 시간도 없는데 이것 때문에 비 오는 날 우산도 없이 은행에 왔다 갔다 했네요. 도대체 일을 어떻게 처리하는 건지…
> 상담사 : 아 그러셨군요, 고객님. 먼저 본인확인 부탁드립니다. 성함과 전화번호를 말씀해 주세요.
> 고객 : 네, △△△이고요. 전화번호는 000-0000-0000입니다.
> 상담사 : 확인해 주셔서 감사합니다. _____

**대인관계능력**

**27** 다음 중 윗글의 불만고객은 어떤 유형의 불만고객에 해당하는가?

① 거만형
② 의심형
③ 트집형
④ 빨리빨리형
⑤ 우유부단형

**대인관계능력**

**28** 다음 중 윗글의 빈칸에 들어갈 내용으로 적절한 것을 〈보기〉에서 모두 고르면?

〈보기〉
㉠ 어떤 해결 방안을 제시해 주는 것이 좋은지 고객에게 의견을 묻는다.
㉡ 고객 불만 사례를 동료에게 전달하겠다고 한다.
㉢ 고객이 불만을 느낀 상황에 대한 빠른 해결을 약속한다.
㉣ 대출내역을 검토한 후 어떤 부분에 문제가 있었는지 확인하고 답변해 준다.

① ㉠, ㉡
② ㉠, ㉢
③ ㉡, ㉢
④ ㉡, ㉣
⑤ ㉢, ㉣

**29** K패션회사의 기획홍보부에 근무하는 P대리는 자신이 해야 할 일들을 다음과 같이 메모하였고, 일이 차질 없이 진행되도록 〈보기〉에 업무를 나누어 적어보려고 한다. 각 업무에 해당하는 순위를 바르게 연결한 것은?

〈해야 할 일(1월 1일 기준)〉
㉠ 기획홍보부 신입사원 사내 기본교육 및 업무 인수인계 진행(다음 주까지)
㉡ 경쟁업체 신규 매장 오픈(4월 1일)으로 인한 경영전략 수립(3월 중 유통부와 공조하여 진행)
㉢ 3월 1일에 시작하는 봄맞이 프로모션 준비 : 할인 품목 및 할인율 재점검, 프로모션 전략자료 준비(2월 1일까지 제출)
㉣ 어학학원 수강신청 및 등록

〈보기〉

|  | 중요한 것 |  |  |
|---|---|---|---|
| 긴급하지 않은 것 | 2순위 계획하고 준비해야 할 문제 | 1순위 제일 먼저 해결해야 할 긴급하고 중요한 문제 | 긴급한 것 |
|  | 4순위 상대적으로 하찮은 일 | 3순위 신속히 해결해야 할 문제 |  |
|  | 중요하지 않은 것 |  |  |

|  | 1순위 | 2순위 | 3순위 | 4순위 |
|---|---|---|---|---|
| ① | ㉠ | ㉡ | ㉢ | ㉣ |
| ② | ㉡ | ㉢ | ㉠ | ㉣ |
| ③ | ㉢ | ㉠ | ㉡ | ㉣ |
| ④ | ㉢ | ㉡ | ㉠ | ㉣ |
| ⑤ | ㉣ | ㉢ | ㉠ | ㉡ |

**| 수리능력**

**30** 서로 다른 소설책 7권과 시집 5권이 있다. 이 중에서 소설책 3권과 시집 2권을 선택하는 경우의 수는?

① 350가지
② 360가지
③ 370가지
④ 380가지
⑤ 390가지

**| 문제해결능력**

**31** 다음 중 창의적 사고에 대한 설명으로 옳지 않은 것을 〈보기〉에서 모두 고르면?

〈보기〉
A. 창의적 사고는 아무것도 없는 무에서 유를 만들어 내는 것이다.
B. 창의적 사고는 끊임없이 참신한 아이디어를 산출하는 힘이다.
C. 우리는 매일매일 끊임없이 창의적 사고를 계속하고 있다.
D. 필요한 물건을 싸게 사기 위해서 하는 많은 생각들은 창의적 사고에 해당하지 않는다.
E. 창의적 사고를 대단하게 여기는 사람들의 편견과 달리 창의적 사고는 누구에게나 존재한다.

① A, C
② A, D
③ C, D
④ C, E
⑤ D, E

**| 정보능력**

**32** 다음은 기획안을 제출하기 위한 정보수집 전에 어떠한 정보를 어떻게 수집할지에 대한 '정보의 전략적 기획'의 사례이다. S사원이 필요한 정보에 대한 설명으로 적절하지 않은 것은?

K전자의 S사원은 상사로부터 세탁기 신상품에 대한 기획안을 제출하라는 업무를 받았다. 먼저 S사원은 기획안을 작성하기 위해 자신에게 어떠한 정보가 필요한지를 생각해 보았다. 개발하려는 세탁기 신상품의 컨셉은 중년층을 대상으로 한 실용적이고 경제적이며, 조작하기 쉬운 것을 대표적인 특징으로 삼고 있다.

① 기존에 세탁기를 구매한 고객들의 데이터베이스로부터 정보가 필요할 수도 있다.
② 현재 세탁기를 사용하면서 불편한 점은 무엇인지에 대한 정보가 필요하다.
③ 데이터베이스로부터 성별에 따른 세탁기 선호 디자인에 대한 정보가 필요하다.
④ 고객들이 세탁기에 대해 부담 가능한 금액은 얼마인지에 대한 정보도 필요하다.
⑤ 데이터베이스를 통해 중년층이 선호하는 디자인이나 색은 무엇인지에 대한 정보도 있으면 좋을 것이다.

**33** 다음 중 3C 분석에 대한 설명으로 옳은 것은?

① 기업 내부의 강점과 약점, 외부환경의 기회, 위협요인을 조사한다.
② 시장을 세분화하고, 목표시장을 설정한 후 적절한 제품 포지셔닝을 한다.
③ 제품, 가격, 유통경로, 프로모션을 효과적으로 조합한다.
④ 고객, 자사, 경쟁사를 각각 분석한다.
⑤ 산업환경에 영향을 미치는 신규진입의 위협, 공급자의 협상력, 구매자의 협상력, 대체재, 기존 사업자 요인을 분석한다.

**34** 다음 대화에서 나타난 논리적 오류로 가장 적절한 것은?

> 의사 : 음주와 흡연은 고혈압과 당뇨를 유발할 수 있으니 조절하십시오.
> 환자 : 에이, 의사선생님도 술, 담배 하시잖아요.

① 성급한 일반화의 오류
② 피장파장의 오류
③ 군중에 호소하는 오류
④ 인신공격의 오류
⑤ 흑백사고의 오류

※ 다음 글을 읽고 이어지는 질문에 답하시오. [35~36]

> 의류회사에서 디자이너로 일하고 있는 직장인 A씨는 평소 관심이 많았던 메이크업에 대해 꾸준히 공부하고 기술을 익혀 얼마 전부터 패션 유튜버로 활동하고 있다. 주중에는 회사에서 본연의 업무에 충실하고, 주 52시간 근무제가 자리를 잡으면서 저녁 여가시간과 주말을 이용해 메이크업과 코디네이션에 대한 콘텐츠를 만들어 유튜버로 이름을 알리고 있다. 사람들이 평소 관심이 많은 분야라서 그런지 구독자 수는 생각보다 빨리 늘어나기 시작했다.
> 몇 개월의 준비기간을 거쳐 일주일에 한 번씩 콘텐츠를 꾸준히 올린 결과 활동 6개월째부터는 많지는 않지만 광고수입도 일부 얻을 수 있었다. A씨는 유튜버로 활동하면서 추가 수입과 자신의 흥미를 충족시킬 수 있어 좋다는 생각이 들었다. 또한 시간이 많이 흐르고 조직생활이 끝나면 창업을 하거나 독립을 하게 되어도 자신에게 도움이 될 것이라는 생각도 하게 되었다.

| 자기개발능력

**35** 다음 중 윗글에 제시된 경력개발과 가장 관련이 있는 이슈는 무엇인가?

① 청년실업
② 창업경력
③ 평생학습사회
④ 투잡(Two Jobs)
⑤ 일과 생활의 균형

| 자기개발능력

**36** 다음 중 A씨가 하고 있는 경력개발과 관련된 사회 환경의 변화로 적절하지 않은 것은?

① 지식과 정보의 폭발적인 증가로 새로운 기술개발에 따라 직업에서 요구되는 능력도 변화하고 있다.
② 지속적인 경기불황에 따라 2개 혹은 그 이상의 직업을 가지는 사람들이 늘어나고 있다.
③ 주 5일제와 주 52시간 근무제가 시행되면서 직장인들 사이에서 확대되는 추세를 보이고 있다.
④ 경제적인 이유와 자아실현, 실직 대비 등이 주요 목적으로 나타난다.
⑤ 꾸준한 경력개발에 대한 중요성이 커지고 있고, 경력개발의 방법이 다양해지고 있다.

**| 대인관계능력**

**37** 다음 중 거래적 리더십과 변혁적 리더십의 차이점에 대한 설명으로 적절하지 않은 것은?

> 거래적 리더십은 '규칙을 따르는' 의무에 관계되어 있기 때문에 리더가 변화를 촉진하기보다는 조직의 안정을 유지하는 것을 중시한다. 그리고 거래적 리더십에는 리더의 요구에 부하가 순응하는 결과를 가져오는 교환 과정이 포함된다. 그러나 조직원들의 과업목표에 대한 열의와 몰입까지는 발생시키지 않는 것이 일반적이다.
> 반면, 변혁적 리더십은 리더가 조직원들에게 장기적 비전을 제시하고, 그 비전을 향해 매진하도록 조직원들로 하여금 자신의 정서·가치관·행동 등을 바꾸어 목표달성을 위한 성취의지와 자신감을 고취시킨다. 즉, 거래적 리더십은 교환에 초점을 맞춰 단기적 목표를 달성하고 이에 따른 보상을 받고, 변혁적 리더십은 장기적으로 성장과 발전을 도모하며 조직원들의 소속감, 몰입감, 응집력, 직무만족 등을 발생시킨다.

① 거래적 리더십의 보상체계는 규정에 따라 성과 달성 시 인센티브와 보상이 주어진다.
② 변혁적 리더십은 기계적 관료제에 적합하고, 거래적 리더십은 단순구조나 임시조직에 적합하다.
③ 거래적 리더십은 안전을 지향하고 폐쇄적인 성격을 가지고 있다.
④ 변혁적 리더십은 공동목표를 추구하고 리더가 교육적 역할을 담당한다.
⑤ 변혁적 리더십은 업무 등의 과제의 가치와 당위성을 주시하여 성공에 대한 기대를 제공한다.

**| 직업윤리**

**38** 다음 중 직업윤리의 5대 원칙으로 적절하지 않은 것은?

> 〈직업윤리의 5대 원칙〉
> • 업무의 공공성을 바탕으로 공사구분을 명확히 하고, 모든 것을 숨김없이 투명하게 처리하는 원칙
> • 고객에 대한 봉사를 최우선으로 생각하고 현장 중심, 실천 중심으로 일하는 원칙
> • 자기업무에 전문가로서의 능력과 의식을 가지고 책임을 다하며, 능력을 연마하는 원칙
> • 업무와 관련된 모든 것을 숨김없이 정직하게 수행하고, 본분과 약속을 지켜 신뢰를 유지하는 원칙
> • 법규를 준수하고, 경쟁원리에 따라 공정하게 행동하는 원칙

① 정직과 신용의 원칙　　　　　② 전문성의 원칙
③ 공정경쟁의 원칙　　　　　　④ 고객중심의 원칙
⑤ 주관성의 원칙

**기술능력**

**39** 다음 글에서 설명하고 있는 기술용어로 가장 적절한 것은?

> 농부는 농기계와 화학비료를 써서 밀을 재배하고 수확한다. 이렇게 생산된 밀은 보관업자, 운송업자, 제분회사, 제빵 공장을 거쳐 시장으로 판매된다. 보다 높은 생산성을 위해 화학비료를 연구하고, 공장을 가동하기 위해 공작기계와 전기를 생산한다. 보다 빠른 운송을 위해서 트럭이나 기차, 배가 개발되었고, 보다 효과적인 운송수단과 농기계를 운용하기 위해 증기기관에서 석유에너지로 발전하였다. 이렇듯 우리의 식탁에 올라오는 빵은 여러 기술이 네트워크로 결합하여 시너지를 내고 있는 결과물이다.

① 기술 시스템  ② 기술혁신
③ 기술경영  ④ 기술이전
⑤ 기술경쟁

**문제해결능력**

**40** 자사에 적합한 인재를 채용하기 위해 면접을 진행 중인 K회사의 2차 면접에서는 어떤 주제나 주장 등에 대해서 적극적으로 분석하고 종합하며, 평가하는 능동적 사고인 비판적 사고를 평가한다. 다음 중 가장 낮은 평가를 받게 될 지원자는 누구인가?

① A지원자 : 문제에 대한 개선방안을 찾기 위해서는 먼저 자료를 충분히 분석하고, 이를 바탕으로 객관적이고 과학적인 해결 방안을 제시해야 한다고 생각합니다.

② B지원자 : 저는 문제의 원인을 찾기 위해서는 항상 왜, 언제, 누가, 어디서 등의 다양한 질문을 던져야 한다고 생각합니다. 이러한 호기심이 결국 해결 방안을 찾는 데 큰 도움이 된다고 생각하기 때문입니다.

③ C지원자 : 저는 제 나름의 신념을 갖고 문제에 대한 해결 방안을 찾으려 노력합니다. 상대방의 의견이 제 신념에서 벗어난다면 저는 인내를 갖고 끝까지 상대를 설득할 것입니다.

④ D지원자 : 해결 방안을 도출하는 데 있어서는 개인의 감정적・주관적 요소를 배제해야 합니다. 사사로운 감정이나 추측보다는 경험적으로 입증된 증거나 타당한 논증을 토대로 판단해야 합니다.

⑤ E지원자 : 저는 제가 생각한 해결 방안이 부적절할 수도 있음을 이해하고 있습니다. 다른 사람의 해결 방안이 더 적절하다면 그 사람의 의견을 받아들이는 태도가 필요하다고 생각합니다.

| 문제해결능력

**41** 문제해결절차의 문제 도출 단계는 (가)와 (나)의 절차를 거쳐 수행된다. 다음 중 (가)에 대한 설명으로 적절하지 않은 것은?

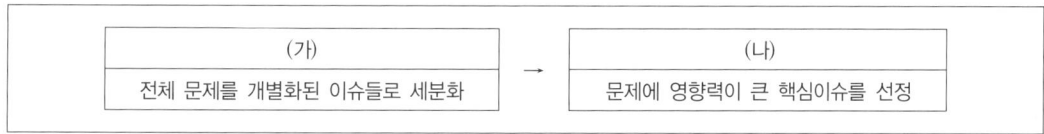

① 문제의 내용 및 영향 등을 파악하여 문제의 구조를 도출한다.
② 본래 문제가 발생한 배경이나 문제를 일으키는 메커니즘을 분명히 해야 한다.
③ 현상에 얽매이지 말고 문제의 본질과 실제를 봐야 한다.
④ 눈앞의 결과를 중심으로 문제를 바라봐야 한다.
⑤ 문제 구조 파악을 위해서 Logic Tree 방법이 주로 사용된다.

| 대인관계능력

**42** 키슬러(Kiesler)의 이론에 따라 대인관계 유형을 지배형, 실리형, 냉담형, 고립형, 복종형, 순박형, 친화형, 사교형의 8가지 유형으로 나눌 수 있다. 다음 사례에서 P부장은 어느 유형에 해당하는가?

> P부장은 뛰어난 업무 성과로 회사에서 인정을 받고 있다. 업무를 수행함에 있어서도 자신감이 넘치며, 업무 추진력이 뛰어나 본인이 원하는 방향으로 부서를 성공적으로 이끌어 나가고 있다. 그러나 대부분의 업무를 부서원들과 논의하지 않고 독단적으로 결정하다 보니 간혹 부서원과 논쟁을 일으키기도 한다. 특히 요즘은 업무가 바쁘다는 핑계로 부서원들의 의견은 무시하고 부서원들이 자신의 결정대로 따라주기만을 바라고 있다. P부장과의 의견 교환이 점점 더 어려워지자 부서원들의 고충과 불만은 계속 쌓여 가고 있다.

① 지배형                    ② 냉담형
③ 고립형                    ④ 복종형
⑤ 친화형

**| 조직이해능력**

**43** 다음 중 조직의 유형에 대한 설명으로 옳은 것은?

① 공식조직은 비공식조직에 비해 규모가 거대한 조직을 말한다.
② 비공식조직 내에서의 행동유형 공유는 공식조직의 기능을 지원하기도 한다.
③ 정부조직은 비영리조직이자 비공식조직에 해당한다.
④ 조직발달사에 따르면, 공식조직의 내부집단으로서 비공식조직들이 발생하였다.
⑤ 환경보존을 홍보하는 상품을 직접 판매하고, 그 수익을 극대화하기 위해 운영되는 조직은 비영리조직에 해당한다.

**| 대인관계능력**

**44** 다음 중 협상과정 5단계를 순서대로 바르게 나열한 것은?

> ㄱ. 적극적으로 경청하고 자기주장을 제시한다.
> ㄴ. 합의문을 작성한다.
> ㄷ. 분할과 통합 기법을 활용하여 이해관계를 분석한다.
> ㄹ. 간접적인 방법으로 협상의사를 전달한다.
> ㅁ. 협상 안건마다 대안들을 평가한다.

① ㄱ → ㄷ → ㄹ → ㅁ → ㄴ
② ㄱ → ㄹ → ㄷ → ㄴ → ㅁ
③ ㄹ → ㄱ → ㄴ → ㄷ → ㅁ
④ ㄹ → ㄱ → ㄷ → ㅁ → ㄴ
⑤ ㄹ → ㄱ → ㅁ → ㄷ → ㄴ

**정보능력**

**45** 다음 사례에서 요리연구가 A씨가 사용한 방법은?

> 요리연구가 A씨는 수많은 요리를 개발하면서 해당 요리의 조리방법을 기록해 왔다. 몇 년에 걸쳐 진행한 결과 A씨가 연구해 온 요리는 수백 개에 달했고, 이에 A씨가 해당 요리에 대한 내용을 찾으려 할 때, 상당한 시간이 걸렸다. A씨는 고민 끝에 요리방법을 적은 문서를 분류하기로 하였고 이를 책으로 출판하였다. 책은 각 요리에서 주재료로 사용된 재료를 기준으로 요리방법이 분류되었으며, 해당 재료에 대한 내용이 서술되어 있는 페이지도 같이 기술하였다.

① 목록
② 목차
③ 분류
④ 초록
⑤ 색인

**의사소통능력**

**46** 다음 중 경청 훈련 방법과 사례가 잘못 연결된 것은?

| | 방법 | 사례 |
|---|---|---|
| ① | 주의 기울이기 | A씨는 말을 하고 있는 B씨의 얼굴과 몸의 움직임뿐만 아니라 호흡하는 자세까지도 주의하여 관찰하고 있다. 또한 B씨의 어조와 억양, 소리 크기에도 귀를 기울이고 있다. |
| ② | 상대방의 경험을 인정하고 더 많은 정보 요청하기 | C씨는 자신의 경험담을 이야기하고 있는 D씨에게 관심과 존경을 보이고 있으며, D씨가 계속해서 이야기를 할 수 있도록 질문을 던지기도 한다. |
| ③ | 정확성을 위해 요약하기 | E씨는 유치원에서 친구와 다투었다는 아이의 말을 듣고는 "친구와 간식을 두고 다툼을 해서 너의 기분이 좋지 않구나."라며 아이의 이야기를 자신의 말로 반복하여 표현하였다. |
| ④ | 개방적인 질문 | F씨는 G씨에 대한 이해의 정도를 높이기 위해 주말에 부산으로 여행을 간다는 G씨에게 이번 여행은 누구와 가는지 질문하고 있다. |
| ⑤ | '왜?'라는 질문 삼가기 | H씨는 부정적·강압적인 표현의 '왜?'라는 질문을 사용하지 않으려고 노력하고 있다. |

**47** 다음 사례에 나타난 의사표현에 영향을 미치는 요소에 대한 설명으로 적절하지 않은 것은?

> - 독일의 유명 가수 슈만 하이크는 "음악회에서 노래를 부를 때 심리적 긴장감을 갖지 않느냐?"라는 한 기자의 질문에 대해 "노래하기 전에 긴장감을 느끼지 않는다면, 그때는 내가 은퇴할 때이다."라고 이야기하였다.
> - 영국의 유명 작가 버나드 쇼는 젊은 시절 매우 내성적인 청년이었다. 그는 잘 아는 사람의 집을 방문할 때도 문을 두드리지 못하고 20분이나 문밖에서 망설이며 거리를 서성거렸다. 그는 자신의 내성적인 성격을 극복하기 위해 런던에서 공개되는 모든 토론에 의도적으로 참가하였고, 그 결과 장년에 이르러서 20세기 전반에 걸쳐 가장 재치있고 자신이 넘치는 웅변가가 될 수 있었다.

① 소수인의 심리상태가 아니라 90% 이상의 사람들이 호소하는 불안이다.
② 잘 통제하면서 표현을 한다면 청자는 더 인간답다고 생각하게 될 것이다.
③ 개인의 본질적인 문제이므로 완전히 치유할 수 있다.
④ 분명한 원인은 아직 규명되지 않았다.
⑤ 불안을 심하게 느끼는 사람일수록 다른 사람과 접촉이 없는 직업을 선택하려 한다.

**48** 다음은 팀원들을 적절한 위치에 효과적으로 배치하기 위한 3가지 원칙에 대한 설명이다. 빈칸 ㉠ ~ ㉣에 들어갈 말을 순서대로 바르게 나열한 것은?

> ___㉠___ 는 개인에게 능력을 발휘할 수 있는 기회와 장소를 부여하고, 그 성과를 바르게 평가한 뒤 평가된 실적에 대해 그에 상응하는 부상을 주는 원칙을 말한다. 이때, 미래에 개발 가능한 능력까지도 함께 고려해야 한다. 한편, ___㉡___ 는 팀의 효율성을 높이기 위해 팀원의 능력이나 성격 등과 가장 적합한 위치에 배치하여 팀원 개개인의 능력을 최대로 발휘해 줄 것을 기대하는 것이다. 즉, 작업이나 직무가 요구하는 요건과 개인이 보유하고 있는 조건이 서로 균형 있고 적합하게 대응되어야 한다. 결국 ___㉢___ 는 ___㉣___ 의 하위개념이라고 할 수 있다.

| | ㉠ | ㉡ | ㉢ | ㉣ |
|---|---|---|---|---|
| ① | 능력주의 | 적재적소주의 | 적재적소주의 | 능력주의 |
| ② | 능력주의 | 적재적소주의 | 능력주의 | 적재적소주의 |
| ③ | 적재적소주의 | 능력주의 | 능력주의 | 적재적소주의 |
| ④ | 적재적소주의 | 능력주의 | 적재적소주의 | 능력주의 |
| ⑤ | 능력주의 | 균형주의 | 균형주의 | 능력주의 |

**49** A사원은 인적자원의 효과적 활용에 대한 강연을 듣고, 인맥을 활용하였을 때의 장점에 대해 다음과 같이 정리하였다. ㉠~㉣ 중 A사원이 잘못 메모한 내용은 모두 몇 개인가?

〈인적자원의 효과적 활용〉

• 인적자원이란?
　　　　　　　　　　　　… 중략 …

• 인맥 활용 시 장점
　- ㉠ 각종 정보와 정보의 소스 획득
　- ㉡ '나' 자신의 인간관계나 생활에 대해서 알 수 있음
　　↳ ㉢ 자신의 인생에 탄력이 생김
　- ㉣ '나' 자신만의 사업을 시작할 수 있음 ← 참신한 아이디어 획득

① 없음
② 1개
③ 2개
④ 3개
⑤ 4개

**50** 다음은 6T에 대한 설명이다. 이를 참고할 때, 〈보기〉에서 6T가 아닌 것을 모두 고르면?

6T란 정보화 사회에서 새로운 지식과 기술을 개발·활용·공유·저장해 미래를 이끌어갈 주요 산업을 일컫는다.

〈보기〉

ㄱ. 문화산업　　ㄴ. 토지　　　　　ㄷ. 노동
ㄹ. 환경공학　　ㅁ. 우주항공기술　ㅂ. 정보기술
ㅅ. 자본　　　　ㅇ. 나노기술　　　ㅈ. 생명공학

① ㄱ, ㄴ, ㅂ
② ㄱ, ㄹ, ㅈ
③ ㄴ, ㄷ, ㅅ
④ ㄴ, ㅁ, ㅇ
⑤ ㄷ, ㅂ, ㅈ

**51** 다음 글에 나타난 자원관리의 기본 과정으로 가장 적절한 것은?

> 업무나 활동의 우선순위를 고려하여 자원을 업무에 할당하는 단계로, 확보한 자원이 실제 활동 추진에 비해 부족할 경우 우선순위가 높은 것에 중심을 두고 계획하는 것이 바람직하다.

① 필요한 자원의 종류와 양 확인
② 이용 가능한 자원 수집하기
③ 자원 활용 계획 세우기
④ 계획대로 수행하기
⑤ 결과를 기록하기

**52** 다음 중 의사표현에 사용되는 언어로 적절하지 않은 것을 〈보기〉에서 모두 고르면?

〈보기〉
㉠ 이해하기 쉬운 언어　　　㉡ 상세하고 구체적인 언어
㉢ 간결하면서 정확한 언어　㉣ 전문적 언어
㉤ 단조로운 언어　　　　　㉥ 문법적 언어

① ㉠, ㉡
② ㉡, ㉢
③ ㉢, ㉣
④ ㉣, ㉤
⑤ ㉤, ㉥

| 자기개발능력

**53** 다음 사례를 읽고 C가 A와 B에게 해줄 수 있는 조언으로 적절하지 않은 것은?

> 같은 제약회사에서 일하는 A ~ C 세 사람은 열심히 일을 하고 있다. 요즘 들어 업무량이 많아졌기 때문에, 세 사람 모두 하루 종일 열심히 일을 해도 배당되는 업무량을 달성하기가 쉽지 않다. 그러나 일을 하는 태도에 있어서는 차이를 보이고 있다.
> A의 경우는 오늘도 불평이다. "왜 이렇게 더워?", "도대체 집에는 언제 갈 수 있는 거야?", "뭐야? 몇 번이나 실험을 해야 돼?", "정말 내가 그만두지 못해서 다닌다. 다녀."
> B의 경우는 묵묵히 자신의 일을 하지만 그렇게 즐거워 보이지는 않는다. "회사는 돈을 버는 수단이지. 열심히 일해서 돈을 많이 벌고, 그 돈을 여가생활에 쓰면 되는 거 아냐?", "나는 주말만 기다려. 주말에는 수상스키를 타러 가야지."
> C의 경우는 뭐가 그렇게 좋은지 오늘도 싱글벙글이다. "이번 신상품 개발에 내가 낸 제안이 받아들여졌어. 너무 신나지 않아?", "아. 이렇게 하면 졸리지 않은 코감기 약이 나올 수 있겠는걸? 한 번 더 실험을 해 봐야겠다." 이처럼 매사에 긍정적인 C는 A와 B에게 흥미나 적성도 노력을 통해 개발될 수 있음을 알려주고 싶어한다.

① 마인드컨트롤을 통해 자신을 의식적으로 관리해 보는 건 어때?
② 자신이 수행한 결과물을 점검해 보면 자신이 성취한 일에 대한 자긍심이 생길 거야.
③ 현재 기업의 문화와 풍토가 자신에게 어떠한 영향을 주고 있는지 확인해 보는 게 어때?
④ 자기 스스로 이 일을 잘 할 수 있다고 생각하는 자신감을 꾸준히 가질 필요가 있어.
⑤ 무엇보다 일을 할 때에는 작은 단위보다 큰 단위로 수행하는 것이 좋아.

| 자원관리능력

**54** 다음 중 자원 낭비 사례로 적절하지 않은 것은?

① A사는 재무회계팀이 예산별 용도를 광범위하게 설정하는 바람에 예산 운용에 혼란을 겪었다.
② B사는 창립기념일로 인한 휴일이라는 이유로 협력업체와의 약속기한을 지키지 않았고, 결국 해당 업체와의 계약이 취소되었다.
③ 직원의 근태 및 인사 관련 시스템을 IT업체에 위탁하여 관리하고 있는 C사에서는 위탁업체의 기술적 오류로 인해 직원들의 연차 관리가 일주일째 지연되고 있다.
④ D사는 재고량을 제대로 파악하지 못하여 여러 분기 동안 재고를 처리하지 못하고 있다.
⑤ 사내 교육 및 훈련 프로그램을 제대로 갖추지 못한 E사에서는 직원의 실수로 인해 매년 4천만 원 이상의 손해가 발생하고 있다.

## 55. K기업의 상황을 고려할 때, 다음 중 경영활동과 활동의 사례가 바르게 연결되지 않은 것은?

〈상황〉
- K기업은 국내 자동차 제조업체이다.
- K기업은 최근 인도네시아의 자동차 판매업체와 계약을 하여, 내년부터 인도네시아로 차량을 수출할 계획이다.
- K기업은 중국의 자동차 부품 제조업체와 협력하고 있는데, 최근 중국 내 전염병 확산으로 현지 업체들의 가동률이 급락하였다.
- K기업에서 최근 내부 설문조사를 실시한 결과, 사내 유연근무제 도입을 희망하는 직원의 비율은 72%, 희망하지 않는 직원의 비율은 20%, 무응답은 8%였다.
- K기업의 1분기 생산라인 피드백 결과, 엔진 조립 공정에서 진행속도를 20% 개선할 경우, 생산성이 12% 증가하는 것으로 나타났다.

| | 경영활동 | 사례 |
|---|---|---|
| ① | 외부경영활동 | 인도네시아 시장의 자동차 구매성향 파악 |
| ② | 내부경영활동 | 국내 자동차 부품 제조업체와의 협력안 검토 |
| ③ | 내부경영활동 | 인도네시아 현지 자동차 법규 및 제도 조사 |
| ④ | 내부경영활동 | 엔진 조립 공정 개선을 위한 공정 기술 연구개발 |
| ⑤ | 내부경영활동 | 생산라인에 부분적 탄력근무제 도입 |

## 56. 그릇 A에는 농도 9%의 소금물 200g, 그릇 B에는 농도 4%의 소금물 150g이 있다. 그릇 A에서 100g의 소금물을 그릇 B로 옮겼을 때, 그릇 B에 들어있는 소금물의 농도는 몇 %인가?

① 4.5%　　② 5%
③ 5.5%　　④ 6%
⑤ 6.5%

**57** K사에서는 점심시간에 사내 방송을 통해 10초짜리 음악 $a$곡, 20초짜리 음악 $b$곡, 30초짜리 음악 4곡으로 총 20곡을 구성하여 6분 동안 재생한다. 이때, $(a+b)$의 값은 얼마인가?(단, 음악과 음악 사이에는 시간 공백은 없다.)

① 14
② 16
③ 18
④ 20
⑤ 22

**58** 다음 중 A씨가 시간관리를 통해 일상에서 얻을 수 있는 효과로 적절하지 않은 것은?

> A씨는 일과 생활의 균형을 유지하기 위해 항상 노력한다. 매일 아침 가족들과 함께 아침 식사를 하며 대화를 나눈 후 출근 준비를 한다. 출근길 지하철에서는 컴퓨터 자격증 공부를 틈틈이 하고 있다. 업무를 진행하는 데 있어서 컴퓨터 사용 능력이 부족하다는 것을 스스로 느꼈기 때문이다. 회사에 출근 시간보다 여유롭게 도착하면 먼저 오늘의 업무 일지를 작성하여 무슨 일을 해야 하는지 파악한다. 근무 시간에는 일정표를 바탕으로 정해진 순서대로 일을 진행한다. 퇴근 후에는 가족과 영화를 보거나 저녁 식사를 하며 시간을 보낸다. A씨는 철저한 시간관리를 통해 후회 없는 생활을 하고 있다.

① 스트레스 감소
② 균형적인 삶
③ 생산성 향상
④ 목표 성취
⑤ 사회적 인정

대인관계능력

**59** 다음은 협상전략의 유형에 대한 설명이다. (A) ~ (D)에 해당하는 전략이 바르게 연결된 것은?

(A) 상대방이 제시하는 것을 일방적으로 수용하여 협상의 가능성을 높이려는 전략이다. 즉, 상대방의 욕구와 주장에 자신의 욕구와 주장을 조정하고 순응시켜 굴복한다.
(B) 자신이 상대방보다 힘에 있어서 우위를 점유하고 있을 때 자신의 이익을 극대화하기 위한 공격적 전략이다. 즉, 상대방의 주장을 무시하고 자신의 힘으로 일방적으로 밀어붙여 상대방에게 자신의 입장을 강요하는 전략이다.
(C) 무행동전략이며, 협상으로부터 철수하는 철수전략이다. 협상을 피하거나 잠정적으로 중단하여 철수하는 전략이다.
(D) 협상 참여자들이 협동과 통합으로 문제를 해결하고자 하는 협력적 협상전략이다. 문제를 해결하는 합의에 이르기 위해서 협상 당사자들이 서로 협력하는 것이다.

|     | (A) | (B) | (C) | (D) |
| --- | --- | --- | --- | --- |
| ① | 유화전략 | 협력전략 | 강압전략 | 회피전략 |
| ② | 회피전략 | 강압전략 | 유화전략 | 협력전략 |
| ③ | 유화전략 | 강압전략 | 협력전략 | 회피전략 |
| ④ | 회피전략 | 협력전략 | 강압전략 | 유화전략 |
| ⑤ | 유화전략 | 강압전략 | 회피전략 | 협력전략 |

조직이해능력

**60** 국제문화를 접할 때 완전히 다른 문화환경이나 새로운 사회환경을 접함으로써 감정의 불안을 느끼거나 무엇을 어떻게 해야 하는지 모르는 판단의 부재 상태에 놓일 수 있는데, 이를 문화충격이라고 한다. 다음 중 문화충격을 예방하는 방법으로 적절하지 않은 것은?

① 다른 문화환경에 대한 개방적인 태도를 갖도록 한다.
② 자신이 속한 문화를 기준으로 다른 문화를 평가하지 않도록 한다.
③ 새롭고 다른 것을 경험하는 데 적극적인 자세를 취하도록 한다.
④ 새로운 사회환경에 적응하기 위해서 자신의 정체성은 포기하도록 한다.
⑤ 다른 문화에 대한 정보를 미리 습득하도록 한다.

이 출판물의 무단복제, 복사, 전재 행위는 저작권법에 저촉됩니다.
파본은 구입처에서 교환하실 수 있습니다.

# 제3회 모듈형

## NCS 모의고사

〈문항 및 시험시간〉

| 평가영역 | 문항 수 | 시험시간 | 모바일 OMR 답안채점 /<br>성적분석 서비스 |
|---|---|---|---|
| 의사소통능력 / 수리능력 / 문제해결능력 /<br>조직이해능력 / 정보능력 / 자원관리능력 / 기술능력 /<br>자기개발능력 / 대인관계능력 / 직업윤리 | 60문항 | 60분 | |

# 모듈형 NCS 집중학습 봉투모의고사

## 제3회 모의고사

문항 수 : 60문항
시험시간 : 60분

┃의사소통능력

**01** 직장생활에서 필요한 의사소통능력은 문서적인 의사소통능력으로서의 문서이해능력과 문서작성능력, 언어적인 의사소통능력으로서의 경청능력, 의사표현능력으로 구분할 수 있다. 다음 업무를 위해 필요한 의사소통능력을 종류에 따라 바르게 구분한 것은?

> 출판사에 근무하는 K대리는 오늘 아침 출근하자마자 오늘의 주요 업무를 다음과 같이 정리하였다.
>
> 〈주요 업무〉
>
> ㉠ 입사 지원 이력서 메일 확인
> ㉡ 팀 회의 – 팀원 담당 업무 지시
> ㉢ 금일 출간 도서 발주서 작성
> ㉣ 유선 연락을 통한 채용 면접 일정 안내
> ㉤ 퇴근 전 업무 일지 작성

| | 문서적인 의사소통 | 언어적인 의사소통 |
|---|---|---|
| ① | ㉠, ㉤ | ㉡, ㉢, ㉣ |
| ② | ㉠, ㉢, ㉣ | ㉡, ㉤ |
| ③ | ㉠, ㉢, ㉤ | ㉡, ㉣ |
| ④ | ㉡, ㉢, ㉤ | ㉠, ㉣ |
| ⑤ | ㉡, ㉣, ㉤ | ㉠, ㉢ |

※ 다음은 조직의 유형을 나타낸 자료이다. 이어지는 질문에 답하시오. [2~3]

| 조직이해능력

**02** 다음 중 조직의 유형에 대한 설명으로 옳지 않은 것은?

① 기업과 같이 이윤을 목적으로 하는 조직은 영리조직이다.
② 조직 규모를 기준으로 보면 가족 소유의 상점은 소규모조직, 대기업은 대규모조직의 사례로 볼 수 있다.
③ 공식조직 내에서 인간관계를 지향하면서 비공식조직이 새롭게 생성되기도 한다.
④ 비공식조직은 조직의 구조, 기능, 규정 등이 조직화되어 있다.
⑤ 비영리조직은 공익을 목적으로 하는 단체이다.

| 조직이해능력

**03** 다음 중 비영리조직의 사례로 옳지 않은 것은?

① 정부조직
② 병원
③ 대학
④ 시민단체
⑤ 공장

※ 다음 글을 읽고 이어지는 질문에 답하시오. [4~5]

세계적으로도 우수한 기술을 가지고 있는 A중공업은 지난해 정부의 해외 발전소 공사 사업 건을 수주하기 위해 기관 관계자에게 수억 원의 뇌물을 건넸다. A중공업의 영업임원과 기관 관계자는 대학 선후배 사이로 수년간 골프모임을 지속한 사실도 파악되었다. 이 사건으로 인해 A중공업은 향후 5년간 공공사업에 대한 입찰이 금지되었다. 대규모 공사 프로젝트 발주가 급격히 감소한 요즘, 정부 사업에 대한 수주가 원천적으로 금지된 것은 회사 입장에서도, 정부 입장에서도 엄청난 손실이 되었다.

결국 A중공업은 발전소 사업 외에 조선 사업도 수행하고 있는 업체라 당장 정부가 발주한 특수선 건조 사업에도 직격탄을 맞았고, 과거처럼 업계의 관행을 답습하다가 회사의 존폐에 대한 위기까지 맞게 되었다.

| 직업윤리

**04** 다음 중 윗글에서 나타난 부패의 원인으로 적절하지 않은 것은?

① 사회적 윤리 의식의 부재
② 효율적 사회 시스템의 미비
③ 공사구분을 모호하게 하는 문화적 특성
④ 건전한 가치관의 미정립
⑤ 부패한 과거를 답습하는 문화

| 직업윤리

**05** 다음 중 윗글에 대한 설명으로 적절하지 않은 것은?

① 거래 당사자 간의 부도덕의 문제에 불과하며 사회적 비용으로 보기에는 무리가 있다.
② 공적인 입장의 사람이 자신의 권한과 권력을 이용해 이익을 취한 사례이다.
③ 사회 전체 시스템의 정상적인 가동을 방해하는 요인이 된다.
④ 막대한 사회적 비용을 수반하게 되며 사회구성원 전체에게 피해를 주게 된다.
⑤ 건전한 이윤추구의 가치를 훼손시키는 사례이다.

**06** B는 마당에 원통형 스탠드 식탁을 만들어 페인트칠을 하려고 한다. 페인트칠 비용이 원형 윗면은 넓이 1m² 당 10만 원, 옆면은 7만 원일 때, 윗면과 옆면에 페인트칠을 하는 데 드는 총비용은 얼마인가?[단, 원주율($\pi$)은 3으로 계산한다]

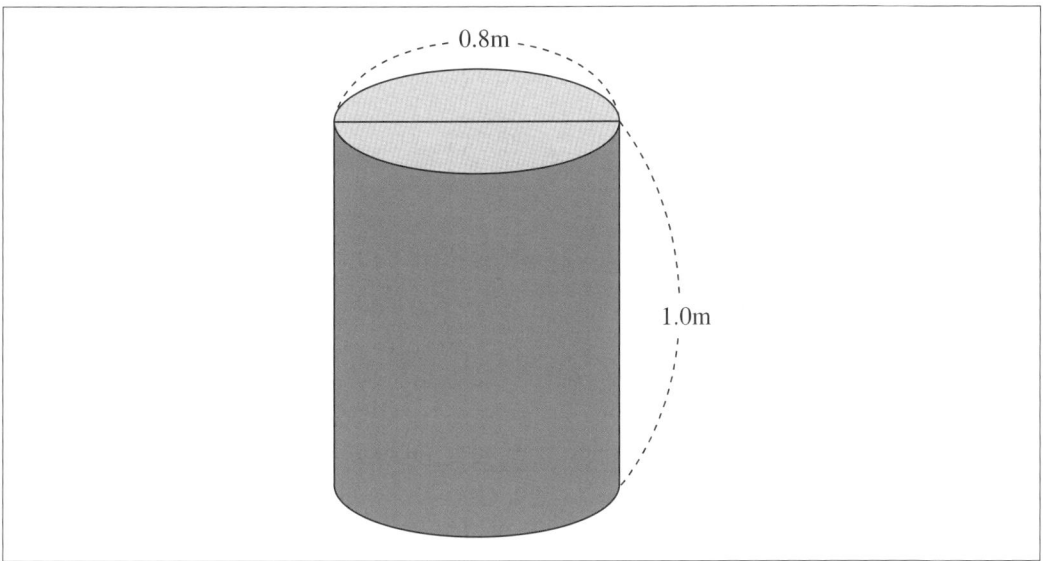

① 192,000원
② 205,000원
③ 215,000원
④ 216,000원
⑤ 224,000원

※ 다음 글을 읽고 이어지는 질문에 답하시오. [7~8]

문제해결이란 목표와 현상을 분석하고, 이 분석 결과를 토대로 과제를 도출하여 최적의 해결책을 찾아 실행·평가하는 활동을 의미한다. 이러한 문제해결은 ㉠ 조직, ㉡ 고객, ㉢ 자신의 세 가지 측면에서 도움을 줄 수 있다. 문제해결의 기본 요소는 총 다섯 가지가 있으며, 이를 도식화하면 아래와 같다.

문제해결을 위한 사고 방법에는 ㉣ 전략적 사고와 ㉤ 분석적 사고가 있다. 전략적 사고는 현재 당면하고 있는 문제와 그 해결에만 그치는 것이 아니라 그 문제와 해결 방안이 상위 시스템과 어떻게 연결되어 있는지를 생각하는 사고를 말한다. 또한 분석적 사고란 전체를 각각의 요소로 나누어 그 요소의 의미를 도출한 다음 우선순위를 부여하고 구체적인 문제해결방법을 실행하는 사고를 말한다.

| 문제해결능력

**07** 다음 중 ㉠ ~ ㉢에 해당하지 않는 것은?

① 경쟁사 대비 우위 확보
② 고객만족 제고
③ 업무의 효율적인 처리
④ 산업 발전에의 도움
⑤ 고객 불편사항 개선

| 문제해결능력

**08** 다음 중 ㉣, ㉤을 적용한 예로 적절하지 않은 것은?

① ㉣ : 본사의 규정을 바꿀 경우 본사에 소속된 영업점들에게 어떤 영향을 미칠지 고려한다.
② ㉣ : 학업을 위해 대학원 진학을 고려 중인 직장인이 대학원에 진학하게 될 경우 직장, 가족, 학업, 개인생활에 어떤 영향을 미칠지 전체적으로 고려한다.
③ ㉤ : 최근 경영성과가 나빠진 기업이 재무, 영업, 고객관리, 생산 등 여러 측면에서 그 원인을 파악하고자 노력한다.
④ ㉤ : 최근 고객 불만 사항이 늘어나자 고객만족을 상품 요소, 서비스 요소, 기업이미지 요소로 분류한 뒤 측정하여 이를 통해 개선사항을 도출하였다.
⑤ ㉤ : 제조공장에서는 생산성을 10% 이상 높이기 위해 공장 운영, 업무 방식, 제도, 기법 등의 측면에서 생산성 향상 방법을 도출한다.

| 대인관계능력

**09** 다음 〈보기〉 중 응집력과 팀워크를 비교한 내용으로 옳지 않은 것을 모두 고르면?

〈보기〉
ㄱ. 팀워크와 응집력 모두 공동의 목적 달성을 위한 구성원의 노력을 전제로 한다.
ㄴ. 응집력과 달리 팀워크는 양질의 성과를 필수적으로 요구한다.
ㄷ. 응집력과 팀워크는 구성원 간의 협력이 전제된다는 점에서 공통점을 갖는다.

① ㄱ
② ㄴ
③ ㄱ, ㄷ
④ ㄴ, ㄷ
⑤ ㄱ, ㄴ, ㄷ

| 직업윤리

**10** 다음 직장 내 인사 예절 중 ㉠~㉤을 수정한 내용으로 옳지 않은 것은?

- ㉠ 연장자를 나이 어린 사람에게 먼저 소개한다.
- ㉡ 내가 속해 있는 회사의 관계자를 타 회사의 관계자에게 먼저 소개한다.
- 신참자를 고참자에게 먼저 소개한다.
- ㉢ 고객, 손님을 동료임원에게 먼저 소개한다.
- 비임원을 임원에게 먼저 소개한다.
- 소개받는 사람의 별칭은 그 이름이 비즈니스에서 사용되는 것이 아니라면 사용하지 않는다.
- ㉣ 성을 제외하고 이름만 말한다.
- 상대방이 항상 사용하는 경우라면, Dr. 또는 Ph.D. 등의 칭호를 함께 언급한다.
- ㉤ 정부 고관의 직급명은 퇴직한 경우 사용하지 않는다.
- 천천히 그리고 명확하게 말한다.
- 각각의 관심사와 최근의 성과에 대하여 간단한 언급을 한다.

① ㉠ : '나이 어린 사람을 연장자에게 먼저 소개한다.'라고 수정해야 한다.
② ㉡ : '타 회사의 관계자를 내가 속해 있는 회사의 관계자에게 먼저 소개한다.'라고 수정해야 한다.
③ ㉢ : '동료임원을 고객, 손님에게 먼저 소개한다.'라고 수정해야 한다.
④ ㉣ : '반드시 성과 이름을 함께 말한다.'라고 수정해야 한다.
⑤ ㉤ : '정부 고관의 직급명은 퇴직한 경우라도 항상 사용한다.'라고 수정해야 한다.

| 수리능력

**11** 다음 글에서 설명하는 그래프는?

읽기 능력이란 문자 텍스트에만 국한된 것이 아니라 통계표, 도표(그래프), 그림이나 사진 등 다양한 형태의 텍스트가 나왔을 때 이를 읽어낼 수 있는 능력을 포함한다. 이 그래프는 주로 시간의 흐름에 따라 변하는 모습 등 복잡한 통계 자료를 나타낼 때 간단한 숫자의 표로 정리하고, 이를 더 보기 쉽도록 그림으로 나타낸다.

① 원 그래프　　　　　　　　② 띠 그래프
③ 막대 그래프　　　　　　　④ 그림 그래프
⑤ 꺾은선 그래프

**12** 다음은 서비스에 불만족한 고객을 불만 표현 유형별로 구분한 자료이다. (A) ~ (D)를 상대하는 데 있어 주의해야 할 사항으로 적절하지 않은 것은?

① (A)의 경우 상대방의 과시욕이 채워질 수 있도록 무조건 정중하게 대하는 것이 좋다.
② (B)의 경우 분명한 증거나 근거를 제시하여 스스로 확신을 갖도록 유도해야 한다.
③ (B)의 경우 때로는 책임자로 하여금 응대하는 것도 좋다.
④ (C)의 경우 이야기를 경청하고, 맞장구치고, 추켜세우고, 설득해 가는 방법이 효과적이다.
⑤ (D)의 경우 애매한 화법을 사용하여 최대한 시간을 끌어야 한다.

**13** 다음 중 협상진행 단계에 대한 설명으로 적절하지 않은 것은?

> 협상 전 단계 → 협상진행 단계 → 협상 후 단계

① 협상 후 단계에서는 협의내용을 비준하는 과정과 분석평가 과정이 이루어진다.
② 협상 참여자들은 협상진행 단계에서 상호 간에 정보를 교환하고 협상전략을 구사한다.
③ 협상진행 단계에서 합의문 작성 등 협상의 내용적 종결이 이루어진다.
④ 협상 참여자들은 협상진행 단계에 들어간 직후 협상형태를 파악하고 상황에 맞는 협상전략을 수립한다.
⑤ 협상의 절차에 대해 계획하는 과정은 협상 전 단계에서 완료되어야 한다.

**14** 다음 중 빈칸 ㉠ ~ ㉢에 들어갈 말을 순서대로 바르게 나열한 것은?

> 시간계획이란 시간이라고 하는 자원을 최대한 활용하기 위하여 가장 많이 ___㉠___ 되는 일에 가장 많은 시간을 분배하고, ___㉡___ 시간에 최선의 목표를 달성하는 것을 의미한다. 자신의 시간을 잘 계획할수록 일이나 개인적 측면에서 자신의 이상을 달성할 수 있는 시간을 ___㉢___ 할 수 있다.

|   | ㉠ | ㉡ | ㉢ |
|---|---|---|---|
| ① | 요구 | 최장 | 단축 |
| ② | 요구 | 최단 | 단축 |
| ③ | 반복 | 최단 | 단축 |
| ④ | 반복 | 최단 | 창출 |
| ⑤ | 반복 | 최장 | 창출 |

※ 다음 글을 읽고 이어지는 질문에 답하시오. [15~16]

박사원은 반도체 생산기업에 기술직으로 입사한 신입사원이다. 기술 시스템 관련 교육에 참석한 박사원은 기술직뿐만 아니라 다양한 직무의 신입사원들이 함께 교육받는다는 것을 알고 의아해했다. 그러나 기술 시스템의 발전 단계를 보고 각 단계에서 중요한 역할을 하는 직무 및 사람이 다르다는 것을 알게 되어 의문이 풀렸다. 아래는 박사원이 교육받은 내용이다.

- 기술 시스템의 의미
  개별기술이 네트워크와 결합하여 만들어진 것으로, 인공물의 집합체뿐만 아니라 회사, 투자회사, 법적 제도, 더 나아가 정치, 과학, 자연자원을 모두 포함하는 개념이다. 기술적인 것과 사회적인 것이 결합하여 공존하므로 사회기술 시스템이라고 불리기도 한다.
- 기술 시스템의 발전 단계
  1) 발명・개발・혁신의 단계 : 기술 시스템이 탄생하고 성장
  2) ㉠ : 성공적인 기술이 다른 지역으로 이동
  3) ㉡ : 기술 시스템 사이의 경쟁
  4) 기술 공고화 단계 : 경쟁에서 승리한 기술 시스템의 관성화

| 기술능력

**15** 다음 중 윗글의 빈칸 ㉠에 해당하는 내용으로 옳은 것은?

① 기술 상세화 단계  ② 기술 이전의 단계
③ 기술 이후의 단계  ④ 기술 경쟁의 단계
⑤ 기술 공고화 단계

| 기술능력

**16** 다음 중 윗글의 빈칸 ㉡에서 중요한 역할을 하는 사람은?

① 자문 엔지니어  ② 기술자
③ 금융 전문가    ④ 기업가
⑤ 정치인

| 기술능력

**17** 다음은 기술선택에 대한 글이다. 이에 대한 설명으로 옳지 않은 것은?

> 기술선택이란 기업이 어떤 기술에 대하여 외부로부터 도입할 것인가 또는 그 기술을 자체 개발하여 활용할 것인가를 결정하는 것이다. 기술을 선택하는 데에 대한 의사결정은 다음과 같이 두 가지 방법으로 구분할 수 있다.
> 먼저 상향식 기술선택(Bottom Up Approach)은 기업 전체 차원에서 필요한 기술에 대한 체계적인 분석이나 검토 없이 연구자나 엔지니어들이 자율적으로 기술을 선택하도록 하는 것이다.
> 반면 하향식 기술선택(Top-Down Approach)은 기술경영진과 기술기획담당자들에 의한 체계적인 분석을 통해 기업이 획득해야 하는 대상기술과 목표기술수준을 결정하는 것이다.

① 상향식 기술선택은 기술자들의 창의적인 아이디어를 얻기 어렵다는 단점이 있다.
② 상향식 기술선택은 경쟁기업과의 경쟁에서 승리할 수 없는 기술이 선택될 수 있다.
③ 상향식 기술선택은 시장의 고객들이 요구하는 제품이나 서비스를 개발하는 데 부적합한 기술이 선택될 수 있다.
④ 하향식 기술선택은 사업전략의 성공적인 수행을 위해 필요한 기술들을 열거하고, 각각의 기술에 대한 획득의 우선순위를 결정하는 것이다.
⑤ 하향식 기술선택은 먼저 기업이 직면하고 있는 외부환경과 보유 자원에 대한 분석을 통해 중장기적인 사업목표를 설정하는 것이다.

| 조직이해능력

**18** 다음 중 경영자 역할에 대한 설명으로 옳지 않은 것은?

① 분쟁 혹은 협상을 조정하는 것은 조직의 의사결정자로서 경영자의 중요한 역할이다.
② 경영자는 조직의 변화방향을 설정하고 조직의 성과에 책임을 진다.
③ 조직 운영을 위해서는 경영자가 구성원들과 의사소통하는 것이 중요하다.
④ 조직 규모의 확대에 따라 경영자도 수직적 분업화가 이루어지는 것이 효율적이다.
⑤ 민츠버그의 분류에 따르면 기업을 둘러싼 외부환경을 모니터링하는 것은 의사결정적 역할에 해당한다.

**19** 다음은 기술혁신의 과정과 역할을 정리한 자료이다. (A) ~ (E)에 대한 설명으로 옳지 않은 것은?

| 〈기술혁신의 과정과 역할〉 | | |
|---|---|---|
| 기술혁신 과정 | 혁신 활동 | 필요한 자질과 능력 |
| 아이디어 창안<br>(Idea Generation) | • 아이디어를 창출하고 가능성을 검증한다.<br>• _____(A)_____<br>• 혁신적인 진보를 위해 탐색한다. | • 각 분야의 전문지식<br>• 추상화와 개념화 능력<br>• 새로운 분야의 일을 즐기는 능력 |
| (B) <u>챔피언</u><br>(Entrepreneuring or Championing) | • 아이디어를 전파한다.<br>• 혁신을 위한 자원을 확보한다.<br>• 아이디어 실현을 위해 헌신한다. | • 정력적이고 위험을 감수하는 능력<br>• 아이디어의 응용에 관심을 가짐 |
| 프로젝트 관리<br>(Project Leading) | • 리더십을 발휘한다.<br>• 프로젝트를 기획하고 조직한다.<br>• _____(C)_____ | • 의사결정 능력<br>• 업무 수행 방법에 대한 지식 |
| 정보 수문장<br>(Gate Keeping) | • 조직 내 정보원 기능을 수행한다. | • 높은 수준의 기술적 역량<br>• _____(D)_____ |
| _____(E)_____ | • 혁신에 대해 격려하고 안내한다.<br>• 불필요한 제약에서 프로젝트를 보호한다.<br>• 혁신에 대한 자원 획득을 지원한다. | • 조직의 주요 의사결정에 대한 영향력 |

① (A)에 들어갈 내용은 '일을 수행하는 새로운 방법을 고안한다.'이다.
② (B)는 '기술적인 난관을 해결하는 방법을 찾아 시장상황에 대처할 수 있는 인재'를 의미한다.
③ (C)에 들어갈 내용은 '조직외부의 정보를 내부 구성원들에게 전달한다.'이다.
④ (D)에 들어갈 내용은 '원만한 대인관계능력'이다.
⑤ (E)에 들어갈 용어는 '후원(Sponsoring or Coaching)'이다.

**20** 다음은 과제나 프로젝트 수행 시 예산을 관리하기 위한 예산 집행 실적 워크시트이다. ㉠~㉤에 대한 설명으로 적절하지 않은 것은?

〈예산 집행 실적〉

| 항목 | 배정액 | 당월 집행 실적 | 누적 집행 실적 | ㉢ 잔액 | ㉣ 사용률(%) | ㉤ 비고 |
|---|---|---|---|---|---|---|
| ㉠ | | | ㉡ | | | |
| | | | | | | |
| | | | | | | |
| | | | | | | |
| | | | | | | |
| 합계 | | | | | | |

① ㉠ : 기관에 따라 예산 항목의 이동이 자유로운 곳도 있지만, 다양한 기준으로 제한된 경우도 있다.
② ㉡ : 해당 사업의 누적 집행 금액이 들어가는 것이 적절하다.
③ ㉢ : 당월 실적에서 ㉡을 뺀 값을 작성한다.
④ ㉣ : ㉡을 배정액으로 나눈 값에 100을 곱한 값을 작성한다.
⑤ ㉤ : 어떠한 목적으로 예산이 사용되었는지에 대한 정보를 기입한다.

**21** 다음 글을 읽고 의사소통능력 개발 과정에서의 피드백에 대한 설명으로 적절하지 않은 것은?

> 피드백(Feedback)이란 상대방에게 그의 행동의 결과가 어떠한지에 대하여 정보를 제공해 주는 것을 말한다. 즉, 그의 행동이 나의 행동에 어떤 영향을 미치고 있는가에 대하여 상대방에게 솔직하게 알려주는 것이다. 말하는 사람 또는 전달자는 피드백을 이용하여 메시지의 내용이 실제로 어떻게 해석되고 있는가를 조사할 수 있다.

① 대인관계에 있어서의 행동을 개선할 수 있는 기회를 제공해 줄 수 있다.
② 의사소통의 왜곡에서 오는 오해와 부정확성을 줄일 수 있다.
③ 상대방의 긍정적인 면뿐만 아니라 부정적인 면도 솔직하게 전달해야 한다.
④ 말뿐만 아니라 얼굴 표정 등으로 정확한 반응을 얻을 수 있다.
⑤ 효과적인 개선을 위해서는 긍정적인 면보다 부정적인 면을 강조하여 전달해야 한다.

**22** 다음은 K은행 금융상품 기획팀의 업무수행시트이다. 이는 업무수행시트의 종류 중 무엇에 해당하는가?

① 업무계획표(Business Planner)
② 간트차트(Gantt Chart)
③ 체크리스트(Checklist)
④ 워크플로시트(Work Flow Sheet)
⑤ 플로차트(Flow Chart)

| 문제해결능력

**23** 문제해결을 위해 개인에게 요구되는 기본 요소를 다섯 가지로 나누어 볼 때, 다음 사례에서 문제해결에 어려움을 겪고 있는 A씨에게 부족한 기본 요소는 무엇인가?

> 스마트폰 앱을 개발하는 A씨는 관련 지식을 바탕으로 다양한 앱을 개발하기 위해 노력하고 있지만, 큰 성공을 거두지는 못하고 있다. A씨는 처음에 사용자 맞춤형 정보를 제공하는 앱을 개발하여 사용자들의 관심을 끌었으나, 사람들의 관심은 오래가지 못했다. 결국 A씨가 개발한 앱은 광고성 정보만 제공하는 플랫폼으로 전락하고 말았다. 광고비로 많은 수익을 얻은 경쟁사의 앱을 따라잡기 위해 처음 개발할 때의 목적과 비전을 쉽게 포기해 버렸기 때문이다. A씨가 최초의 비전을 끝까지 추구하지 못하고 중간에 경로를 변경해 실패한 사례는 이외에도 많았다. A씨는 자신이 유연하고 변화에 개방된 자세를 견지하고 있다고 생각했지만, 사실은 자신의 아이디어에 대한 확신과 계속해서 추진할 수 있는 자세가 부족한 것이었다.

① 체계적인 교육훈련
② 문제해결방법에 대한 지식
③ 문제 관련 지식에 대한 가용성
④ 문제해결자의 도전 의식과 끈기
⑤ 문제에 대한 체계적인 접근

| 자기개발능력

**24** 다음 중 자기개발의 특징에 대한 설명으로 옳은 것은?

① 자기개발은 일이나 생활과 너무 밀접하게 연관 짓지 않도록 해야 한다. 자신이 궁극적으로 원하는 삶의 모습을 설계하기 위해서이다.
② 자기개발의 주체는 자기 자신이 아니라 타인이다. 타인의 객관적인 관점에서 자신을 분석하고 성장시켜야 하기 때문이다.
③ 자기개발은 모든 사람에게 요구되는 것은 아니다. 때로는 잘못된 자기개발과 인생설계로 인해 더욱 부정적인 모습이 될 수 있다.
④ 자기개발은 개별적인 과정으로, 사람마다 자신에게 적합한 목표를 설정하고 자기개발의 전략이나 방법을 다르게 선정해야 한다.
⑤ 자기개발은 학교단계나 어떤 특정한 사건이나 요구가 있을 때 일시적으로 이루어지는 과정으로, 단기간에 효과적으로 실행해야 한다.

※ 다음은 자료, 정보, 지식에 대한 내용이다. 이어지는 질문에 답하시오. [25~26]

〈자료, 정보, 지식에 대한 구분〉

| 자료<br>(Data) | ⇨ | 객관적 실제의 반영이며, 그것을 전달할 수 있도록 기호화한 것 | ⇨ | 예 | • 고객의 휴대폰 기종<br>• 고객의 휴대폰 활용 횟수 |
|---|---|---|---|---|---|
| ⇩ | | | | | |
| 정보<br>(Information) | ⇨ | 자료를 특정한 목적과 문제해결에 도움이 되도록 가공한 것 | ⇨ | 예 | • 중년층의 휴대폰 기종<br>• 중년층의 휴대폰 활용 횟수 |
| ⇩ | | | | | |
| 지식<br>(Knowledge) | ⇨ | 정보를 집적하고 체계화하여 장래의 일반적인 사항에 대비해 보편성을 갖도록 한 것 | ⇨ | 예 | • 휴대폰 디자인에 대한 중년층의 취향<br>• 중년층을 주요 타깃으로 신종 휴대폰 개발 |

| 정보능력

**25** 다음 〈보기〉 중 정보(Information)에 해당하는 것을 모두 고르면?

〈보기〉
ㄱ. 라면 종류별 전체 판매량　　ㄴ. 1인 가구의 인기 음식
ㄷ. 남성을 위한 고데기 개발　　ㄹ. 다큐멘터리와 예능 시청률
ㅁ. 만보기 사용 횟수　　ㅂ. 5세 미만 아동들의 선호 색상

① ㄱ, ㄷ　　　　　　　　　② ㄴ, ㄹ
③ ㄴ, ㅂ　　　　　　　　　④ ㄷ, ㅂ
⑤ ㄹ, ㅁ

| 정보능력

**26** 다음 〈보기〉의 자료(Data)를 통해 추론할 수 있는 지식(Knowledge)으로 적절하지 않은 것은?

〈보기〉
• 연령대별 선호 운동　　　　　　　• 직장인 평균 퇴근 시간
• 실내운동과 실외운동의 성별 비율　• 운동의 목적에 대한 설문조사 자료
• 선호하는 운동 부위의 성별 비율　• 운동의 실패 원인에 대한 설문조사 자료

① 퇴근 후 부담 없이 운동 가능한 운동기구 개발
② 20·30대 남성들을 위한 실내체육관 개설 계획
③ 요일마다 특정 운동부위 발달을 위한 운동 가이드 채널 편성
④ 다이어트에 효과적인 식이요법 자료 발행
⑤ 목적에 맞는 운동 프로그램 계획 설계

| 정보능력

**27** 다음은 정보화 사회에서 필수적으로 해야 할 일에 대한 글이다. 이에 대한 사례로 옳지 않은 것은?

> 첫째, 정보검색이다. 인터넷에는 수많은 사이트가 있으며, 여기서 내가 원하는 정보를 찾는 것을 정보검색, 즉 인터넷 서핑이라 할 수 있다. 현재 인터넷에는 수많은 사이트가 있으며, 그 많은 사이트에서 내가 원하는 정보를 찾기란 그렇게 만만하지 않다. 지금은 다행히도 검색방법이 발전하여 문장 검색용 검색엔진과 자연어 검색 방법도 나와 네티즌들로부터 대환영을 받고 있다. 검색이 그만큼 쉬워졌다는 것이다. 이러한 발전에 맞추어 정보화 사회에서는 궁극적으로 타인의 힘을 빌리지 않고 내가 원하는 정보는 무엇이든지 다 찾을 수 있어야 한다. 즉, 자신이 가고 싶은 곳의 정보라든지 궁금한 사항을 스스로 해결할 정도는 되어야 한다는 것이다.
> 둘째, 정보관리이다. 인터넷에서 어렵게 검색하여 찾아낸 결과를 관리하지 못하여 머리 속에만 입력하고, 컴퓨터를 끄고 나면 잊어버리는 것은 정보관리를 못하는 것이다. 자기가 검색한 내용에 대하여 파일로 만들어 보관하든, 프린터로 출력하여 인쇄물로 보관하든, 언제든지 필요할 때 다시 볼 수 있을 정도가 되어야 한다.
> 셋째, 정보전파이다. 정보관리를 못한 사람은 정보전파가 어렵다. 오로지 입을 이용해서만 전파가 가능하기 때문이다. 요즘은 전자우편과 SNS를 이용해서 정보를 전달하기 때문에 정보전파가 매우 쉽다. 참으로 편리한 세상이 아닐 수 없다. 인터넷만 이용하면 편안히 서울에 앉아서 미국에도 논문을 보낼 수 있는 것이다.

① A씨는 내일 축구에서 승리하는 국가를 맞추기 위해 선발 선수들의 특징을 파악했다.
② B씨는 라면을 맛있게 조리할 수 있는 나만의 비법을 SNS에 올렸다.
③ C씨는 다음 주 제주도 여행을 위해서 다음 주 날씨를 요일별로 잘 파악해서 기억하고자 했다.
④ D씨는 가진 금액에 맞는 의자를 사기 위해 가격 비교 사이트를 이용했다.
⑤ E씨는 강의 시간이 혼동되지 않게 시간표를 출력해서 책상 앞에 붙여놨다.

| 조직이해능력

**28** K공사 해외사업팀의 조대리는 신규 해외사업을 발굴하는 업무를 담당하고 있다. 조대리는 이러한 업무와 관련하여 국제적인 감각을 키우기 위해 매일 아침 국제동향을 파악하고 있다. 다음 중 국제동향을 파악하기 위한 행동으로 적절하지 않은 것은?

① 해외사이트를 방문하여 최신이슈를 확인한다.
② 매일 아침 신문의 국제면을 읽는다.
③ 업무와 관련된 분야의 국제잡지를 정기 구독한다.
④ 업무와 관련된 주요 용어의 외국어를 공부한다.
⑤ 업무와 관련된 국내의 법률, 법규 등을 공부한다.

### 자기개발능력

**29** 다음 대화의 ⊙과 관련된 욕구로 가장 적절한 것은?

> A사원 : 사내 게시판에 공지된 교육프로그램 참여 신청에 대한 안내문은 보셨나요?
> B대리 : 봤지. 안 그래도 신청해야 하나 고민 중이야.
> A사원 : 대리님이 꼭 따고 싶다고 하셨던 자격증 강의잖아요.
> B대리 : ⊙ 아니, 나는 아침잠이 많아서… 너무 이른 시간이라 참여할 수 있을지 걱정이야.
> A사원 : 그런 이유로 고민할 시간도 없어요. 선착순 마감되기 전에 얼른 신청하세요!

① 안전의 욕구
② 사회적 욕구
③ 생리적 욕구
④ 존경의 욕구
⑤ 자기실현의 욕구

### 수리능력

**30** 물속에서 A금속은 실제 질량의 $\frac{4}{5}$가 되고, B금속은 실제 질량의 $\frac{2}{3}$가 된다. (A+B)합금의 실제 질량은 58g이고, 물속에선 42g일 때, 합금에 포함된 A금속의 실제 질량은 얼마인가?[단, (A+B)합금은 A금속과 B금속으로만 이루어져 있고, 질량은 보존된다]

① 17g
② 22g
③ 25g
④ 30g
⑤ 32g

### 대인관계능력

**31** 다음 중 C사원에게 해줄 수 있는 조언으로 가장 적절한 것은?

> C사원 : 거절을 분명하게 결정하고 이를 표현하는 것은 너무 어려운 것 같아. 사람들이 내가 거절을 할 때, 능력이 없다고 보거나 예의가 없다고 보지는 않을까 걱정되기도 하고, 대인관계가 깨지지 않을까 하는 고민도 있어. 이렇게 고민하다 보니 거절을 제대로 하지 못하는 점도 걱정이야.

① 거절을 결정했다면 상대방의 말을 더 들을 필요는 없어. 시간 낭비일 뿐이야.
② 거절을 할 때에는 신중하고 천천히 표현하는 것이 좋아.
③ 거절을 할 때에는 이유를 제시할 필요는 없어. 핑계라고 생각할 뿐이야.
④ 거절을 하고 상대방이 납득할 수 있는 대안을 제시하는 것이 좋아.
⑤ 문제의 본질보다는 너의 판단에 따라 거절하는 것이 중요해.

**32** 다음은 문서의 기능에 대한 설명이다. 빈칸 ㉠~㉢에 들어갈 말을 순서대로 바르게 나열한 것은?

- 문서는 사람의 의사를 구체적으로 표현하는 기능을 갖는다. 사람이 가지고 있는 주관적인 의사는 문자·숫자·기호 등을 활용하여 종이나 다른 매체에 표시하여 문서화함으로써 그 내용이 ㉠ 된다.
- 문서는 자신의 의사를 타인에게 ㉡ 하는 기능을 갖는다. 문서에 의한 의사 ㉡ 은 전화나 구두로 ㉡ 하는 것보다 좀 더 정확하고 변함없는 내용을 ㉡ 할 수 있다.
- 문서는 의사를 오랫동안 ㉢ 하는 기능을 갖는다. 문서로써 ㉡ 된 의사는 지속적으로 ㉢ 할 수 있고 역사자료로서 가치를 갖기도 한다.

|   | ㉠ | ㉡ | ㉢ |
|---|---|---|---|
| ① | 상징화 | 교환 | 정리 |
| ② | 구체화 | 전달 | 정리 |
| ③ | 상징화 | 전달 | 보존 |
| ④ | 구체화 | 전달 | 보존 |
| ⑤ | 상징화 | 교환 | 보존 |

**33** 원가의 20%를 추가한 금액을 정가로 하는 제품을 15% 할인해서 50개를 판매한 금액이 127,500원일 때, 이 제품의 원가는 얼마인가?

① 1,500원
② 2,000원
③ 2,500원
④ 3,000원
⑤ 3,500원

## 34. 다음 내용에 해당하는 임파워먼트의 장애요인은?

- 경험 부족
- 정책 및 기획의 실행능력 결여
- 비전의 효과적 전달능력 결여

① 관리 차원
② 대인 차원
③ 개인 차원
④ 조직 차원
⑤ 환경 차원

## 35. 다음 중 제시된 사례에 대한 물적자원관리의 방해 요인이 잘못 연결된 것은?

- A는 손톱깎이를 사용한 뒤 항상 아무 곳에나 놓는다. 그래서 손톱깎이가 필요할 때마다 한참 동안 집 안 구석구석을 찾아야 한다.
- B는 길을 가다가 귀여운 액세서리를 발견하면 그냥 지나치지 못한다. 그래서 B의 화장대 서랍에는 액세서리가 쌓여 있다.
- C는 지난주에 휴대폰을 잃어버려 얼마 전에 새로 구입하였다. 그런데 오늘 지하철에서 새로 산 휴대폰을 또 잃어버리고 말았다.
- D는 작년에 친구로부터 선물 받은 크리스마스 한정판 화장품을 잃어버린 후 찾지 못했고, 다시 구입하려고 하니 이미 판매가 끝난 상품이라 구입할 수 없었다.
- E는 건조한 실내 공기에 작년에 사용하고 넣어 두었던 가습기를 찾았으나, 창고에서 꺼내 온 가습기는 곰팡이가 피어 작동하지 않았다.

① A : 보관 장소를 파악하지 못하는 경우
② B : 분명한 목적 없이 물건을 구입하는 경우
③ C : 물품을 분실한 경우
④ D : 보관 장소를 파악하지 못하는 경우
⑤ E : 물품이 훼손된 경우

**36** 다음 중 비언어적 의사표현에 대한 설명으로 적절하지 않은 것은?

① 눈살을 찌푸리는 표정은 불만족과 불쾌를 나타낸다.
② 상대방의 눈을 쳐다보는 것은 흥미와 관심이 있음을 나타낸다.
③ 어조가 높으면 적대감이나 대립감을 나타낸다.
④ 말의 속도와 리듬에 있어서 매우 빠르거나 짧게 얘기하면 흥분, 즐거움을 나타낸다.
⑤ 말을 자주 중지하면 결정적인 의견이 없음 또는 긴장·저항을 나타낸다.

**37** 두 자연수 $a$, $b$에 대하여 $a$가 짝수일 확률은 $\frac{2}{3}$, $b$가 짝수일 확률은 $\frac{3}{5}$이다. 이때 $a$와 $b$의 곱이 짝수일 확률은?

① $\frac{2}{3}$
② $\frac{11}{15}$
③ $\frac{13}{15}$
④ $\frac{14}{15}$
⑤ $\frac{17}{20}$

**38** 다음 중 (가)의 입장에서 (나)의 문제점을 해결하기 위해 제시할 수 있는 자세로 적절한 것을 〈보기〉에서 모두 고르면?

(가) 모든 사회구성원이 공정하게 대우받는 정의로운 공동체를 만들기 위해서는 부패 행위를 방지해야 한다. 우리 조상들은 전통적으로 청렴 의식을 중요하게 여겨, 청렴 의식을 강조하는 전통 윤리를 지켜왔다.
(나) 부패 인식 지수는 공무원과 정치인이 얼마나 부패해 있는지에 대한 정도를 비교하여 국가별로 순위를 매긴 것이다. 100점 만점을 기준으로 점수가 높을수록 청렴하다. 2024년 조사한 결과 우리나라의 부패 인식 지수는 100점 만점에 64점으로, 조사대상국 180개국 중 30위를 기록했다.

〈보기〉
㉠ 공동체와 국가의 공사(公事)보다 개인의 일을 우선하는 정신을 기른다.
㉡ 공직자들은 개인적 이익과 출세만을 추구하지 않고 바른 마음과 정성을 가진다.
㉢ 부당한 방법으로 공익을 추구하려 하지 않고 개인의 이익을 가장 중요하게 여긴다.
㉣ 공직자들은 청빈한 생활 태도를 유지하면서 국가의 일에 충심을 다하려는 정신을 지닌다.

① ㉠, ㉡
② ㉠, ㉢
③ ㉡, ㉢
④ ㉡, ㉣
⑤ ㉢, ㉣

**39** 다음 〈보기〉 중 직장에서 근면한 생활을 하는 사람을 모두 고르면?

〈보기〉
A사원 : 저는 이제 더 이상 일을 배울 필요가 없을 만큼 업무에 익숙해졌어요. 실수 없이 완벽하게 업무를 해결할 수 있어요.
B사원 : 저는 요즘 매일 운동을 하고 있어요. 일에 지장이 가지 않도록 건강관리에 힘쓰고 있습니다.
C대리 : 저도 오늘 할 일을 내일로 미루지 않으려고 노력 중이에요. 그래서 업무 시간에는 개인적인 일을 하지 않아요.
D대리 : 저는 업무 시간에 잡담을 하지 않아요. 대신 사적인 대화는 사내 메신저를 활용하는 편이에요.

① A사원, B사원
② A사원, C대리
③ B사원, C대리
④ B사원, D대리
⑤ C사원, D대리

| 의사소통능력

**40** 다음은 대화 과정에서 지켜야 할 협력의 원리에 대한 설명이다. 이를 참고할 때, 〈보기〉의 대화에 대한 설명으로 가장 적절한 것은?

> 협력의 원리란 대화 참여자가 대화의 목적에 최대한 기여할 수 있도록 서로 협력해야 한다는 것으로, 듣는 사람이 요구하지 않은 정보를 불필요하게 많이 제공하거나 대화의 목적이나 주제에 맞지 않는 내용을 말하는 것은 바람직하지 않다. 협력의 원리를 지키기 위해서는 다음과 같은 사항을 고려해야 한다.
> - 양의 격률 : 필요한 만큼의 정보만 제공해야 한다.
> - 질의 격률 : 타당한 근거를 들어 진실한 정보를 제공해야 한다.
> - 관련성의 격률 : 대화의 목적이나 주제와 관련된 것을 말해야 한다.
> - 태도의 격률 : 모호하거나 중의적인 표현을 피하고, 간결하고 조리 있게 말해야 한다.

─〈보기〉─

A사원 : 오늘 점심은 어디로 갈까요?
B대리 : 아무거나 먹읍시다. 오전에 간식을 먹었더니 배가 별로 고프진 않아서 아무 곳이나 괜찮습니다.

① B대리는 불필요한 정보를 제공하고 있으므로 양의 격률을 지키지 않았다.
② B대리는 거짓된 정보를 제공하고 있으므로 질의 격률을 지키지 않았다.
③ B대리는 질문에 적합하지 않은 대답을 하고 있으므로 관련성의 격률을 지키지 않았다.
④ B대리는 대답을 명료하게 하지 않고 있으므로 태도의 격률을 지키지 않았다.
⑤ A대리와 B대리는 서로 협력하여 의미 전달을 하고 있으므로 협력의 원리를 따르고 있다.

| 문제해결능력

**41** 다음 글에서 설명하는 문제 유형으로 가장 적절한 것은?

> 지금까지 해오던 것과 전혀 관계없이 새로운 과제 또는 목표를 설정함에 따라 발생하는 문제로, 문제해결에 많은 창조적인 노력이 요구된다.

① 발생형 문제  ② 설정형 문제
③ 잠재형 문제  ④ 탐색형 문제
⑤ 원상회복형 문제

**42** 다음 글을 읽고 A사원에게 해줄 수 있는 조언으로 가장 적절한 것은?

> 제약회사의 영업팀에 근무 중인 A사원은 성장세를 보이고 있는 타사에 비해 자사의 수익과 성과가 지나치게 적다는 것을 알았다. 그 이유에 대해 알아보기 위해 타사에 근무하고 있는 친구에게 물어본 결과 친구의 회사에서는 영업사원을 대상으로 판매 교육을 진행한다는 것을 알게 되었다. A사원은 이를 바탕으로 개선 방향에 대한 보고서를 제출하였으나, A사원의 상사는 구체적인 문제해결방법이 될 수 없다며 A사원의 보고서를 반려하였다.

① 문제와 해결 방안이 상위 시스템과 어떻게 연결되어 있는지 생각하는 전략적 사고가 필요하다.
② 기존에 가지고 있는 인식의 틀을 전환하여 새로운 관점에서 세상과 사물을 바라보는 발상의 전환이 필요하다.
③ 전체를 각각의 요소로 나누어 요소마다 의미를 도출한 후 구체적인 문제해결방법을 실행하는 분석적 사고가 필요하다.
④ 문제해결에 필요한 기술, 재료, 방법 등 필요한 자원 확보 계획을 수립하고, 내·외부자원을 효과적으로 활용해야 한다.
⑤ 문제해결방법에 대한 기본 지식이 부족하므로 체계적인 교육을 통해 문제해결을 위한 기본 지식과 스킬을 습득해야 한다.

**43** 다음은 인사팀 직원들이 경력개발을 하는 이유에 대해 나눈 대화 내용이다. 〈보기〉에서 같은 이유를 이야기하고 있는 사람들을 모두 고르면?

〈보기〉
Q사원 : 경력개발은 좋은 인간관계를 위해 꼭 필요한 것 같아요.
R대리 : 현대사회는 빠르게 변화하고 있어. 지식정보사회에 적응하려면 경력을 개발해야 해.
S과장 : 요즘 사회에는 평생직장이라는 개념이 사라졌잖아. 우리 나이 때에도 이직하는 사람들이 늘어났을 정도니까…. 이러한 이직을 준비하기 위해서라도 경력개발은 쉬지 않고 이뤄져야 해.
T사원 : 전 자기 만족을 위해서 경력개발을 해야 한다고 생각해요. 한자리에 서 있지 않고 끊임없이 앞으로 나아간다는 기쁨이 있잖아요.

① Q사원, S과장
② Q사원, T사원
③ R대리, S과장
④ R대리, T사원
⑤ S과장, T사원

**44** 다음 중 효율적인 시간계획을 작성하는 데 필요한 항목들을 순서대로 바르게 나열한 것은?

| (가) 일의 우선순위 정하기 | (나) 명확한 목표를 설정하기 |
| (다) 시간 계획서 작성하기 | (라) 예상 소요시간 결정하기 |

① (가) – (나) – (다) – (라)  ② (가) – (라) – (다) – (나)
③ (나) – (가) – (라) – (다)  ④ (나) – (다) – (가) – (라)
⑤ (다) – (라) – (나) – (가)

**45** 다음 글에서 설명하는 리더십 유형으로 가장 적절한 것은?

- 리더는 조직 구성원들 중 한 명일 뿐이다. 물론 다른 조직 구성원들보다 경험이 더 풍부하겠지만 다른 구성원들보다 더 비중 있게 대우받아서는 안 된다.
- 집단의 모든 구성원들은 의사결정 및 팀의 방향을 설정하는 데 참여한다.
- 집단의 모든 구성원들은 집단의 행동의 성과 및 결과에 대해 책임을 공유한다.

① 독재자 유형  ② 민주주의에 근접한 유형
③ 파트너십 유형  ④ 변혁적 유형
⑤ 자유방임적 유형

※ 다음은 물적자원을 효과적으로 관리하기 위한 과정을 나타낸 글이다. 이어지는 질문에 답하시오. [46~47]

(가) 물품을 적절하게 보관할 수 있는 장소를 선정하여야 한다. 종이류와 유리, 플라스틱 등은 그 재질의 차이로 인해서 보관 장소의 차이를 두는 것이 좋다. 특히 유리의 경우 쉽게 파손될 우려가 있기 때문에 따로 보관해야 한다. 또한, 물품의 무게와 부피에 따라서도 차이를 두어야 한다. 보관 장소에 따라 물품의 무게가 무겁거나 부피가 큰 것은 별도로 취급하는 것이 적절하다. 모든 물품을 같이 놓아두게 된다면 개별 물품의 훼손이 생길 수 있으므로 주의해야 한다.

(나) 보관의 원칙 중 동일성의 원칙과 유사성의 원칙에 따라 물품을 분류한다. 이는 보관한 물품을 다시 활용할 때 보다 쉽고 빠르게 찾을 수 있도록 하기 위해서이다. 특정 물품의 정확한 위치를 알 수 없어도 대략적인 위치를 알고 있다면 물품을 찾는 시간을 단축할 수 있기 때문이다.

(다) 물품을 정리하고 보관하고자 할 때, 해당 물품을 앞으로 계속 사용할 것인지, 그렇지 않을지를 구분해야 한다. 그렇지 않으면 가까운 시일 내에 활용하게 될 물품도 창고나 박스 등에 넣어 두었다가 다시 꺼내야 하는 경우가 발생하게 될 것이다. 처음부터 철저하게 물품의 활용계획이나 여부를 확인해야 이러한 시행착오를 예방할 수 있다.

**46** 다음 중 윗글을 효과적인 물적자원관리 과정에 따라 순서대로 바르게 나열한 것은?

① (가) – (나) – (다)
② (가) – (다) – (나)
③ (나) – (다) – (가)
④ (다) – (가) – (나)
⑤ (다) – (나) – (가)

**47** 다음 중 (가)에서 물품 보관 장소를 선정할 때의 기준으로 가장 적절한 것은?

① 물품의 재질
② 물품의 부피
③ 물품의 무게
④ 물품의 특성
⑤ 물품의 파손 여부

**48** 다음 중 SWOT 분석에 대한 설명으로 적절하지 않은 것은?

〈SWOT 분석〉

강점, 약점, 기회, 위협요인을 분석・평가하고 이들을 서로 연관 지어 전략을 개발하고 문제해결 방안을 개발하는 방법이다.

|  | 강점<br>(Strength) | 약점<br>(Weaknesse) |
|---|---|---|
| 기회<br>(Opportunity) | SO | WO |
| 위협<br>(Threat) | ST | WT |

① 강점과 약점은 외부환경요인에 해당하며, 기회와 위협은 내부환경요인에 해당한다.
② SO전략은 강점을 살려 기회를 포착하는 전략을 의미한다.
③ ST전략은 강점을 살려 위협을 회피하는 전략을 의미한다.
④ WO전략은 약점을 보완하여 기회를 포착하는 전략을 의미한다.
⑤ WT전략은 약점을 보완하여 위협을 회피하는 전략을 의미한다.

**49** 다음 중 정보처리 절차에 대한 설명으로 옳지 않은 것은?

① 정보의 기획은 정보의 입수대상, 주제, 목적 등을 고려하여 전략적으로 이루어져야 한다.
② 정보 관리 시에 고려하여야 할 3요소는 목적성, 용이성, 유용성이다.
③ 다양한 정보원으로부터 목적에 적합한 정보를 수집해야 한다.
④ 정보처리는 기획 – 수집 – 활용 – 관리 순으로 이루어진다.
⑤ 정보 활용 시에는 합목적성 외에도 합법성이 고려되어야 한다.

**50** 다음 〈보기〉 중 데이터베이스의 필요성에 대한 설명으로 옳지 않은 것을 모두 고르면?

―〈보기〉―
㉠ 데이터베이스를 이용하면 데이터 관리상의 보안을 높일 수 있다.
㉡ 데이터베이스 도입만으로 특정 자료 검색을 위한 효율이 높아진다고 볼 수는 없다.
㉢ 데이터베이스를 이용하면 데이터 관리 효율은 높일 수 있지만, 데이터의 오류를 수정하기가 어렵다.
㉣ 데이터가 양적으로 방대하다고 해서 반드시 좋은 것은 아니므로 데이터베이스를 형성해 중복된 데이터를 줄여야 한다.

① ㉠, ㉡
② ㉠, ㉢
③ ㉡, ㉢
④ ㉡, ㉣
⑤ ㉢, ㉣

**51** 너비는 같고 지름이 각각 10cm인 A롤러와 3cm인 B롤러로 벽을 칠하고 있다. 두 롤러가 처음으로 같은 면적을 칠했을 때 A, B롤러의 회전수의 합은?(단, 롤러는 한 번 칠할 때 1회전씩 하며 회전 중간에 멈추는 일은 없다)

① 11바퀴
② 12바퀴
③ 13바퀴
④ 14바퀴
⑤ 15바퀴

**52** 다음 〈보기〉 중 인상적인 의사소통에 대한 설명으로 옳지 않은 것은 모두 몇 개인가?

─〈보기〉─
㉠ 항상 주위의 언어 정보에 민감하게 반응할 수 있어야 한다.
㉡ 의사를 전달받는 상대방의 이해방식을 고려하기 위해 노력한다.
㉢ 인상적인 의사소통이란 동일한 내용이라도 새롭게 부각시켜 전달할 수 있는 능력을 가리킨다.
㉣ 이전에 사용한 표현을 기반으로 안정적인 의사전달 방안을 고민한다.
㉤ 일상 속에서 언어 정보를 직접 활용할 수 있도록 노력하여야 한다.

① 없음
② 1개
③ 2개
④ 3개
⑤ 4개


**53** 다음 글에서 설명하는 벤치마킹으로 옳은 것은?

프로세스에 있어 최고로 우수한 성과를 보유한 동일업종의 비경쟁적 기업을 대상으로 한다. 접근 및 자료 수집이 용이하고, 비교 가능한 업무 / 기술 습득이 상대적으로 용이한 반면, 문화 및 제도적인 차이로 발생되는 효과에 대한 검토가 없을 경우, 잘못된 분석 결과의 발생 가능성이 높다는 단점이 있다.

① 내부 벤치마킹
② 경쟁적 벤치마킹
③ 비경쟁적 벤치마킹
④ 글로벌 벤치마킹
⑤ 간접적 벤치마킹

**54** 다음은 창의적 사고를 개발하기 위한 방법인 자유연상법, 강제연상법, 비교발상법을 그림으로 나타낸 자료이다. (가) ~ (다)를 순서대로 바르게 나열한 것은?

|     | (가)    | (나)    | (다)    |
|-----|--------|--------|--------|
| ① | 비교발상법 | 자유연상법 | 강제연상법 |
| ② | 강제연상법 | 자유연상법 | 비교발상법 |
| ③ | 강제연상법 | 비교발상법 | 자유연상법 |
| ④ | 자유연상법 | 비교발상법 | 강제연상법 |
| ⑤ | 자유연상법 | 강제연상법 | 비교발상법 |

**55** C주임은 최근 개인정보 보호의 중요성을 실감하였고, 개인정보의 종류를 파악하기 위해 다음과 같이 표를 만들었다. 빈칸 ㉠~㉤에 들어갈 정보로 옳지 않은 것은?

| 분류 | 내용 |
|---|---|
| 일반정보 | 이름, 주민등록번호, 운전면허정보, 주소, 전화번호, 생년월일, 출생지, 본적지, 성별, 국적 등 |
| 가족정보 | 가족의 이름, 직업, 생년월일, ㉠, 출생지 등 |
| 교육 및 훈련정보 | 최종학력, 성적, 기술자격증 / 전문면허증, 이수훈련 프로그램, 서클 활동, 상벌사항, 성격 / 행태보고 등 |
| 병역정보 | 군번 및 계급, 제대유형, 주특기, 근무부대 등 |
| 부동산 및 동산정보 | 소유주택 및 토지, ㉡, 저축현황, 현금카드, 주식 및 채권, 수집품, 고가의 예술품, 보석 등 |
| 소득정보 | 연봉, 소득의 원천, ㉢, 소득세 지불 현황 등 |
| 기타수익정보 | 보험가입현황, 수익자, 회사의 판공비 등 |
| 신용정보 | 저당, 신용카드, 담보설정 여부 등 |
| 고용정보 | 고용주, 회사주소, 상관의 이름, 직무수행 평가 기록, 훈련기록, 상벌기록 등 |
| 법적정보 | 전과기록, 구속기록, 이혼기록 등 |
| 의료정보 | 가족병력기록, 과거 의료기록, 신체장애, 혈액형 등 |
| 조직정보 | 노조가입, ㉣, 클럽회원, 종교단체 활동 등 |
| 습관 및 취미정보 | 흡연 / 음주량, 여가활동, 도박성향, ㉤ 등 |

① ㉠ : 주민등록번호  ② ㉡ : 자동차
③ ㉢ : 대부상황     ④ ㉣ : 정당가입
⑤ ㉤ : 비디오 대여기록

| 조직이해능력

**56** 다음 중 조직의 환경적응에 대한 설명으로 옳지 <u>않은</u> 것을 〈보기〉에서 모두 고르면?

―〈보기〉―
ㄱ. 기업에 대한 세계화의 영향은 진출시장, 투자대상 확대 등 기업의 대외적 경영 측면으로 국한된다.
ㄴ. 특정 국가에서의 업무 동향 점검 시에는 거래 기업에 대한 정보와 시장의 특성뿐 아니라 법규에 대하여도 파악하는 것이 필수적이다.
ㄷ. 이문화 이해는 곧 상이한 문화와의 언어적 소통을 가리키므로 현지에서의 인사법 등 예절에 주의하여야 한다.
ㄹ. 이문화 이해는 특정 타 지역에 오랜 기간 형성된 문화를 이해하는 것으로, 단기간에 집중적인 학습으로 신속하게 수월한 언어적 능력을 갖추는 것이 최선이다.

① ㄱ
② ㄴ, ㄷ
③ ㄴ, ㄹ
④ ㄱ, ㄴ, ㄹ
⑤ ㄱ, ㄷ, ㄹ

| 기술능력

**57** 다음은 벤치마킹의 절차에 대한 자료이다. 이에 대한 설명으로 옳지 <u>않은</u> 것은?

① 벤치마킹 데이터를 수집·분석할 경우 문서 편집 시스템보다는 수기로 작업하는 것이 좋다.
② 벤치마킹 대상이 결정되면 대상을 조사하기 위해 필요한 정보와 자원이 무엇인지 파악해야 한다.
③ 벤치마크 파트너 선정은 벤치마크 정보를 수집하는 데 이용될 정보의 원천을 확인하는 단계이다.
④ 벤치마킹팀 구성 시 구성원들 간의 의사소통이 원활하기 위한 네트워크 환경이 요구된다.
⑤ 벤치마킹팀의 경우 관계자 모두에게 벤치마킹이 명확하게 할당되고 중심 프로젝트가 정해지는 것을 돕기 위한 프로젝트 관리 기구가 필요하다.

| 자기개발능력

**58** 다음은 자아인식, 자기관리, 경력개발의 의미에 대한 설명이다. 이를 바탕으로 〈보기〉에서 자기관리에 해당하는 질문을 모두 고르면?

| | |
|---|---|
| 자아인식 | 직업생활과 관련하여 자신의 가치, 신념, 흥미, 적성, 성격 등을 통해 자신이 누구인지 아는 것이다. |
| 자기관리 | 자신의 목표성취를 위해 자신의 행동 및 업무수행을 관리하고 조정하는 것이다. |
| 경력개발 | 개인의 일과 관련된 경험에서 목표와 전략을 수립하고, 실행하며, 피드백하는 과정이다. |

〈보기〉
(가) 자기관리 계획은 어떻게 수립하는 것일까?
(나) 나의 업무수행에 있어 장단점은 무엇인가?
(다) 나는 언제쯤 승진하고, 퇴직을 하게 될까?
(라) 나의 직업흥미는 무엇인가?
(마) 나의 업무에서 생산성을 높이기 위해서는 어떻게 해야 할까?
(바) 경력개발과 관련된 최근 이슈는 어떤 것이 있을까?
(사) 내가 설계하는 나의 경력은 무엇인가?
(아) 다른 사람과의 대인관계를 향상시키기 위한 방법은?
(자) 나의 적성은 무엇인가?

① (가), (마), (아)
② (나), (라), (바)
③ (다), (마), (사)
④ (라), (사), (자)
⑤ (마), (바), (아)

| 직업윤리

**59** 다음 대화를 읽고 K대리에게 필요한 직업윤리로 가장 적절한 것은?

경찰 : 안녕하세요. 제한속도 60km 이상으로 과속하셨습니다.
K대리 : 어머님이 위독하다는 연락을 받고 경황이 없어서 그랬습니다.
경찰 : 그래도 과속하셨습니다. 벌점 15점에 벌금 6만 원입니다.
K대리 : 이번에 벌점을 받으면 면허정지 됩니다. 한 번만 봐주세요.

① 창의력
② 협동심
③ 근면
④ 자주
⑤ 준법

**60** 다음 사례에서 고려해야 할 인적 배치 방법으로 가장 적절한 것은?

> 갑은 사람들과 어울리기 좋아하는 외향적인 성격에 매사 긍정적인 사람으로, 이전 직장에서 회계부서에서 일한 결과, 자신의 성격이 가만히 사무실에 앉아서 일하는 것을 답답하고 힘들어한다는 것을 알고 이번에는 영업부서로 지원을 하였다. 하지만, 회사에서는 갑을 인사부서로 배정하였다. 이에 갑은 실망했지만, 부서에 적응하도록 노력했다. 하지만 인사부서는 다른 직원들의 긍정적인 면은 물론 부정적인 면까지 평가해야 했고, 이렇게 평가된 내용으로 직원들의 보상과 불이익이 결정되어 다른 부서 직원들은 갑과 가깝게 지내기 꺼려했다. 이에 갑은 회사에 다니기가 점점 더 싫어졌다.

① 적재적소 배치
② 능력 배치
③ 균형 배치
④ 양적 배치
⑤ 적성 배치

5권

# 제4회
# 모듈형

## NCS 모의고사

www.sdedu.co.kr

〈문항 및 시험시간〉

| 평가영역 | 문항 수 | 시험시간 | 모바일 OMR 답안채점 /<br>성적분석 서비스 |
|---|---|---|---|
| 의사소통능력 / 수리능력 / 문제해결능력 /<br>조직이해능력 / 정보능력 / 자원관리능력 / 기술능력 /<br>자기개발능력 / 대인관계능력 / 직업윤리 | 60문항 | 60분 | |

# 모듈형 NCS 집중학습 봉투모의고사

## 제4회 모의고사

문항 수 : 60문항
시험시간 : 60분

---

**| 수리능력**

**01** 다음 중 수량 간의 대소관계를 나타내고자 할 때 가장 기본적으로 활용되는 그래프는?

① 막대 그래프  ② 선 그래프
③ 원 그래프  ④ 점 그래프
⑤ 방사형 그래프

**| 자원관리능력**

**02** 다음 인적자원 배치방법 중 균형주의에 해당하는 사례로 가장 적절한 것은?

① A기업은 각 직원이 가진 능력에 맞는 업무를 배분해 그 능력을 더 발휘할 수 있도록 하며, 이로 인한 실적에 대해서 확실한 보상을 제공하였다.
② B기업은 직원들의 성격에 따라 부서를 배치해 직원들이 각 부서에서 능력을 더 발휘할 수 있도록 하였다.
③ C기업은 근무기간과 관계없이 근무역량과 리더십이 있는 직원의 경우 진급을 결정하여 팀 전체 직원들의 사기와 의식을 높였다.
④ D기업은 높은 직위에 있더라도 낮은 직위의 직원들과 서로 예의를 지키기를 강조하였으며, 직위에 상관없이 해당 업무에 대한 공헌도에 따라 그에 맞는 보상을 제공하였다.
⑤ E기업은 코로나 상황에 경영이 위태로워 정리해고를 고려해야 하는 상황이지만, 직원 전체와의 회의를 통해 근무시간과 급여를 단축해 운영하는 것으로 하여 직원들의 두려움을 잠식시켰다.

## 03
K회사의 신입사원인 A ~ E는 회사에서 문서작성 시 주의해야 할 사항에 대한 교육을 받은 뒤 서로 이야기를 나누었다. 다음 〈보기〉 중 이에 대해 잘못 이해하고 있는 사람을 모두 고르면?

〈보기〉

A사원 : 문서를 작성할 때는 주로 '누가, 언제, 어디서, 무엇을, 어떻게, 왜'의 육하원칙에 따라 작성해야 해.
B사원 : 물론 육하원칙에 따라 글을 작성하는 것도 중요하지만, 되도록 글이 한눈에 들어올 수 있도록 하나의 사안은 한 장의 용지에 작성해야 해.
C사원 : 글은 한 장의 용지에 작성하되, 자료는 최대한 많이 첨부하여 문서를 이해하는 데 어려움이 없도록 하는 것이 좋아.
D사원 : 문서를 작성한 후에는 내용을 다시 한 번 검토해 보면서 높임말로 쓰인 부분은 없는지 살펴보고, 있다면 이를 낮춤말인 '해라체'로 고쳐 써야 해.
E사원 : 특히 문서나 첨부 자료에 금액이나 수량, 일자 등이 사용되었다면 정확하게 쓰였는지 다시 한번 꼼꼼하게 검토하는 것이 좋겠지.

① A사원, B사원
② A사원, C사원
③ B사원, D사원
④ C사원, D사원
⑤ D사원, E사원

## 04
다음 글을 읽고 자기개발이 필요한 이유로 옳지 않은 것은?

자기개발이 필요한 이유를 살펴보면 다음과 같다. 먼저 우리는 자기개발을 통해 동일한 업무의 목표에 대하여 더 높은 성과를 가져올 수 있다. 만약 본인이 컴퓨터 활용능력을 향상시켰다면, 이를 통해 업무의 질과 속도가 향상될 수 있는 것이다. 또한 우리를 둘러싸고 있는 환경은 끊임없이 변화하고 있으며, 그 변화의 속도가 점점 빨라지고 있음을 볼 때, 우리는 가지고 있는 지식이나 기술이 과거의 것이 되지 않도록 지속적인 자기개발을 할 필요가 있다. 다음으로 자기개발을 통해 자신의 내면을 관리하고, 시간을 관리하며, 생산성을 높이게 되면 원만한 인간관계의 형성과 유지의 기반이 될 수 있다. 자신의 업무를 훌륭히 해내는 직원을 싫어할 사람은 없기 때문이다. 나아가 자기개발을 통해 자신감을 얻게 되고, 삶의 질이 향상되어 보다 보람된 삶을 살 수 있다. 자기개발을 위해서는 자신의 비전을 발견하고, 장단기 목표를 설정하는 일이 선행되어야 한다. 이로 인해 자신의 비전을 위한 자기개발의 필요성을 인식하고, 자기개발의 방향과 방법을 설정할 수 있는 것이다.

① 변화하는 환경에 적응하기 위해서 필요하다.
② 주변 사람들과 긍정적인 인간관계를 형성하기 위해서 필요하다.
③ 자신의 직위와 직급을 향상시키기 위해서 필요하다.
④ 자신이 달성하고자 하는 목표를 성취하기 위해서 필요하다.
⑤ 개인적으로 보람된 삶을 살기 위해서 필요하다.

**| 정보능력**

**05**  다음 중 2차 자료로 옳은 것은?

> 우리는 흔히 필요한 정보를 수집할 수 있는 원천을 정보원(Sources)이라 부른다. 정보원은 정보를 수집하는 사람의 입장에서 볼 때 공개된 것은 물론이고 비공개된 것도 포함되며, 수집자의 주위에 있는 유형의 객체 가운데에서 발생시키는 모든 것이 정보원이라 할 수 있다.
> 이러한 정보원은 크게 1차 자료와 2차 자료로 구분할 수 있다. 1차 자료는 원래의 연구성과가 기록된 자료를 의미한다. 반면에 2차 자료는 1차 자료를 효과적으로 찾아보기 위한 자료 혹은 1차 자료에 포함되어 있는 정보를 압축·정리해서 읽기 쉬운 형태로 제공하는 자료를 의미한다.

① 학술회의자료
② 백과사전
③ 출판 전 배포자료
④ 학위논문
⑤ 신문

**| 조직이해능력**

**06**  다음은 조직체제의 구성요소이다. 이에 대한 설명으로 옳지 않은 것은?

① 조직의 규칙과 규정은 조직 구성원들의 자유로운 활동범위를 보장하는 기능을 가진다.
② 조직구조에서는 의사결정권이 하부 구성원들에게 많이 위임되는 유기적 조직도 볼 수 있다.
③ 조직목표는 조직이 달성하려는 장래의 상태로, 조직이 존재하는 정당성과 합법성을 제공한다.
④ 조직문화는 조직 구성원들의 사고와 행동에 영향을 미치며, 일체감과 정체성을 부여한다.
⑤ 조직구조는 의사결정권의 집중정도, 명령계통, 최고경영자의 통제 등에 따라 달라진다.

※ 다음 이메일을 읽고 이어지는 질문에 답하시오. [7~8]

> 받는 사람 : 홍보팀 팀장님, 마케팅팀 팀장님
> 참조 : 홍보팀 ○사원, ○대리, ○과장, ○차장, 마케팅팀 ○사원, ○대리, ○과장
> 제목 : [중요] 12월 13일 마케팅 전략 관련 의견수렴 실무자 회의 일정 공유
> 내용 : 안녕하세요. 잘 지내시죠?
>     전 마케팅팀 신입사원 ○○○인데요. 신경 써주신 덕분에 회사에 잘 적응하고 있습니다. ㅎㅎㅎ
>     다름이 아니오라 저희 마케팅팀에서 새로운 마케팅 전략을 짜보았어요. 함께 보면서 이야기를 나누고자 메일을 보내드립니다.
>     내일 점심식사 하시고, 1시 30분 3층 회의실 창조룸입니다.
>     첨부해 드리는 파일을 보고 오시면 더 좋을 것 같네요. 그럼 내일 오후에 뵐게요.
>     외근 등 사유로 인해 부득이하게 참석이 어려우신 분은 금일 중으로 회신 부탁드립니다.
>     항상 노력하는 K기업의 신입사원이 되겠습니다. 사랑합니다.
>     ○○○ 드림
> 첨부 : (신)마케팅 전략_최최최최종본.pdf

| 의사소통능력

**07** 다음 중 이메일 예절이 잘 지켜진 부분은?

① 받는 사람
② 제목
③ 내용
④ 첨부 파일명
⑤ 참조

| 의사소통능력

**08** 다음 중 이메일의 내용에서 수정해야 할 부분으로 적절하지 않은 것은?

① 구어체를 배제하고 정중한 표현을 사용할 필요가 있다.
② 회의 목적에 대해서 서두에 명확하게 작성할 필요가 있다.
③ 부득이하게 참석이 어려운 사람에 대한 회신에 대해 언급할 필요가 있다.
④ 일시, 장소, 참석자, 안건 등 필요 내용을 일목요연하게 정리할 필요가 있다.
⑤ 첨부 파일명에 세부 내용을 요약할 필요가 있다.

| 문제해결능력

**09** 다음 사례에서 유과장이 최대리에게 해줄 수 있는 조언으로 적절하지 않은 것은?

> 최대리는 오늘도 기분이 별로다. 팀장에게 오전부터 싫은 소리를 들었기 때문이다. 늘 하던 일을 하는 방식으로 처리한 것이 빌미였다. 관행에 매몰되지 말고 창의적이고 발전적인 모습을 보여 달라는 게 팀장의 주문이었다. '창의적인 일처리'라는 말을 들을 때마다 주눅이 드는 자신을 발견할 때면 더욱 의기소침해지고 자신감이 없어진다. 어떻게 해야 창의적인 인재가 될 수 있을까 고민도 해보지만 뾰족한 수가 보이지 않는다. 자기만 뒤처지는 것 같아 불안하기도 하고 남들은 어떤지 궁금하기도 하다.

① 창의적인 사람은 새로운 경험을 찾아 나서는 사람을 말하는 것 같아.
② 그래, 그들의 독특하고 기발한 재능은 선천적으로 타고나는 것이라 할 수 있어.
③ 창의적인 사고는 후천적 노력에 의해서도 개발이 가능하다고 생각해.
④ 창의력은 본인 스스로 자신의 틀에서 벗어나도록 노력해야 한다고 생각해.
⑤ 창의적 사고는 전문지식이 중요하지 않으니 자신의 경험을 바탕으로 생각해 봐.

| 대인관계능력

**10** 다음 중 코칭의 진행 과정에 대한 설명으로 적절한 것을 〈보기〉에서 모두 고르면?

> ─〈보기〉─
> ㄱ. 코칭을 할 경우 시간과 목표를 명확히 알린다.
> ㄴ. 문제점에 대한 해결책을 직접 제시한다.
> ㄷ. 코칭 과정을 반복한다.
> ㄹ. 질문과 피드백에 충분한 시간을 할애한다.
> ㅁ. 경청보다는 핵심적인 질문 위주로 진행한다.

① ㄱ, ㄴ, ㅁ　　　　② ㄱ, ㄷ, ㄹ
③ ㄴ, ㄷ, ㄹ　　　　④ ㄴ, ㄹ, ㅁ
⑤ ㄷ, ㄹ, ㅁ

**| 문제해결능력**

**11** 다음은 문제해결절차의 문제 도출 단계에서 사용되는 방법을 나타낸 자료이다. 제시된 문제해결방법은 무엇인가?

① So What 방법
② 피라미드 구조 방법
③ Logic Tree 방법
④ SWOT 분석 방법
⑤ 3C 분석 방법

**| 대인관계능력**

**12** 다음 글에서 설명하고 있는 리더십은 무엇인가?

로버트 그린리프(Robert K. Greenleaf)는 조직은 조직을 위해 존재하는 사람들을 위해 존재하는 것이라고 생각하였고, '동방으로의 여행'이라는 작품에 등장하는 레오라는 인물을 통해 새로운 리더십 모델을 제시하였다. 레오는 순례단에서 허드렛일을 도맡아 하던 하인 같은 인물로, 갑자기 레오가 사라지자 순례단은 혼란 속에서 여행을 중단하게 된다. 이후 하인 같던 레오가 그 순례단의 훌륭한 리더였음을 깨닫게 되는 부분에서 이 리더십 개념을 고안하였다.

① 지시적 리더십
② 파트너십 리더십
③ 슈퍼 리더십
④ 변혁적 리더십
⑤ 서번트 리더십

| 자기개발능력

**13** K사원은 자신이 생각하는 자신의 모습과 주변 동료들이 생각하는 자신의 모습을 정리하여 조해리의 창(Johari's Window)으로 정리하였다. 다음 중 K사원이 이해한 내용으로 적절하지 않은 것은?

〈K사원이 작성한 조해리의 창〉

| 구분 | 내가 아는 나 | 내가 모르는 나 |
| --- | --- | --- |
| 타인이 아는 나 | • 활달하고 개방적이다.<br>• 사람들과 원만하게 잘 지내려고 한다.<br>• 센스가 있는 편이다. | • 감정 기복이 심한 편이다.<br>• 간혹 소심하고 내성적인 모습도 보인다.<br>• 과시하고 싶어 한다. |
| 타인이 모르는 나 | • 불의를 보면 참을 수 없다.<br>• 다혈질적이다.<br>• 혼자 있는 것을 싫어한다. | (A) |

① 자신이 감정 기복이 심한 편인지 스스로 생각해 볼 필요가 있다.
② 혼자 있는 것을 싫어한다는 점을 상대방에게 조금씩 알려주는 것도 좋다.
③ 자신이 다혈질적인지 스스로 생각해 볼 필요가 있다.
④ 자신이 매사에 과시하는 모습을 보이지 않았는지 반성할 필요가 있다.
⑤ (A)는 K사원 자신도 모르고, 타인도 모르는 미지의 영역으로 볼 수 있다.

| 기술능력

**14** 다음 글에 제시된 벤치마킹의 종류에 대한 설명으로 가장 적절한 것은?

> 네스프레소는 가정용 커피머신 시장의 선두주자이다. 이러한 성장 배경으로는 기존의 산업 카테고리를 벗어나 랑콤, 이브로쉐 등 고급 화장품 업계의 채널 전략을 벤치마킹했다. 고급 화장품 업체들은 독립 매장에서 고객들에게 화장품을 직접 체험할 수 있는 기회를 제공하고, 이를 적극적으로 수요와 연계하고 있었다. 네스프레소는 이를 통해 신규 수요를 창출하기 위해서는 커피머신의 기능을 강조하는 것이 아니라, 즉석에서 추출한 커피의 신선한 맛을 고객에게 체험하게 하는 것이 중요하다는 인사이트를 도출했다. 이후 전 세계 유명 백화점에 오프라인 단독 매장들을 개설해 고객에게 커피를 시음할 수 있는 기회를 제공했다. 이를 통해 네스프레소의 수요는 급속도로 늘어나 매출 부문에서 30~40%의 고속성장을 거두게 됐고 전 세계로 확장되며 여전히 높은 성장세를 이어가고 있다.

① 자료수집이 쉬우며 효과가 크지만 편중된 내부시각에 대한 우려가 있다는 단점이 있다.
② 비용 또는 시간적 측면에서 상대적으로 많이 절감할 수 있다는 장점이 있다.
③ 문화 및 제도적인 차이에 대한 검토가 부족하면 잘못된 결과가 나올 수 있다.
④ 경영성과와 관련된 정보 입수가 가능하나 윤리적인 문제가 발생할 소지가 있다.
⑤ 새로운 아이디어가 나올 가능성이 높지만 가공하지 않고 사용한다면 실패할 수 있다.

| 기술능력

**15** 다음 뉴스에서 볼 수 있는 기술경영자의 능력으로 옳은 것은?

> 앵커 : 현재 국제 원유 값이 고공 행진을 계속하면서 석유자원에서 탈피하려는 기술 개발이 활발히 진행되고 있는데요. 석유자원을 대체하고 에너지의 효율성을 높일 수 있는 연구개발 현장을 이은경 기자가 소개합니다.
> 기자 : 네. 여기는 메탄올을 화학 산업에 많이 쓰이는 에틸렌과 프로필렌, 부탄 등의 경질 올레핀으로 만드는 공정 현장입니다. 석탄과 바이오매스, 천연가스를 원료로 만들어진 메탄올에서 촉매반응을 통해 경질 올레핀을 만들기 때문에 석유 의존도를 낮출 수 있는 기술을 볼 수 있는데요. 기존 석유 나프타 열분해 공정보다 수율이 높고, 섭씨 400도 이하에서 제조가 가능해 온실가스는 물론 에너지 비용을 50% 이상 줄일 수 있어 화제가 되고 있습니다.

① 빠르고 효과적으로 새로운 기술을 습득하고 기존의 기술에서 탈피하는 능력
② 기술 전문 인력을 운용할 수 있는 능력
③ 조직 내의 기술 이용을 수행할 수 있는 능력
④ 새로운 제품개발 시간을 단축할 수 있는 능력
⑤ 기술을 효과적으로 평가할 수 있는 능력

| 수리능력

**16** S사의 감사팀은 과장 2명, 대리 3명, 사원 3명으로 구성되어 있다. A~D 4개 지역의 지사로 2명씩 나눠서 출장을 간다고 할 때, 각 출장 지역에 대리급 이상이 1명 이상 포함되어 있어야 하고 과장 2명이 각각 다른 지역으로 가야 한다. 이때 과장과 대리가 한 조로 출장에 갈 확률은?

① $\dfrac{1}{2}$   ② $\dfrac{1}{3}$

③ $\dfrac{2}{3}$   ④ $\dfrac{3}{4}$

⑤ $\dfrac{3}{8}$

**17** K유통업체의 물류창고에서는 다량의 물품에 대한 정보를 다음과 같이 기호화하여 관리하고 있다. 이에 대한 설명으로 적절하지 않은 것은?

① 문자나 숫자를 기계가 읽을 수 있는 흑과 백의 막대모양 기호로 조합하였다.
② 데이터를 빠르게 입력할 수 있으며, 컴퓨터가 판독하기 쉽다.
③ 물품의 수명기간 동안 무선으로 물품을 추적 관리할 수 있다.
④ 광학식 마크판독장치를 통해 판독이 가능하다.
⑤ 막대의 넓이와 수, 번호에 따라 물품을 구분한다.

**18** 다음 중 K씨에게 해줄 수 있는 조언으로 가장 적절한 것은?

> 현재 군인이 되기 위해 준비 중인 K씨는 요즘 들어 고민에 빠져 있다. 자신의 윤리적 입장에서 생각해 보았을 때 타인에 대한 물리적 행사(폭력)는 절대 금지되어 있다고 생각되지만, 군인의 입장에서는 필요한 경우 물리적 행사가 허용된다는 점이 마음에 걸리는 것이다.

① 업무수행상 모든 행동에 있어 개인의 양심에 따라 행동하는 것이 중요해.
② 군인은 하나의 직업인이기 때문에 기본적인 윤리기준은 무시할 필요가 있어.
③ 도덕적인 원리를 사회 제도가 아니라 개인의 생활에 적용하는 것이 중요해.
④ 업무 중 상대방의 입장에서 생각해 보고 너의 행동을 결정하는 것이 어떨까?
⑤ 업무수행상 개인윤리와 직업윤리가 충돌할 경우 직업윤리를 우선하여야 해.

| 직업윤리

**19** 다음 중 자진해서 하는 근면의 사례로 옳은 것을 〈보기〉에서 모두 고르면?

〈보기〉
- (가) 영희는 미국 여행을 위해 아침 일찍 일어나 30분씩 영어 공부를 하고 있다.
- (나) K사에 근무 중인 A씨는 팀장의 요청으로 3일 동안 야근 중이다.
- (다) 자동차 세일즈맨으로 일하고 있는 B씨는 성과에 따라 보수가 결정되기 때문에 누구보다 열심히 성과를 높이기 위해 노력중이다.
- (라) 민지의 할아버지는 뒤늦게 공부에 재미를 느껴 현재 만학도로 공부에 전력하고 계신다.
- (마) 진수는 어머니의 성화에 못 이겨 자기 방으로 들어가 공부에 매진하고 있다.

① (가), (라)  
② (나), (다)  
③ (가), (다), (라)  
④ (나), (라), (마)  
⑤ (다), (라), (마)

| 대인관계능력

**20** 다음 중 빈칸 ㉠에 대한 설명으로 옳지 않은 것은?

_____㉠_____(이)란 고객과 서비스 요원 사이의 15초 동안의 짧은 순간에서 이루어지는 서비스로, 이 순간을 진실의 순간(MOT: Moment Of Truth) 또는 결정적 순간이라고 한다.

① 짧은 순간에 고객으로 하여금 우리 회사를 선택한 것이 좋은 선택이었다는 것을 입증해야 한다.
② 서비스 직원은 찰나의 순간에 모든 역량을 동원하여 고객을 만족시켜야 한다.
③ 여러 번의 결정적인 순간에서 단 한 번의 0점 서비스를 받는다면 모든 서비스가 0점이 되어버릴 수 있다.
④ 서비스 직원의 용모와 복장보다는 따뜻한 미소와 친절한 한마디가 서비스의 핵심이다.
⑤ 고객과의 상호작용에 의해서 서비스가 순발력 있게 제공될 수 있는 시스템이 갖추어져야 한다.

**21** 다음은 기술선택을 위한 절차에 대한 자료이다. (A) ~ (E)에 대한 행동으로 옳은 것은?

① (A) : 기술획득 방법 결정
② (B) : 사업 영역 결정, 경쟁 우위 확보 방안 수립
③ (C) : 기업의 장기비전, 매출목표 및 이익목표 설정
④ (D) : 기술능력, 생산능력, 마케팅 / 영업능력, 재무능력 등 분석
⑤ (E) : 제품 설계 / 디자인 기술, 제품 생산 공정, 원재료 / 부품 제조기술 분석

| 조직이해능력

**22** 다음 〈보기〉 중 조직구조의 형태에 대한 설명으로 옳지 않은 것을 모두 고르면?

―〈보기〉―
ㄱ. 조직 내부의 효율성을 중시하는 기업은 기능적 조직구조보다는 사업별 조직구조의 형태를 띤다.
ㄴ. 사업별 조직구조는 안정적인 환경에서 대처가 용이한 조직구조이다.
ㄷ. 기능적 조직구조하에서는 각 부서가 유사성과 관련성이 높은 업무들을 결합하여 관장하고 있다.
ㄹ. 환경변화에 신속히 대처하기 위해서는 집권화된 의사결정구조보다 분권화된 의사결정구조가 유리하다.

① ㄱ, ㄴ
② ㄱ, ㄷ
③ ㄴ, ㄷ
④ ㄴ, ㄹ
⑤ ㄷ, ㄹ

| 기술능력

**23** 다음 중 빈칸에 들어갈 말로 가장 적절한 것은?

_____ 분야에서 유망한 기술로 전망되는 것은 지능형 로봇 분야이다. 지능형 로봇이란 외부환경을 인식하여 스스로 상황을 판단하고 자율적으로 동작하는 기계 시스템을 말한다. 지능형 로봇은 타 분야에 대한 기술적 파급 효과가 큰 첨단 기술의 복합체이며, 소득 2만 달러 시대를 선도할 미래 유망산업으로 발전할 것이다. 산업적 측면에서 볼 때 지능형 로봇 분야는 자동차 산업 규모 이상의 성장 잠재력을 가지고 있으며, 기술 혁신과 신규투자가 유망한 신산업이다.
최근에는 기술혁신과 사회적 패러다임의 변화에 따라 인간 공존, 삶의 질 향상을 이룩하기 위한 새로운 지능형 로봇의 개념이 나타나고 있다. 지능형 로봇은 최근 IT기술의 융복합화, 지능화 추세에 따라 점차 네트워크를 통한 로봇의 기능 분산, 가상공간 내에서의 동작 등 IT와 융합한 '네트워크 기반 로봇'의 개념을 포함하고 있다.
그동안 일본이 산업형 로봇 시장을 주도하였다면, IT기술이 접목되는 지능형 로봇 시장은 우리나라가 주도하기 위해 국가 발전 전략에 따라 국가 성장 동력산업으로 육성하고 있다.

① 토목공학
② 환경공학
③ 생체공학
④ 전기전자공학
⑤ 자원공학

| 의사소통능력

**24** 다음 상황에서 A주임이 작성해야 하는 문서의 형태로 옳은 것은?

> 자동차 부품 제조업체인 P업체의 홍보실에서 근무 중인 A주임에게 K신문사의 B기자가 P업체의 부품 검수 과정과 노하우에 대한 인터뷰를 요청하였다.

① 설명서  ② 보도자료
③ 회의보고서  ④ 주간업무보고서
⑤ 제안서

| 직업윤리

**25** 다음 〈보기〉 중 비윤리적 행위의 원인에 대해 바르게 설명한 사람을 모두 고르면?

〈보기〉
지원 : 비윤리적 행위의 주요 원인으로 무지, 무관심, 무절제, 자유 4가지를 꼽을 수 있어.
창인 : 어떤 사람이 악이라는 사실을 모른 채 선이라고 생각하여 노력하였다면, 이는 무관심에서 비롯된 비윤리적 행위에 해당해.
기율 : 자신의 행위가 비윤리적이라는 것을 알고 있으면서도 윤리적 기준을 따르는 것을 대수롭지 않게 여긴다면, 이는 무관심에서 비롯된 비윤리적 행위라고 볼 수 있어.
지현 : 자신의 행위가 비윤리적이라는 것을 알고 있으면서도 이를 통해 얻을 수 있는 이익이 주는 유혹이 너무 커 비윤리적 행위를 한다면, 이는 무절제에서 비롯된 것이야.

① 지원, 창인  ② 지원, 기율
③ 창인, 기율  ④ 창인, 지현
⑤ 기율, 지현

**26** 공감적 이해의 단계를 인습적 수준, 기본적 수준, 심층적 수준의 세 가지 수준으로 나누어 볼 때, 다음 중 A~C를 바르게 분류한 것은?

> A~C는 같은 초등학교에 다니고 있는 아이들의 학부모로, 서로 나이도 비슷하고 취미도 비슷하여 친하게 지내고 있다. 그러나 이 셋은 아이들과 대화할 때 대화 방식에서 큰 차이를 보인다.
> 초등학생인 아이가 "학교 숙제는 제가 알아서 할게요. 자꾸 집에 오면 숙제부터 먼저 하라고 하시는데 제가 작성한 하루 일과표에 따라 순서대로 할게요."라고 하였을 때, A~C는 다음과 같이 이야기하였다.
>
> A : 지난번에도 알아서 하겠다고 해놓고, 결국엔 잊어버려서 학교에 가서 혼나지 않았니? 엄마, 아빠 말 들어서 나쁠 거 하나 없어.
> B : 이제 스스로 더 잘할 수 있다는 이야기구나. 하루 일과표를 지키겠다는 책임감도 갖게 된 것 같구나.
> C : 엄마, 아빠가 너무 학교 숙제에 대해서만 이야기해서 기분이 상했구나.

|   | A | B | C |
|---|---|---|---|
| ① | 인습적 | 기본적 | 심층적 |
| ② | 인습적 | 심층적 | 기본적 |
| ③ | 기본적 | 인습적 | 심층적 |
| ④ | 기본적 | 심층적 | 인습적 |
| ⑤ | 심층적 | 인습적 | 기본적 |

**27** 농도 13%의 소금물 400g과 농도 7%의 소금물 200g을 섞은 후, 농도를 알 수 없는 소금물 100g을 섞었더니 농도 22%의 소금물이 되었다. 이때 농도를 알 수 없는 소금물의 농도는 몇 %인가?

① 66%  
② 78%  
③ 88%  
④ 92%  
⑤ 96%

**28** 둘레가 6km인 공원을 나래는 자전거를 타고, 진혁이는 걷기로 했다. 두 사람이 같은 방향으로 돌면 1시간 30분 후에 다시 만나고, 서로 반대 방향으로 돌면 1시간 후에 만난다. 이때, 나래의 속력은?

① 4.5km/h  ② 5km/h
③ 5.5km/h  ④ 6km/h
⑤ 6.5km/h

**29** 다음은 시간계획의 기본원리에 대한 설명이다. 빈칸 ㉠ ~ ㉢에 들어갈 행동을 순서대로 바르게 나열한 것은?

시간은 무형의 자원으로, 다른 자원과는 다른 관리방식을 요하는 자원이다. 또한, 가용한 모든 시간을 관리한다는 것은 불가능에 가까운 일이므로 시간을 계획하는 것은 시간관리에 있어서 매우 중요하다. 이에 대해 로타 J. 자이베르트(Lother J. Seiwert)는 시간계획의 기본원칙으로 '60 : 40의 원칙'을 제시하고 있다. 이 원칙은 총 가용시간의 60%를 계획하고, 나머지 40%는 예측하지 못한 사태 및 일의 중단요인, 개인의 창의적 계발 시간으로 남겨 둔다는 것이다. 보다 구체적으로 시간을 계획할 때 60%의 시간은 ㉠ 에 할애하고, 20%는 ㉡ 에 할애하고, 마지막 20%를 ㉢ 에 할애한다는 것이다.

|   | ㉠ | ㉡ | ㉢ |
|---|---|---|---|
| ① | 비자발적 행동 | 자발적 행동 | 계획 행동 |
| ② | 계획 행동 | 계획 외 행동 | 자발적 행동 |
| ③ | 자발적 행동 | 계획 행동 | 계획 외 행동 |
| ④ | 계획 외 행동 | 계획 행동 | 자발적 행동 |
| ⑤ | 계획 행동 | 비자발적 행동 | 계획 외 행동 |

## 30 다음 중 경영참가제도에 대한 설명으로 적절하지 않은 것은?

① 경영의 민주성 제고를 목적으로 한다.
② 근로자나 노동조합이 경영과정에 참여한다.
③ 노사 간 공동의 문제해결과 세력 균형을 이룰 수 있다.
④ 경영의 효율성이 높아질 수 있다.
⑤ 경영참가제도의 유형으로는 유니온 숍과 오픈 숍이 있다.

## 31 다음 〈보기〉를 원인 분석 단계의 절차에 따라 순서대로 바르게 나열한 것은?

① ㉠ - ㉢ - ㉥ - ㉡ - ㉣ - ㉣
② ㉠ - ㉣ - ㉢ - ㉥ - ㉡ - ㉣
③ ㉢ - ㉠ - ㉥ - ㉣ - ㉡ - ㉣
④ ㉢ - ㉥ - ㉠ - ㉡ - ㉣ - ㉣
⑤ ㉥ - ㉠ - ㉢ - ㉡ - ㉣ - ㉣

**32** 다음 중 조직구조의 결정요인에 대한 설명으로 적절하지 않은 것은?

① 급변하는 환경하에서는 유기적 조직보다 원칙이 확립된 기계적 조직이 더 적합하다.
② 대규모 조직은 소규모 조직에 비해 업무의 전문화 정도가 높다.
③ 조직구조의 주요 결정요인은 4가지로 전략, 규모, 기술, 환경이다.
④ 조직 활동의 결과에 대한 만족은 조직의 문화적 특성에 따라 상이하다.
⑤ 일반적으로 소량생산기술을 가진 조직은 유기적 조직구조를, 대량생산기술을 가진 조직은 기계적 조직구조를 가진다.

**33** 다음 글을 읽고 산업재해에 대한 원인으로 적절하지 않은 것은?

> 전선 제조 사업장에서 고장난 변압기 교체를 위해 K전력 작업자가 변전실에서 작업을 준비하던 중 특고압 배전반 내 충전부 COS 1차 홀더에 접촉 감전되어 치료 도중 사망하였다. 증언에 따르면 변전실 TR-5 패널의 내부는 협소하고, 피재해자의 키에 비하여 경첩의 높이가 높아 문턱 위에 서서 불안전한 작업자세로 작업을 실시하였다고 한다. 또한 피재해자는 전기 관련 자격이 없었으며, 복장은 일반 안전화, 면장갑, 패딩점퍼를 착용한 상태였다.

① 불안전한 행동  ② 불안전한 상태
③ 작업 관리상 원인  ④ 기술적 원인
⑤ 작업 준비 불충분

**34** 다음 중 잘못된 직업관을 가지고 있는 사람은?

① 항공사에서 근무하고 있는 A는 자신의 직업에 대해 긍지와 자부심을 갖고 있다.
② IT 회사에서 개발 업무를 담당하는 B는 업계 최고 전문가가 되기 위해 항상 노력한다.
③ 극장에서 근무 중인 C는 언제나 다른 사람에게 봉사한다는 마음을 가지고 즐겁게 일한다.
④ 화장품 회사에 입사한 신입사원 D는 입사 동기들보다 빠르게 승진하는 것을 목표로 삼았다.
⑤ 회계팀에서 일하는 E는 회사의 규정을 준수하며, 공정하고 투명하게 업무를 처리하려고 노력한다.

**35** 다음 중 퍼실리테이션의 문제해결에 대한 설명으로 옳은 것은?

① 주제에 대한 공감을 이루기 어렵다.
② 단순한 타협점의 조정에 그치는 것이 아니다.
③ 초기에 생각하지 못했던 창조적인 해결방법을 도출하기는 어렵다.
④ 제3자가 합의점이나 줄거리를 준비해 놓고 예정대로 결론이 도출된다.
⑤ 팀워크가 강화되기는 어렵다는 특징을 가진다.

**36** 업무수행과정에서 발생하는 문제를 발생형, 탐색형, 설정형의 세 가지 문제 유형으로 나누어 볼 때, 다음 〈보기〉를 문제 유형에 따라 바르게 분류한 것은?

─〈보기〉─
㉠ 제품을 배송하는 과정에서 고객의 개인정보를 잘못 기입하는 바람에 배송이 지연되고 있다.
㉡ 제약업계는 개발의 효율성 및 성과를 위해 매출액 가운데 상당 부분을 연구・개발에 투자하고 있으나, 기대만큼의 성과를 도출하지 못하고 있다.
㉢ 제품에서 기준치를 초과한 발암물질이 검출됨에 따라 회사는 전 제품에 대한 리콜을 고민하고 있다.
㉣ 연구팀은 제품 개발에 필수적인 제작 과정을 획기적으로 줄일 수 있는 기술을 개발할 것을 요청받았다.
㉤ 회사는 10대 전략 과제를 선정하고 부서별 역할과 세부추진계획을 점검하기로 하였다.
㉥ 정부의 사업 허가 기준이 강화될 것이라는 예측에 따라 새로운 사업 계획서 작성 방향에 대해 기업의 고민도 커질 것으로 예상된다.

| | 발생형 | 탐색형 | 설정형 |
|---|---|---|---|
| ① | ㉠, ㉢ | ㉡, ㉣ | ㉤, ㉥ |
| ② | ㉡, ㉢ | ㉠, ㉣ | ㉤, ㉥ |
| ③ | ㉢, ㉣ | ㉠, ㉤ | ㉡, ㉥ |
| ④ | ㉣, ㉤ | ㉡, ㉥ | ㉠, ㉢ |
| ⑤ | ㉤, ㉥ | ㉢, ㉣ | ㉠, ㉡ |

**37** 다음 중 효과적인 경청 방법에 대한 설명으로 적절하지 않은 것은?

① 상대방이 전달하려는 메시지가 무엇인가를 생각해 보고 자신의 삶, 목적, 경험과 관련지어 본다.
② 대화를 하는 동안 시간 간격이 있으면, 다음에 무엇을 말할 것인가를 추측하려고 노력해야 한다.
③ 말하는 사람의 모든 것에 집중해서 적극적으로 들어야 하며, 말하는 사람의 속도와 말을 이해하는 속도 사이에 발생하는 간격을 메우는 방법을 학습해야 한다.
④ 대화 도중에 주기적으로 대화의 내용을 요약하면 상대방이 전달하려는 메시지를 이해하고, 사상과 정보를 예측하는 데 도움이 된다.
⑤ 상대방이 말하는 사이에 질문을 하면 질문에 대한 답이 즉각적으로 이루어질 수 없으므로 되도록 질문하지 않고 상대방의 이야기에 집중한다.

**38** 문제해결에 어려움을 겪고 있는 A대리는 상사인 B부장에게 면담을 요청하였고, B부장은 다음과 같이 조언하였다. 다음 중 B부장이 A대리에게 제시한 문제해결 사고방식으로 가장 적절한 것은?

> 현재 당면하고 있는 문제와 그 해결방법에만 집착하지 말고, 그 문제와 해결 방안이 상위 시스템과 어떻게 연결되어 있는지를 생각해 보세요.

① 분석적 사고  ② 발상의 전환
③ 내·외부자원의 활용  ④ 창의적 사고
⑤ 전략적 사고

## 39 다음 중 빈칸에 들어갈 말로 가장 적절한 것은?

| 정보능력

이것은 기업이 경쟁에서 우위를 확보하려고 구축·이용하는 것이다. 기존의 정보시스템이 기업 내 업무의 합리화·효율화에 역점을 두었던 것에 반해, 기업이 경쟁에서 승리해 살아남기 위한 필수적인 시스템이라는 뜻에서 _____(이)라고 한다. 그 요건으로는 경쟁 우위의 확보, 신규 사업의 창출이나 상권의 확대, 업계 구조의 변혁 등을 들 수 있다. 실례로는 금융 기관의 대규모 온라인시스템, 체인점 등의 판매시점관리(POS)를 들 수 있다.

① 비지니스 프로세스 관리(BPM)
② 전사적 자원관리(ERP)
③ 경영정보 시스템(MIS)
④ 전략정보 시스템(SIS)
⑤ 의사결정 지원 시스템(DSS)

| 자원관리능력

## 40 다음 대화에서 시간관리에 대해 바르게 이해하고 있는 사람은?

A사원 : 나는 얼마 전에 맡은 중요한 프로젝트도 무사히 마쳤어. 나는 회사에서 주어진 일을 잘하고 있기 때문에 시간관리도 잘하고 있다고 생각해.
B사원 : 나는 평소에는 일의 진도가 잘 안 나가는 편인데, 마감일을 앞두면 이상하게 일이 더 잘돼. 나는 오히려 시간에 쫓겨야 일이 잘되니까 괜히 시간을 관리할 필요가 없어.
C사원 : 나는 달력에 모든 일정을 표시해 두었어. 이번 달에 해야 할 일도 포스트잇에 표시해 두고 있지. 이 정도면 시간관리를 잘하고 있는 것 아니겠어?
D사원 : 내가 하는 일은 시간관리와는 조금 거리가 있어. 나는 영감이 떠올라야 작품을 만들 수 있는데 어떻게 일정에 맞춰서 할 수 있겠어. 시간관리는 나와 맞지 않는 일이야.
E사원 : 마감 기한을 넘기더라도 일을 완벽하게 끝내야 한다는 생각은 잘못되었다고 생각해. 물론 완벽하게 일을 끝내는 것도 중요하지만, 모든 일은 정해진 기한을 넘겨서는 안 돼.

① A사원　　　　　　　　　　　② B사원
③ C사원　　　　　　　　　　　④ D사원
⑤ E사원

## 자원관리능력

**41** K컨설팅사에 근무하고 있는 A사원은 팀장으로부터 새로운 프로젝트를 수주하기 위해 제안서를 작성하라는 과제를 받았다. 우선 프로젝트 제안 비용을 결정하기 위해 직접비와 간접비를 기준으로 예산을 작성하려 한다. 다음 중 직접비와 간접비가 바르게 연결되지 않은 것은?

|   | 직접비 | 간접비 |
|---|---|---|
| ① | 재료비 | 보험료 |
| ② | 과정개발비 | 여행(출장)비 및 잡비 |
| ③ | 인건비 | 광고비 |
| ④ | 시설비 | 사무비품비 |
| ⑤ | 여행(출장)비 및 잡비 | 통신비 |

## 자기개발능력

**42** 다음 중 자기개발 요소에 대한 설명으로 적절하지 않은 것을 〈보기〉에서 모두 고르면?

─〈보기〉─
ㄱ. 자기개발은 크게 자아인식, 자기관리, 자원확충, 경력개발로 이루어진다.
ㄴ. 자신의 특성에 대한 정확한 인식이 있어야 적절한 자기개발이 가능하다.
ㄷ. 경력개발은 자신의 일정을 수립하고 조정하여 자기관리를 수행하고, 이를 반성하여 피드백하는 과정으로 이루어진다.
ㄹ. 자기관리란 일생에 걸쳐서 지속적으로 이루어지는 일과 관련된 경험에 대하여 목표와 전략을 수립하고 실행하며 피드백하는 과정이다.

① ㄱ
② ㄹ
③ ㄱ, ㄴ
④ ㄴ, ㄹ
⑤ ㄱ, ㄷ, ㄹ

## 수리능력

**43** K회사의 사우회에서 참석자들에게 과자를 1인당 8개씩 나누어 주려고 한다. 10개씩 들어 있는 과자 17상자를 준비하였더니 과자가 남았고, 남은 과자를 1인당 1개씩 더 나누어 주려고 하니 부족했다. 만약 지금보다 9명이 더 참석한다면 과자 6상자를 추가해야 참석자 모두에게 1인당 8개 이상씩 나누어 줄 수 있다. 이때 사우회 참석자 수는?

① 18명
② 19명
③ 20명
④ 21명
⑤ 22명

**| 정보능력**

**44** 다음 글을 읽고 K대학교 문제해결을 위한 대안으로 가장 적절한 것은?

> K대학교는 현재 학생 관리 프로그램, 교수 관리 프로그램, 성적 관리 프로그램의 3개의 응용 프로그램을 갖추고 있다. 학생 관리 프로그램은 학생 정보를 저장하고 있는 파일을 이용하고, 교수 관리 프로그램은 교수 정보 파일을 이용하며, 성적 관리 프로그램은 성적 정보 파일을 이용한다. 즉, 각각의 응용 프로그램들은 개별적인 파일을 이용한다.
> 이런 경우, 파일에는 많은 정보가 중복 저장되어 있다. 그렇기 때문에 중복된 정보가 수정되면 관련된 모든 파일을 수정해야 하는 불편함이 있다. 예를 들어, 한 학생이 자퇴하게 되면 학생 정보 파일뿐만 아니라 교수 정보 파일, 성적 정보 파일도 수정해야 하는 것이다.

① 데이터베이스 구축  
② 유비쿼터스 구축  
③ RFID 구축  
④ NFC 구축  
⑤ 와이파이 구축

**| 조직이해능력**

**45** 다음 글에서 설명하고 있는 조직의 경영 기법으로 가장 적절한 것은?

> 모든 조직은 경영의 기본 활동인 계획 – 실행 – 평가를 통해 조직이 원하는 성과를 창출해 낸다. 해당 기법은 이러한 조직의 경영 활동을 체계적으로 지원하는 관리 도구로, 경영자 및 관리자들이 시간 관리를 통해서 자기 자신을 관리하듯 목표를 통해서 개인 및 조직성과를 관리한다. 성과 향상을 위해서는 목표를 설정하고, 이를 지속적으로 관리하는 것이 중요하다. 평가 결과는 과정의 산물이며, 성과 개선에 영향을 미치는 부수적인 요인이다. 따라서 기업들은 해당 기법을 활용할 경우 평가나 그 결과의 활용보다는 목표 설정, 중간 점검 등의 단계에 더욱 많은 관심을 기울여야 한다.

① 과업평가계획(PERT)  
② 목표관리(MBO)  
③ 조직개발(OD)  
④ 총체적 품질관리(TQM)  
⑤ 전사적 자원관리(ERP)

※ 다음은 산업재해의 원인을 설명하는 4M에 대한 자료이다. 이어지는 질문에 답하시오. **[46~47]**

| 〈산업재해의 원인을 설명하는 4M〉 | |
|---|---|
| Man<br>(사람) | ① 심리적 요인 : 억측 판단, 착오, 생략 행위, 무의식 행동, 망각 등<br>② 생리적 요인 : 수면 부족, 질병, 고령 등<br>③ 사회적 요인 : 사업장 내 인간관계, 리더십, 팀워크, 소통 등의 문제 |
| Machine<br>(기계, 설비) | ① 기계, 설비의 설계상 결함<br>② 점검, 정비의 결함<br>③ 구조 불량<br>④ 위험방호 불량 등 |
| Media<br>(작업정보, 방법, 환경) | ① 작업계획, 작업절차 부적절<br>② 정보 부적절<br>③ 보호구 사용 부적절<br>④ 작업 공간 불량<br>⑤ 작업 자세, 작업 동작의 결함 등 |
| Management<br>(관리) | ① 관리조직의 결함<br>② 건강관리의 불량<br>③ 배치의 불충분<br>④ 안전보건교육 부족<br>⑤ 규정, 매뉴얼 불철저<br>⑥ 자율안전보건활동 추진 불량 등 |

| 기술능력

**46** 다음 중 4M 방식에 대한 설명으로 적절하지 않은 것은?

① 개인의 단순한 부주의로 일어난 사고는 4M 중 Man에 해당한다.
② 좁은 공간에서 일하면서 일어난 사고는 4M 중 Media에 해당한다.
③ 기계 점검을 충실히 하지 않아 일어난 사고는 4M 중 Machine에 해당한다.
④ 개인의 당직근무 배치가 원활하지 않아 일어난 사고는 4M 중 Man에 해당한다.
⑤ 충분한 안전교육이 이루어지지 않아 일어난 사고는 4M 중 Management에 해당한다.

**47** 다음 (A), (B)의 사례를 4M 방식에 따라 바르게 분류한 것은?

> (A) 유해가스 중독으로 작업자 2명이 사망하는 사고가 발생했다. 작업자 1명이 하수관 정비공사 현장에서 오수 맨홀 내부로 들어갔다가 유해가스를 마셔 의식을 잃고 추락했으며, 작업자를 구출하기 위해 다른 작업자가 맨홀 내부로 들어가 구조하여 나오던 중 같이 의식을 잃고 추락해 두 작업자 모두 사망한 것이다. 작업공간이 밀폐된 공간이어서 산소결핍이나 유해가스 등의 우려가 있었기 때문에 구명밧줄이나 공기 호흡기 등을 준비해야 했지만 준비가 이루어지지 않아 일어난 안타까운 사고였다.
> (B) 플라스틱 용기 성형 작업장에서 작업자가 가동 중인 블로우 성형기의 이물질 제거 작업 중 좌우로 움직이는 금형 고정대인 조방 사이에 머리가 끼여 사망하는 사고가 발생했다. 당시 블로우 성형기 전면에 안전장치가 설치되어 있었으나, 안전장치가 제대로 작동하지 않아서 발생한 사고였다.

|   | (A) | (B) |
|---|---|---|
| ① | Management | Man |
| ② | Management | Media |
| ③ | Media | Management |
| ④ | Media | Machine |
| ⑤ | Media | Man |

**48** 다음 〈조건〉을 바탕으로 할 때, 乙의 나이로 가능한 것은?

> 〈조건〉
> • 甲과 乙은 부부이다. $a$는 甲의 동생, $b$, $c$는 아들과 딸이다.
> • 甲은 乙과 동갑이거나 乙보다 나이가 많다.
> • $a$, $b$, $c$ 나이의 곱은 2,450이다.
> • $a$, $b$, $c$ 나이의 합은 46이다.
> • $a$는 19 ~ 34세이다.
> • 甲과 乙의 나이의 합은 아들과 딸의 나이의 합의 4배이다.

① 46세   ② 45세
③ 44세   ④ 43세
⑤ 42세

※ K씨는 쇼핑몰 창업 준비를 위해 5W2H 원칙에 맞추어 다음과 같이 표를 작성하였다. 이어지는 질문에 답하시오.
**[49~50]**

| 〈쇼핑몰 창업 준비를 위한 강연〉 | |
|---|---|
| 구분 | 의견 |
| What (무엇을) | • 쇼핑몰 창업의 준비단계를 알려주는 정보성 강연을 계획 중이다.<br>• _____ ㉠ _____ |
| Why (왜) | • 취업난과 창업 시장의 활성화로 창업에 뛰어드는 사람들이 많아졌다.<br>• _____ ㉡ _____ |
| Who (누가) | • 창업 전문가, 사업계획서 전문가를 모셔서 진행할 예정이다.<br>• _____ ㉢ _____ |
| Where (어디서) | • _____ ㉣ _____ |
| When (언제) | • 오후 1시부터 오후 3시까지 완료할 예정이다.<br>• _____ ㉤ _____ |
| How (어떻게) | • _____ (A) _____ |
| How Much (얼마나) | • 장소 대여비, 외부강사비 등에 따라 변동이 가능하다. |

| 정보능력

**49** 다음 중 빈칸 ㉠ ~ ㉤에 들어갈 내용으로 가장 적절한 것은?

① ㉠ : 창업의 수요가 늘어나고 있다.
② ㉡ : 대부분의 사람들이 창업의 첫 시작에 대한 정보가 부족하다.
③ ㉢ : 직장인들을 위해 주말 시간도 이용할 예정이다.
④ ㉣ : 창업을 준비하는 사람 300명이 대상자이다.
⑤ ㉤ : 100명이 들을 수 있는 강연장을 준비할 예정이다.

| 정보능력

**50** 다음 중 빈칸 (A)에 들어갈 내용으로 적절하지 않은 것은?

① 2인 이상 예약 시 할인 혜택
② 홈페이지 배너 광고
③ 소셜커머스를 이용한 판매
④ 포털사이트 광고
⑤ 온라인 신청

**| 자원관리능력**

**51** 물적자원은 크게 자연자원과 인공자원으로 나누어 볼 수 있다. 다음 중 〈보기〉의 물적자원을 자연자원과 인공자원으로 바르게 분류한 것은?

〈보기〉
- ㉠ 석탄
- ㉡ 햇빛
- ㉢ 구리
- ㉣ 댐
- ㉤ 인공위성
- ㉥ 컴퓨터
- ㉦ 철광석
- ㉧ 나무

|   | 자연자원 | 인공자원 |
|---|---|---|
| ① | ㉠, ㉢, ㉧ | ㉡, ㉣, ㉤, ㉥, ㉦ |
| ② | ㉠, ㉡, ㉢, ㉧ | ㉣, ㉤, ㉥, ㉦ |
| ③ | ㉠, ㉢, ㉦, ㉧ | ㉡, ㉣, ㉤, ㉥ |
| ④ | ㉠, ㉡, ㉢, ㉦, ㉧ | ㉣, ㉤, ㉥ |
| ⑤ | ㉠, ㉢, ㉣, ㉦, ㉧ | ㉡, ㉤, ㉥ |

**| 직업윤리**

**52** 다음 중 직업인에게 요구되는 기본자세로 적절한 것을 〈보기〉에서 모두 고르면?

〈보기〉
- ㉠ 소명의식
- ㉡ 천직의식
- ㉢ 특권의식
- ㉣ 봉사정신
- ㉤ 협동정신
- ㉥ 지배정신
- ㉦ 책임의식
- ㉧ 회피의식
- ㉨ 전문의식
- ㉩ 공평무사한 자세

① ㉠, ㉡, ㉢, ㉣, ㉤, ㉥, ㉩
② ㉠, ㉡, ㉣, ㉤, ㉦, ㉨, ㉩
③ ㉠, ㉢, ㉤, ㉥, ㉦, ㉧, ㉩
④ ㉠, ㉢, ㉤, ㉥, ㉧, ㉨, ㉩
⑤ ㉠, ㉢, ㉥, ㉦, ㉧, ㉨, ㉩

| 직업윤리

**53** 기업의 의사결정 과정에 공리주의, 권리, 공정성의 윤리적 기준이 적용된다고 할 때, 다음 (가) ~ (다)에 적용된 윤리적 의사결정 기준이 바르게 연결된 것은?

> (가) 회사의 이익을 극대화함으로써 회사 구성원 다수의 행복을 가져올 수 있다면 회사 직원의 10%를 해고할 수 있다.
> (나) 회사는 다른 직원의 비윤리적 행위를 발견하여 이를 고발한 직원이 피해를 입지 않도록 보호해야 한다.
> (다) 성과보다 연공서열을 중심으로 업무를 평가하는 회사에서는 성과의 차이에도 불구하고 사원이 대리보다 많은 보상을 받을 수 없다.

|   | (가) | (나) | (다) |
|---|---|---|---|
| ① | 공정성 | 공리주의 | 권리 |
| ② | 공정성 | 권리 | 공리주의 |
| ③ | 공리주의 | 권리 | 공정성 |
| ④ | 공리주의 | 공정성 | 권리 |
| ⑤ | 권리 | 공정성 | 공리주의 |

| 대인관계능력

**54** 다음 대화에서 K사원이 저지른 실수로 가장 적절한 것은?

> K사원 : 안녕하세요. 상담원 K입니다. 무엇을 도와드릴까요?
> 고객 : 네 안녕하세요. 어제 구입한 키보드가 작동이 잘 안 되는 것 같아서요. 이게 무엇이 문제냐면….
> K사원 : 네. 고객님 우선 불편을 드려 정말 죄송합니다. 키보드 작동이 안 되시는 것 같은데 교환 또는 환불을 원하십니까?
> 고객 : 네. 교환 부탁드립니다.
> K사원 : 알겠습니다. 고객님. 받으셨던 제품을 저희 회사로 착불로 보내주시면, 받는 즉시 2 ~ 3일 내로 정상제품으로 바로 보내드리겠습니다.
> 고객 : 네 감사합니다.
> K사원 : 감사합니다. 상담원 K였습니다.

① 고객이 느끼는 불편함에 대해 바로 사과하지 않았다.
② 고객의 말을 주의 깊게 들어주지 않았다.
③ 고객이 원하는 바를 신속하게 해결해 주지 않았다.
④ 고객의 불만을 해결하지 못했다.
⑤ 고객이 원하는 서비스를 제공하지 못했다.

55  다음은 협상과정을 5단계로 구분한 자료이다. 빈칸 (A) ~ (E)에 들어갈 내용으로 적절하지 않은 것은?

① (A) : 상대방의 협상의지를 확인한다.
② (B) : 최선의 대안에 대해서 합의하고 선택한다.
③ (C) : 겉으로 주장하는 것과 실제로 원하는 것을 구분하여 실제로 원하는 것을 찾아낸다.
④ (D) : 대안 이행을 위한 실행계획을 수립한다.
⑤ (E) : 합의내용, 용어 등을 재점검한다.

**56** 다음은 조직문화가 어떻게 구성되는지를 이해하는 데 도움을 줄 수 있는 맥킨지 7S 모델에 대한 자료이다. 이에 대한 설명으로 적절하지 않은 것은?

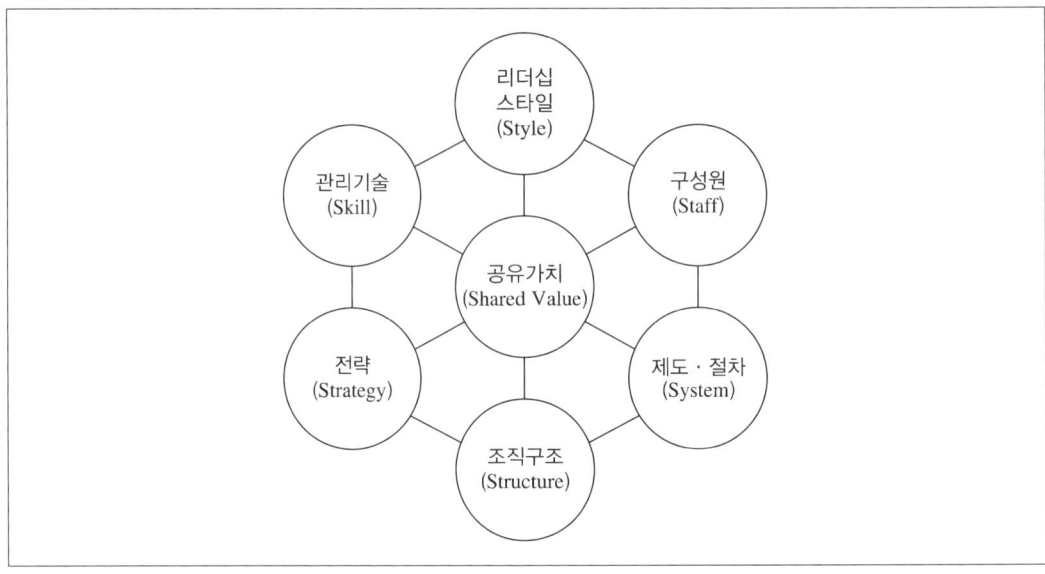

① 리더십 스타일(Style)은 관리자에 따라 민주적, 독선적, 방임적 등 다양하게 나타날 수 있다.
② 조직구조(Structure)는 구성원들이 보유하고 있는 능력, 스킬, 욕구, 태도 등을 말한다.
③ 전략(Strategy)에 따라 사업의 방향성이 달라질 수 있으며, 자원배분 과정도 결정될 수 있다.
④ 제도·절차(System)는 성과관리, 보상제도, 경영정보시스템 등 경영 각 분야의 관리제도나 절차 등을 수반한다.
⑤ 공유가치(Shared Value)는 구성원뿐만 아니라 고객이나 투자자 등 다양한 이해관계자들에게 영향을 미친다.

**57** 우리의 주위에는 수많은 정보가 있지만, 그 자체로는 의미가 없으며 정보를 분석하고 가공하여야만 정보로서의 가치를 가질 수 있다. 다음 중 정보분석에 대한 설명으로 옳지 않은 것은?

① 정보분석이란 여러 정보를 상호 관련지어 새로운 정보를 생성해 내는 활동이다.
② 서로 상반되거나 큰 차이가 있는 정보의 내용을 판단해서 새로운 해석을 할 수 있다.
③ 좋은 자료는 항상 훌륭한 분석이 될 수 있다.
④ 한 개의 정보로써 불분명한 사항을 다른 정보로써 명백히 할 수 있다.
⑤ 반드시 고도의 수학적 기법을 요구하는 것만은 아니다.

**58** 다음 중 자기개발의 구성요소에서 서로 관련된 내용끼리 바르게 연결한 것은?

① 자아인식 – 직업 흥미 분석
② 경력개발 – 자기개발의 첫 단계
③ 자기관리 – 표준화된 검사 척도 이용
④ 경력개발 – 비전과 목표 수립
⑤ 자기관리 – 자기 적성 분석

**59** 다음 중 빈칸 ㉠ ~ ㉢에 들어갈 말을 순서대로 바르게 나열한 것은?

> 피드백의 효과를 극대화하기 위해서는 다음과 같은 세 가지 규칙을 지켜야 한다.
> - ㉠ : 시간을 낭비하지 않는 것이다. 시간이 갈수록 피드백의 영향력은 줄어들기 때문에 상대방에게 바로 피드백을 주어야 한다.
> - ㉡ : 진정한 반응뿐만 아니라 조정하고자 하는 마음 또는 보이고 싶지 않은 부정적인 느낌까지 보여주어야 한다.
> - ㉢ : ㉡ 하다고 해서 잔인해서는 안 된다. 부정적인 의견을 표현할 때도 부드럽게 표현하는 방법을 사용하여야 한다.
>
> 이러한 쌍방적 의사소통은 화자와 청자 모두에게 도움이 된다.

|   | ㉠ | ㉡ | ㉢ |
|---|---|---|---|
| ① | 즉각적 | 진실 | 공감 |
| ② | 즉각적 | 진실 | 지지 |
| ③ | 즉각적 | 정직 | 지지 |
| ④ | 효율적 | 정직 | 지지 |
| ⑤ | 효율적 | 소통 | 공감 |

**60** 다음은 조직의 문화를 4가지 문화로 구분한 자료이다. (가)~(라)에 대한 설명으로 옳지 않은 것은?

|  | 유연성, 자율성 강조<br>(Flexibility & Discretion) | |  |
|---|---|---|---|
| 내부지향성, 통합 강조<br>(Internal Focus & Integration) | (가) | (나) | 외부지향성, 차별 강조<br>(External Focus & Differentiation) |
|  | (다) | (라) |  |
|  | 안정, 통제 강조<br>(Stability & Control) | |  |

① (가)는 조직 구성원 간 인화단결, 협동, 팀워크, 공유가치, 사기, 의사결정과정 참여 등을 중요시한다.
② (가)는 개인의 능력개발에 대한 관심이 높고, 조직 구성원에 대한 인간적 배려와 가족적인 분위기를 만들어내는 특징을 가진다.
③ (나)는 규칙과 법을 준수하고 관행과 안정, 문서와 형식, 명확한 책임소재 등을 강조하는 관리적 문화의 특징을 가진다.
④ (다)는 조직내부의 통합과 안정성을 확보하고, 현상유지 차원에서 계층화되는 조직문화이다.
⑤ (라)는 실적을 중시하고, 직무에 몰입하며, 미래를 위한 계획을 수립하는 것을 강조한다.

---

이 출판물의 무단복제, 복사, 전재 행위는 저작권법에 저촉됩니다.
파본은 구입처에서 교환하실 수 있습니다.

# 모듈형 NCS 집중학습
## 정답 및 해설

6권

### 무료NCS특강 / 온라인 모의고사

| 쿠폰번호 | 무료NCS특강 | JVD-59782-19289 |
|---|---|---|
| | 모듈형 모의고사 2회분 | ATSP-00000-2027B |

**[쿠폰 사용 안내]**
1. 시대에듀 홈페이지(www.sdedu.co.kr) 접속 후 로그인합니다.
2. 상단 카테고리 「내강의실」을 클릭합니다.
3. 왼쪽 카테고리 「쿠폰 내역」을 클릭합니다.
4. 쿠폰번호 입력 후 등록합니다.
* 해당 강의는 본 도서를 기반으로 하지 않습니다.
* 온라인 모의고사는 마이페이지 내 「모의고사」에서 응시 가능합니다.

※ 본 쿠폰은 등록 후 30일 이내에 사용 가능합니다.
※ 쿠폰 등록 및 응시는 윈도우 기반 PC에서만 가능합니다.
※ 모바일 및 macOS 운영체제에서는 서비스되지 않습니다.

**시대에듀**

**끝까지 책임진다! 시대에듀!**
QR코드를 통해 도서 출간 이후 발견된 오류나 개정법령, 변경된 시험 정보, 최신기출문제, 도서 업데이트 자료 등이 있는지 확인해 보세요! **시대에듀 합격 스마트 앱**을 통해서도 알려 드리고 있으니 구글 플레이나 앱 스토어에서 다운받아 사용하세요. 또한, 파본 도서인 경우에는 구입하신 곳에서 교환해 드립니다.

# 모듈형 NCS 집중학습 봉투모의고사

# 2025 ~ 2024년 모듈형 NCS 기출복원 모의고사 정답 및 해설

| 01 | 02 | 03 | 04 | 05 | 06 | 07 | 08 | 09 | 10 |
|---|---|---|---|---|---|---|---|---|---|
| ⑤ | ③ | ③ | ① | ② | ⑤ | ④ | ⑤ | ⑤ | ③ |
| 11 | 12 | 13 | 14 | 15 | 16 | 17 | 18 | 19 | 20 |
| ④ | ② | ② | ① | ② | ③ | ① | ① | ① | ② |
| 21 | 22 | 23 | 24 | 25 | 26 | 27 | 28 | 29 | 30 |
| ③ | ② | ③ | ④ | ③ | ④ | ③ | ③ | ③ | ④ |
| 31 | 32 | 33 | 34 | 35 | 36 | 37 | 38 | 39 | 40 |
| ③ | ⑤ | ③ | ③ | ② | ⑤ | ④ | ③ | ③ | ① |
| 41 | 42 | 43 | 44 | 45 | 46 | 47 | 48 | 49 | 50 |
| ④ | ③ | ④ | ④ | ③ | ③ | ⑤ | ② | ② | ⑤ |
| 51 | 52 | 53 | 54 | 55 | 56 | 57 | 58 | 59 | 60 |
| ③ | ④ | ③ | ③ | ② | ③ | ③ | ② | ③ | ① |

## 01  정답 ⑤

선주는 문제점을 자신의 탓으로 돌리며 상대방에게 부탁을 하고 있다. 따라서 관용의 격률에 해당하는 사례이다.

**오답분석**

① 민재는 상대방을 칭찬하는 표현을 최대화해서 말하고 있다. 따라서 타인에 대한 비난은 최소화하고 칭찬은 최대화하여 말하는 표현법인 찬동의 격률에 해당하는 사례로 볼 수 있다.
② 지우는 문제점을 상대방의 탓으로 돌리며 상대방에게 부탁을 하고 있다. 따라서 관용의 격률에 해당하지 않는다.
③ 다예는 자신의 이익을 위해 상대방에게 부담을 주며 말하고 있다. 따라서 관용의 격률에 해당하지 않는다.
④ 동현은 상대에게 부담이 되는 표현은 최소화하면서 도움을 요청하고 있다. 따라서 상대방의 부담은 최소화하고 이익은 최대화하여 말하는 표현법인 요령의 격률에 해당하는 사례로 볼 수 있다.

## 02  정답 ③

먼저 분자와 분모를 따로 계산하면 다음과 같다.
- 분자 : $18 \times (15^2 + 12 + 3)$
  $\rightarrow 18 \times (225 + 12 + 3)$
  $\therefore 18 \times 240 = 4,320$
- 분모 : $90^2 - 2 \times 45 \times 4$
  $\rightarrow 8,100 - (2 \times 45 \times 4)$
  $\therefore 8,100 - 360 = 7,740$

주어진 식을 정리하면 다음과 같다.
$$\frac{4,320}{7,740} + 1 = \frac{4,320 + 7,740}{7,740} = \frac{12,060}{7,740}$$

$\frac{12,060}{7,740}$ 을 기약분수로 만들기 위해 최대공약수 180으로 약분하면 $\frac{67}{43}$ 이므로 $p=43$, $q=67$이다.

따라서 $p+q=110$이다.

## 03  정답 ③

K시 전철의 기본요금은 1회 1,500원이고, 오전에 20% 할인을 받으면 $1,500 \times 0.8 = 1,200$원이다. A씨의 전철 이용 횟수는 총 $22 \times 2 = 44$회이며, 할인은 출근 시간에만 적용된다. 그러므로 퇴근 시 이용하는 전철 요금은 $1,500 \times 22 = 33,000$원이다.
한 달 전철 요금을 62,000원 이하로 유지하고자 하므로 출근 시 지불 가능한 전철 요금은 $62,000 - 33,000 = 29,000$원이다.
이때 할인을 받은 일수를 $x$일이라 하면, 할인을 받지 않은 일수는 $(22-x)$일이므로 다음과 같은 식이 성립한다.
$1,200x + 1,500(22-x) \leq 29,000$
$\rightarrow 1,200x + 33,000 - 1,500x \leq 29,000$
$\rightarrow -300x \leq -4,000$
$\therefore x \geq 13.33\cdots$

따라서 최소 14일은 할인을 받아야 한 달 전철 요금을 62,000원 이하로 유지할 수 있다.

## 04  정답 ①

A주임은 복잡한 역사 구조로 인해 승객들이 길을 헤매는 문제를 해결하기 위한 아이디어를 지하철역과 비슷한 대상인 쇼핑센터의 증강현실 지도 기술에서 얻었고, 지하철역에서 이용 가능한 증강현실 길안내 서비스를 기획하였다. 따라서 주어진 사례에서 나타나는 창의적 사고 개발방법으로 가장 적절한 것은 대상과 비슷한 것을 찾아내 그것을 힌트로 새로운 아이디어를 생각해 내는 비교발상법인 NM법이다.

**오답분석**

② Synectics : 서로 관련이 없어 보이는 것들을 조합하여 새로운 것을 도출해 내는 비교발상법이다.
③ 체크리스트 : 미리 준비된 힌트들을 시각화하고, 주제를 힌트에 연결 지어 발상하는 강제연상법이다.

④ SCAMPER : 체크리스트의 발전된 기법으로, 대체, 결합, 응용, 수정, 전용, 제거, 반전과 같이 7가지 키워드를 주제와 연결 지어 발상하는 강제연상법이다.
⑤ 브레인스토밍 : 어떤 주제에서 자유롭게 생각나는 것을 계속해서 열거하여 창의적인 아이디어를 이끌어 내는 자유연상법이다.

## 05　　　　　　　　　　　　　　　　　　　　정답 ②
ㄱ. 철도 이용객 수 증가는 외부환경요인인 법안에 의한 긍정적 효과이므로 기회에 해당한다.
ㄷ. 민간투자의 확대는 외부환경요인의 긍정적인 효과이므로 기회에 해당한다.
ㅂ. 기업 외부에서 발생한 공동 프로젝트에 참여하는 것은 기술혁신 등 긍정적인 측면이므로 기회에 해당한다.

**오답분석**
ㄴ. 내부환경요인인 운영 노하우는 기업 내부의 긍정적인 요소로 강점(Strength)에 해당한다.
ㄹ. 외부환경요인인 정부의 교통요금 동결 정책은 위협(Threat)에 해당한다.
ㅁ. 내부환경요인인 직원 수 부족으로 인한 저조한 고객 만족도는 약점(Weakness)에 해당한다.

## 06　　　　　　　　　　　　　　　　　　　　정답 ⑤
A씨는 사고로 학생과 부딪힌 사건 하나만을 부풀려 젊은이들이 모두 조심성이 없으며 남을 배려하지 않는다고 주장하고 있다. 이는 특정한 사례 하나를 토대로 집단을 일반화하는 주장이므로 성급한 일반화의 오류에 해당한다.

**오답분석**
① 무지의 오류 : '외계인이 있다는 증거가 없으므로 외계인은 존재하지 않는다.'처럼 어떠한 주장이 증명되지 않았다고 해서 그 반대의 주장이 참이라고 주장하는 오류이다.
② 결합의 오류 : '머리카락 1개가 빠지면 대머리가 되지 않는다. 2개가 빠져도, 100개가 빠져도 그렇다. 따라서 1만 개가 빠져도 대머리가 되지 않는다.'처럼 하나의 사례에는 오류가 없지만, 여러 사례를 잘못 결합하여 발생하는 오류이다.
③ 애매성의 오류 : '여자는 남자보다 약하다. 따라서 여자는 오래 살지 못한다.'처럼 애매한 어휘의 사용으로 발생하는 오류이다.
④ 과대 해석의 오류 : '퇴근길에 조심하세요.'라는 말을 퇴근길에만 조심하라는 의미로 받아들이는 것처럼 문맥을 무시하고 과도하게 문구에만 집착하여 발생하는 오류이다.

## 07　　　　　　　　　　　　　　　　　　　　정답 ④
ㄱ. A차장은 노인 이용자 대표와 논리적 토론을 통해 합리적 타협점을 찾고 있다. 이는 상이한 문화적 토양을 가지고 있는 구성원을 가정하여 서로의 생각을 직설적으로 주장하고 논쟁이나 협상을 통해 의견을 조정하는 하드 어프로치에 해당한다.
ㄴ. A센터장은 역할극과 브레인스토밍 기법을 통하여 직원들이 자발적으로 의견을 제시하고, 창의적인 해결방법을 도모할 수 있도록 촉진하고 있다. 이는 어떤 그룹이나 집단이 자발적으로 창의적인 문제해결을 할 수 있도록 촉진하는 퍼실리테이션에 해당한다.
ㄷ. A팀장은 B사원에게 실수에 대한 결과를 시사하여 실수를 줄일 수 있도록 넌지시 제안하였으며, 다른 팀원들에게도 B사원을 잘 도와줄 것을 요청하였다. A팀장은 중재자로서 같은 문화적 토양을 가지고 있는 팀원들이 서로 이해할 수 있도록 돕고, 권위와 공감에 의지하여 의견을 중재하고 있으므로 소프트 어프로치에 해당한다.

## 08　　　　　　　　　　　　　　　　　　　　정답 ⑤
'갖은'은 '골고루 다 갖춘. 또는 여러 가지의'를 의미하므로 옳은 어휘이다.

**오답분석**
① '겨루다'는 '서로 버티어 승부를 다툼'을 의미한다. 밑줄 친 어휘의 대상은 총구이므로 '활이나 총 따위를 쏠 때 목표물을 향해 방향과 거리를 잡음'을 의미하는 '겨누다'가 옳은 어휘이다.
② '늘이다'는 '본디보다 더 길어지게 함'을 의미한다. 밑줄 친 어휘의 대상은 수명이므로 '시간이나 기간을 길게 함'을 의미하는 '늘리다'가 옳은 어휘이다.
③ '겉잡다'는 '겉으로 보고 대강 짐작하여 헤아림'을 의미한다. 제시된 문장에서는 퍼져나가는 소문을 붙들어 잡을 수 없음을 의미하므로 '한 방향으로 치우쳐 흘러가는 형세 따위를 붙들어 잡음'을 의미하는 '걷잡다'가 옳은 어휘이다.
④ '가늠'은 '목표나 기준에 맞고 안 맞음을 헤아려 봄'을 의미한다. 제시된 문장에서는 정치적 성향에 따라 편을 나누는 것을 의미하므로 '쪼개거나 나누어 따로따로 되게 하는 일'을 의미하는 '가름'이 옳은 어휘이다.

## 09　　　　　　　　　　　　　　　　　　　　정답 ⑤
행정업무의 운영 및 혁신에 관한 규정 시행규칙 제2조에 따르면 공문서의 항목을 표시할 때에는 상위 항목부터 하위 항목까지 1. → 가. → 1) → 가) → (1) → (가) → ① → ㉮의 형태로 표시하여야 한다고 규정되어 있다.

## 10 정답 ③

행정업무의 운영 및 혁신에 관한 규정 시행규칙 제2조 제2항에 따르면 문서에 금액을 표기할 때는 아라비아 숫자로 쓰고, 숫자 다음에 괄호를 써 한글로 적어야 한다고 규정되어 있다. 또한 한글로 적을 때에는 숫자가 '1'일 경우 '일'이라는 표기를 하여야 하며, 금액 앞에 '금'은 붙여 써야 한다. 따라서 공문서의 금액 표기로 옳은 것은 ③이다.

## 11 정답 ④

두 팀장의 대화를 볼 때 부서원들의 소극적인 모습은 실수에 대한 무관용 문화, 엄격한 시스템, 실패에 대한 압박 등이 결정적인 요인으로 언급되고 있다. 이는 개인이나 팀장 간의 관계 문제가 아니라, 조직 전체의 분위기와 시스템에서 비롯된 임파워먼트 장애요인이므로 조직 차원의 장애요인으로 볼 수 있다.

### 임파워먼트(Empowerment)
조직구성원들을 신뢰하고 그들의 잠재력을 믿으며, 그 잠재력의 개발을 통해 고성과(High Performance) 조직이 되도록 하는 일련의 권한 위임 행위이다. 성공적인 임파워먼트는 조직의 모든 사람들로부터 시너지적이고 창조적인 에너지를 끌어내어 생산성이 향상되고, 사람들이 좋은 기회에 대한 큰 기대를 하게 되며 진보적이고 성공적인 조직을 만들 수 있게 된다. 그러나 이러한 임파워먼트는 4가지 차원의 장애요인이 있으므로 이를 파악하고 대처할 수 있어야 한다.

### 임파워먼트 장애요인
- 개인 차원 : 주어진 일을 해내는 역량의 결여, 동기의 결여, 결의의 부족, 책임감 부족, 의존성
- 대인 차원 : 다른 사람과의 성실성 결여, 약속 불이행, 성과를 제한하는 조직의 규범, 갈등처리 능력 부족, 승패의 태도
- 관리 차원 : 통제적 리더십 스타일, 효과적 리더십 발휘 능력 결여, 경험 부족, 정책 및 기획의 실행능력 결여, 비전의 효과적 전달능력 결여
- 조직 차원 : 공감대 형성이 없는 구조와 시스템, 제한된 정책과 절차

## 12 정답 ②

'포럼'은 특정 주제에 대해 토론하고 정보를 공유하며 의견을 교환하는 자리를 의미한다. 따라서 이를 우리말로 바르게 순화한 것은 '토론회'이다.

### 오답분석
① 테마 : 논의 또는 예술 작품 등 특정한 영역에서 다루는 중심 과제나 주된 내용 등을 뜻하는 말이다.
③ 팬데믹 : 세계보건기구(WHO)의 전염병 경보단계 1~6단계 중 최고 위험 등급에 해당하는 단계로, 특정 전염병이나 감염병이 세계적으로 대유행하는 상태를 말한다.
④ 랜드마크 : 특정 지역에서 그 지역을 대표할 수 있는 사물로, 타 지역과 구별되는 표시나 특징을 가지고 있는 것을 말한다.

## 13 정답 ②

A의 속력을 $x$ km/h라 하고, B의 속력을 $y$ km/h라고 할 때, 같은 방향으로 달릴 경우의 상대 속도는 $x-y$ 이고, 다른 방향으로 달릴 경우의 상대 속도는 $x+y$ 이다. 그러므로 다음 식이 성립한다.

- 같은 방향으로 달릴 경우 : $x-y=\dfrac{9}{1.5}=6$ km/h
- 다른 방향으로 달릴 경우 : $x+y=\dfrac{9}{0.5}=18$ km/h

위의 식을 연립하면 $x=12$ km/h, $y=6$ km/h이다.
A가 B를 업고 이동할 때 속력은 $12-2=10$ km/h이고, B가 A를 업고 이동할 때의 속력은 $6-1=5$ km/h이다. 그러므로 A는 B를 업고 10km/h의 속력으로 4.5km를 달렸으며, B는 A를 업고 5km/h의 속력으로 나머지 4.5km를 달렸으므로 걸린 시간은 다음과 같다.

$$\dfrac{4.5}{10}+\dfrac{4.5}{5}=1.35\text{시간}$$

따라서 걸린 시간을 분으로 환산하면 $1.35\times60=81$분이다.

## 14 정답 ①

정보기술은 정보를 생성, 저장, 처리, 전송, 관리하는 데 사용되는 모든 기술을 뜻하며 현대 사회는 정보기술의 발전으로 정보를 처리하는 데 필요한 데이터를 방대하게 수집하고 분석할 수 있다. 이러한 정보기술의 진보는 인공지능과 같이 인간의 판단이나 학습, 문제해결능력을 뛰어넘는 초지능을 가능하게 할 것이다.
따라서 빈칸에 들어갈 단어는 순서대로 정보기술, 데이터, 초지능이다.

## 15 정답 ②

'된서리'는 늦가을에 아주 되게 내리는 서리를 의미하며, 이런 특성으로 인해 모진 재앙이나 타격을 비유적으로 이르는 말이다. 따라서 가장 비슷한 어휘는 '어떤 일에서 크게 기를 꺾음. 또는 그로 인한 손해·손실'을 의미하는 '타격(打擊)'이다.

### 오답분석
① 타계(他界) : 인간계를 떠나서 다른 세계로 간다는 뜻으로, 사람의 죽음 특히 귀인(貴人)의 죽음을 이르는 말
③ 타점(打點) : 붓이나 펜 따위로 점을 찍음. 야구에서 안타 따위로 득점한 점수
④ 타락(墮落) : 올바른 길에서 벗어나 잘못된 길로 빠지는 일
⑤ 타산(打算) : 자신에게 도움이 되는지를 따져 헤아림

## 16  정답 ③

빈칸에 들어갈 단어의 대상은 앞의 애민주의이므로 '어떤 명목을 붙여 주의나 주장 또는 처지를 앞에 내세움'을 의미하는 '표방(標榜)'이 가장 적절한 단어이다.

**오답분석**
① 표징(表徵) : 겉으로 드러나는 특징이나 상징
② 표집(標集) : 사회 조사에서 모집단의 특성을 잘 반영할 수 있는 표본을 추출하는 방법
④ 표류(漂流) : 물 위에 떠서 정처 없이 흘러감
⑤ 표리(表裏) : 물체의 겉과 속 또는 안과 밖을 통틀어 이르는 말

## 17  정답 ①

①의 '차원'은 '물리학적 구성 요소인 시간'을 의미한다. 반면 나머지는 '사물을 보거나 생각하는 처지. 또는 어떤 생각이나 의견 따위를 이루는 사상이나 학식의 수준'을 의미한다.

## 18  정답 ①

A씨의 소규모 카페는 잘못된 위치 선정, 치열한 경쟁, 운영 경험 부족 등 여러 위기를 겪게 되었지만, A씨는 위기를 기회로 삼아 성공한 컨설팅 업체라는 좋은 결과를 얻었다. 따라서 '화를 바꾸어 복이 되게 하다.'의 의미를 지닌 '전화위복(轉禍爲福)'이 가장 관련 있는 한자성어이다.

**오답분석**
② 사필귀정(事必歸正) : 모든 일은 반드시 바른길로 돌아감
③ 일취월장(日就月將) : 나날이 다달이 자라거나 발전함
④ 우공이산(愚公移山) : 어떤 일이든 끊임없이 노력하면 반드시 이루어짐

## 19  정답 ①

A씨는 고향 친구의 말끔한 정장을 보고, 부자일 확률보다 부자이면서 좋은 차 끌고 다닐 확률이 높다고 생각하고 있다. 이는 두 사건(부자, 좋은 차 소유)이 동시에 일어날 확률이 실제로는 각 사건 중 하나가 단독으로 일어날 확률보다 항상 작거나 같음에도 불구하고, 두 사건이 동시에 일어날 확률이 더 높다고 잘못 판단하는 인지적 편향이다. 따라서 A씨의 사례는 결합의 오류에 해당한다.

**오답분석**
② 무지의 오류 : '담배가 암을 일으킨다는 확실한 증거가 없으므로 정부의 금연 정책은 잘못된 것이다.'처럼 어떤 논리가 증명되지 않았다고 해서 그 반대의 주장이 참이라고 단정하는 오류이다.
③ 연역법의 오류 : 'TV를 많이 보면 눈이 나빠진다.', '철수는 TV를 많이 보지 않는다.', '따라서 철수는 눈이 나빠지지 않는다.'처럼 대전제와 주장이 잘못 연결되었지만, 삼단논법에 의하기 때문에 참이라고 단정하는 오류이다.
④ 과대 해석의 오류 : '퇴근길에 조심하세요.'라는 말을 퇴근길에만 조심하라는 의미로 받아들이는 것처럼 문맥을 무시하고 과도하게 문구에만 집착하여 발생하는 오류이다.

## 20  정답 ②

'맹아(萌芽)'는 '풀이나 나무에 새로 돋아 나오는 싹, 사물의 시초가 되는 것'을 뜻하는 말이다.

**오답분석**
① 호도(糊塗) : 풀을 바른다는 뜻으로, 명확하게 결말을 내지 않고 일시적으로 감추거나 흐지부지 덮어 버림을 비유적으로 이르는 말
③ 무마(撫摩) : 분쟁이나 사건 따위를 어물어물 덮어 버림
④ 은폐(隱蔽) : 덮어 감추거나 가리어 숨김

## 21  정답 ③

③에 쓰인 '불이 붙었다'는 비유적으로 어떤 일이나 감정 따위가 치솟기 시작함을 의미한다.

**오답분석**
①・②・④ '물체에 불이 붙어 타기 시작하다'의 의미로 사용되었다.

## 22  정답 ②

등변 사다리꼴의 가장자리(변)를 따라 2m 간격으로 의자를 배치하므로 둘레를 구해야 한다. K고등학교의 운동장은 20m의 정사각형 공간에 양쪽에 밑변이 15m, 높이가 20m인 직각삼각형이 붙어있는 형태이므로 피타고라스 정리에 따라 빗변의 길이 $x$m는 다음과 같다.
$x^2 = 15^2 + 20^2 = 625$
$\therefore x = \sqrt{625} = 25$
그러므로 K고등학교 운동장의 둘레는 $20+25+50+25=120$m이며, 2m 간격으로 의자를 배치하므로 $120 \div 2 = 60$개의 의자를 배치할 수 있다(시작점과 끝점이 같은 폐곡선의 형태이므로 1을 더하지 않음).
따라서 의자에 앉을 수 있는 학생의 수는 60명이다.

## 23  정답 ③

현대사회에서 기업은 일을 수행하는 데 소요되는 시간을 줄이기 위해 많은 노력을 기울이고 있다. 기업의 입장에서 작업 소요 시간의 단축으로 인해 볼 수 있는 효과는 다음과 같다.

- 생산성 향상 : 시간당 산출량이 증가하여 같은 시간 안에 더 많은 제품이나 서비스를 제공할 수 있으므로 노동 생산성이 향상된다.
- 가격 인상 : 일을 수행할 때 소요되는 시간을 단축함으로써 비용이 절감되고, 상대적으로 이익이 늘어남으로써 사실상 가격 인상 효과가 있다.
- 위험 감소 : 위험에 노출되는 시간을 줄이고, 계획적 작업 운영을 통해 불확실성이 감소하므로 위험이 감소하는 효과가 있다.
- 시장 점유율 증가 : 빠르고 효율적인 생산은 납기 준수 능력 향상, 원가 절감, 품질 유지로 이어지므로 고객 만족도를 높이고, 결과적으로 경쟁사보다 유리한 조건을 만들며 시장 점유율 확대에 기여한다.

한편, 정확한 예산 분배는 효율적인 예산관리를 통하여 기업이 얻을 수 있는 효과이다.

## 24  정답 ④
**효율적이고 합리적인 인사관리 원칙**
- 적재적소 배치의 원칙 : 해당 직무 수행에 가장 적합한 인재를 배치해야 한다.
- 공정 보상의 원칙 : 근로자의 인권을 존중하고 공헌도에 따라 노동의 대가를 공정하게 지급해야 한다.
- 공정 인사의 원칙 : 직무 배당, 승진, 상벌, 근무 성적의 평가, 임금 등을 공정하게 처리해야 한다.
- 종업원 안정의 원칙 : 직장에서 신분이 보장되고 계속해서 근무할 수 있다는 믿음을 갖게 하여 근로자가 안정된 회사 생활을 할 수 있도록 해야 한다.
- 창의력 계발의 원칙 : 근로자가 창의력을 발휘할 수 있도록 새로운 제안, 건의 등의 기회를 마련하고, 적절한 보상을 하여 인센티브를 제공해야 한다.
- 단결의 원칙 : 직장 내에서 구성원들이 소외감을 갖지 않도록 배려하고, 서로 유대감을 가지고 협동, 단결하는 체제를 이루도록 한다.

## 25  정답 ③
회전대응의 원칙은 입·출하의 빈도가 높은 품목은 출입구 가까운 곳에 보관하는 것으로, 활용빈도가 상대적으로 높은 물품을 가져다 쓰기 쉬운 위치에 먼저 보관하는 방식을 말한다.

**오답분석**
① 동일성의 원칙 : 같은 품종은 같은 장소에 보관하는 원칙이다.
② 유사성의 원칙 : 유사품은 인접한 장소에 보관하는 원칙이다.
④ 기호화의 원칙 : 바코드, QR코드 등 물품을 기호화하여 관리하는 것을 의미한다.

## 26  정답 ④
쉼이란 대화 도중에 잠시 침묵하는 것으로, 쉼을 활용함으로써 논리성, 감정 제고, 동질감 등을 확보할 수 있다. 쉼을 사용하는 대표적인 경우는 다음과 같다.
- 이야기의 전이 시(흐름을 바꾸거나 다른 주제로 넘어갈 때)
- 양해, 동조, 반문의 경우
- 생략, 암시, 반성의 경우
- 여운을 남길 때

반면, 연단공포증은 면접이나 발표 등 청중 앞에서 이야기할 때 가슴이 두근거리고, 입술이 타고, 식은땀이 나고, 얼굴이 달아오르는 생리적인 현상으로, 쉼과는 관련이 없다. 연단공포증은 90% 이상의 사람들이 호소하는 불안이므로 극복하기 위해서는 연단공포증에 대한 걱정을 떨쳐내고 이러한 심리현상을 잘 통제하여 의사 표현하는 것을 연습해야 한다.

## 27  정답 ③
미국의 심리학자인 도널드 키슬러는 대인관계 의사소통 방식을 체크리스트로 평가하여 8가지 유형으로 구분하였다. 이 중 친화형은 따뜻하고 배려심이 깊으며, 타인과의 관계를 중시하는 유형이다. 또한 협동적이고 조화로운 성격으로, 자기희생적인 경향이 강하다.

**키슬러의 대인관계 의사소통 유형**
- 지배형 : 자신감이 있고 지도력이 있으나 논쟁적이고 독단이 강하여 대인 갈등을 겪을 수 있으므로 타인의 의견을 경청하고 수용하는 자세가 필요하다.
- 실리형 : 이해관계에 예민하고 성취 지향적으로 경쟁적인 데다 자기중심적이어서 타인의 입장을 배려하고 관심을 갖는 자세가 필요하다.
- 냉담형 : 이성적인 의지력이 강하고 타인의 감정에 무관심하며 피상적인 대인관계를 유지하므로 타인의 감정 상태에 관심을 가지고 긍정적인 감정을 표현하는 것이 필요하다.
- 고립형 : 혼자 있는 것을 선호하고 사회적 상황을 회피하며 지나치게 자신의 감정을 억제하므로 대인관계의 중요성을 인식하고 타인에 대한 비현실적인 두려움의 근원을 성찰하는 것이 필요하다.
- 복종형 : 수동적이고 의존적이며 자신감이 없으므로 적극적인 자기표현과 주장이 필요하다.
- 순박형 : 단순하고 솔직하며 자기주관이 부족하므로 자기주장을 하는 노력이 필요하다.
- 친화형 : 따뜻하고 인정이 많고 자기희생적이나 타인의 요구를 거절하지 못하므로 타인과의 정서적인 거리를 유지하는 노력이 필요하다.
- 사교형 : 외향적이고 인정하는 욕구가 강하며, 타인에 대한 관심이 많아서 간섭하는 경향이 있고 흥분을 잘하므로 심리적 안정과 지나친 인정욕구에 대한 성찰이 필요하다.

## 28  정답 ③
농도가 15%인 소금물 200g의 소금의 양은 $200 \times \frac{15}{100} = 30g$이고, 농도가 20%인 소금물 300g의 소금의 양은 $300 \times \frac{20}{100} = 60g$이다.

따라서 두 소금물을 섞었을 때의 농도는 $\frac{30+60}{200+300} \times 100 = \frac{90}{500} \times 100 = 18\%$이다.

## 29
정답 ③

동성끼리 인접하지 않아야 하므로 남직원과 여직원 모두 번갈아 앉아야 한다. 이때 여직원 D의 자리를 기준으로 남직원 B가 옆에 앉는 경우를 다음과 같이 나눌 수 있다.

- 첫 번째, 여섯 번째 자리에 여직원 D가 앉는 경우
  남직원 B가 여직원 D 옆에 앉는 경우는 1가지뿐으로, 남은 자리에 남직원, 여직원이 번갈아 앉으므로 경우의 수는 $2 \times 1 \times 2! \times 2! = 8$가지이다.
- 두 번째, 세 번째, 네 번째, 다섯 번째 자리에 여직원 D가 앉는 경우
  각 경우에 대하여 남직원 B가 여직원 D 옆에 앉는 경우는 2가지이다. 남은 자리에 남직원, 여직원이 번갈아 앉으므로 경우의 수는 $4 \times 2 \times 2! \times 2! = 32$가지이다.

따라서 구하고자 하는 경우의 수는 $8 + 32 = 40$가지이다.

## 30
정답 ④

제시된 수열은 홀수 항일 때 +12, +24, +48, …이고, 짝수 항일 때 +20인 수열이다.
따라서 빈칸에 들어갈 수는 $13 + 48 = 61$이다.

## 31
정답 ③

A~F 모두 문맥을 무시하고 일부 문구에만 집착하여 뜻을 해석하고 있으므로 '과대 해석의 오류'를 범하고 있다. 과대 해석의 오류는 전체적인 상황이나 맥락을 고려하지 않고 특정 단어나 문장에만 집착하여 의미를 해석하는 오류로, 글의 의미를 지나치게 확대하거나 축소하여 생각하고, 문자 그대로의 의미에만 너무 집착하여 다른 가능성이나 해석을 배제하게 되는 논리적 오류이다.

### 오답분석
① 무지의 오류 : '신이 존재하지 않음이 증명되지 않았으므로 신은 존재한다.'처럼 증명되지 않았다고 해서 그 반대의 주장이 참이라고 생각하는 오류이다.
② 연역법의 오류 : '조류는 날 수 있다. 펭귄은 조류이다. 따라서 펭귄은 날 수 있다.'처럼 잘못된 삼단논법에 의해 발생하는 논리적 오류이다.
④ 허수아비 공격의 오류 : '저 사람은 과거에 거짓말을 한 적이 있으니 이번에 일어난 사기 사건의 범인이다.'처럼 개별적인 인과관계를 입증하지 않고 전혀 상관없는 별개의 논리를 만들어 공격하는 논리적 오류이다.
⑤ 권위나 인신공격에 의존한 논증 : '제정신을 가진 사람이면 그런 주장을 할 수가 없다.'처럼 상대방의 주장 대신 인격을 공격하거나, '최고 권위자인 A교수도 이런 말을 했습니다.'처럼 자신의 논리적인 약점을 권위자를 통해 덮으려는 논리적 오류이다.

## 32
정답 ⑤

스마트팜 관련 정부 사업 참여 경험은 K사의 강점 요인이다. 또한 정부의 적극적인 지원은 스마트팜 시장 성장에 따른 기회 요인이다. 따라서 스마트팜 관련 정부 사업 참여 경험을 바탕으로 정부의 적극적인 지원을 확보하는 것은 내부의 강점을 통해 외부의 기회 요인을 극대화하는 SO전략에 해당한다.

### 오답분석
①·②·③·④ 외부의 기회를 이용하여 내부의 약점을 보완하는 WO전략에 해당한다.

## 33
정답 ②

K대학교 기숙사 운영위원회는 단순히 '기숙사에 문제가 있다.'라는 큰 문제에서 벗어나 식사, 시설, 통신환경이라는 세 가지 주요 문제를 파악하고 문제별로 다시 세분화하여 더욱 구체적으로 인과관계 및 구조를 파악하여 분석하고 있다. 따라서 제시문에서 나타난 문제해결절차는 '문제 도출'이다.

**문제해결절차 5단계**
1. 문제 인식 : 해결해야 할 전체 문제를 파악하여 우선순위를 정하고 선정 문제에 대한 목표를 명확히 하는 단계
2. 문제 도출 : 선정된 문제를 분석하여 해결해야 할 것이 무엇인지를 명확히 하는 단계로, 현상에 대한 문제를 분해하여 인과관계 및 구조를 파악하는 단계
3. 원인 분석 : 파악된 핵심 문제에 대한 분석을 통해 근본 원인을 도출해 내는 단계
4. 해결안 개발 : 문제로부터 도출된 근본 원인을 효과적으로 해결할 수 있는 최적의 해결 방안을 수립하는 단계
5. 실행 및 평가 : 해결안 개발을 통해 만들어진 실행 계획을 실제 상황에 적용하는 단계로, 해결안을 통해 문제의 원인들을 제거해 나가는 단계

## 34
정답 ③

~율 / 률의 앞 글자가 'ㄱ' 받침을 가지고 있으므로 '출석률'이 옳은 표기이다.

**~율과 ~률의 구별**
- ~율 : 앞 글자의 받침이 없거나 받침이 'ㄴ'인 경우 → 비율, 환율, 백분율
- ~률 : 앞 글자의 받침이 있는 경우(단, 'ㄴ' 받침 제외) → 능률, 출석률, 이직률, 합격률

## 35     정답 ③

합격자 중 남성과 여성의 비율이 2:3이므로 남성 합격자는 32명, 여성 합격자는 48명이다. 불합격한 사람의 수는 남성과 여성이 같으므로 남성 지원자의 수는 $(32+a)$명, 여성 지원자의 수는 $(48+a)$명이다.
전체 지원자의 성비가 6:7이므로 $a$를 구하는 식은 다음과 같다.
$(32+a):(48+a)=6:7$
→ $7\times(32+a)=6\times(48+a)$
→ $224+7a=288+6a$
→ $7a-6a=288-224$
∴ $a=64$
따라서 전체 지원자 수는 $(32+64)+(48+64)=208$명이다.

## 36     정답 ②

빅데이터 분석을 기획하고자 할 때는 먼저 범위를 설정한 다음 프로젝트를 정의해야 한다. 그 후에 수행 계획을 수립하고 위험 계획을 수립해야 한다.

## 37     정답 ⑤

'비상구'는 '화재나 지진 따위의 갑작스러운 사고가 일어날 때에 급히 대피할 수 있도록 특별히 마련한 출입구'이다. 따라서 이와 가장 비슷한 단어는 '갇힌 곳에서 빠져나가거나 도망하여 나갈 수 있는 출구'를 의미하는 '탈출구'이다.

**오답분석**
① 진입로 : 들어가는 길
② 출입구 : 나갔다가 들어왔다가 하는 어귀나 문
③ 돌파구 : 가로막은 것을 쳐서 깨뜨려 통과할 수 있도록 뚫은 통로나 목
④ 여울목 : 여울물(강이나 바다 따위의 바닥이 얕거나 폭이 좁아 물살이 세게 흐르는 곳의 물)이 턱진 곳

## 38     정답 ④

A열차가 터널을 진입하고 빠져나오는 데 걸린 시간은 14초이다. B열차는 A열차보다 5초 늦게 진입하고 5초 빠르게 빠져나왔으므로 터널을 진입하고 빠져나오는 데 걸린 시간은 $14-5-5=4$초이다.
따라서 같은 거리를 빠져나오는 데 A는 14초, B는 4초가 걸렸으므로 B열차는 A열차보다 3.5배 빠르다.

## 39     정답 ③

A팀은 5일마다, B팀은 4일마다 회의실을 사용하므로 두 팀이 회의실을 사용하고자 하는 날은 20일마다 겹친다. 첫 번째 겹친 날에 A팀이 먼저 사용했으므로 20일 동안 A팀이 회의실을 사용한 횟수는 4회이다. 두 번째 겹친 날에는 B팀이 사용하므로 40일 동안 A팀이 회의실을 사용한 횟수는 7회이고, 세 번째로 겹친 날에는 A팀이 회의실을 사용하므로 60일 동안 A팀은 회의실을 11회 사용하였다. 이를 표로 정리하면 다음과 같다.

| 겹친 횟수 | 첫 번째 | 두 번째 | 세 번째 | 네 번째 | 다섯 번째 | … | $(n-1)$ 번째 | $n$ 번째 |
|---|---|---|---|---|---|---|---|---|
| 회의실 사용 팀 | A팀 | B팀 | A팀 | B팀 | A팀 | … | A팀 | B팀 |
| A팀의 회의실 사용 횟수 | 4회 | 7회 | 11회 | 14회 | 18회 | … | | |

겹친 날을 기준으로 A팀은 9회, B팀은 8회를 사용하였으므로 다음으로는 B팀이 회의실을 사용할 순서이다. 이때, B팀이 $m$번째로 회의실을 사용할 순서라면 A팀이 이때까지 회의실을 사용한 횟수는 $7m$회이다. 따라서 B팀이 겹친 날을 기준으로 회의실을 8회까지 사용하였고, 9번째로 사용할 순서이므로 이때까지 A팀이 회의실을 사용한 횟수는 최대 $7\times9=63$회이다.

## 40     정답 ①

㉠ 짜깁기 : 기존의 글이나 영화 따위를 편집하여 하나의 완성품으로 만드는 일
㉡ 뒤처지다 : 어떤 수준이나 대열에 들지 못하고 뒤로 처지거나 남게 되다.

**오답분석**
• 짜집기 : 짜깁기의 비표준어형
• 뒤쳐지다 : 물건이 뒤집혀서 젖혀지다.

## 41     정답 ④

공문서에서 날짜를 작성할 때 날짜 다음에 괄호를 사용할 경우에는 마침표를 찍지 않아야 한다.

**공문서 작성 시 유의사항**
• 한 장에 담아내는 것이 원칙이다.
• 마지막엔 반드시 '끝'자로 마무리한다.
• 날짜 다음에 괄호를 사용할 경우에는 마침표를 찍지 않는다.
• 복잡한 내용은 항목별로 구분한다('-다음-', 또는 '-아래-').
• 대외문서이며 장기간 보관되는 문서이므로 정확하게 기술한다.

## 42
정답 ③

영서가 1시간 동안 빚을 수 있는 만두의 수를 $x$개, 어머니가 1시간 동안 빚을 수 있는 만두의 수를 $y$개라 할 때 다음 식이 성립한다.

$\frac{2}{3}(x+y)=60 \cdots$ ㉠

$y=x+10 \cdots$ ㉡

㉠ $\times \frac{3}{2}$ 에 ㉡을 대입하면 다음과 같다.

$x+(x+10)=90$

$\rightarrow 2x=80$

$\therefore x=40$

따라서 영서는 혼자서 1시간 동안 40개의 만두를 빚을 수 있다.

## 43
정답 ④

- 1,000 이상 10,000 미만
  맨 앞과 맨 뒤의 수가 같은 경우는 1~9의 수가 올 수 있으므로 9가지이고, 각각의 경우에 따라 두 번째 수와 네 번째 수로 0~9의 수가 올 수 있으므로 경우의 수는 10가지이다. 그러므로 모든 네 자리 대칭수의 개수는 $9 \times 10 = 90$이다.

- 10,000 이상 50,000 미만
  맨 앞과 맨 뒤의 수가 같은 경우는 1, 2, 3, 4의 수가 올 수 있으므로 4가지이고, 각각의 경우에 따라 두 번째 수와 네 번째 수로 0~9의 수가 올 수 있으므로 경우의 수는 10가지, 그 각각의 경우에 따라 세 번째에 올 수 있는 수 또한 0~9의 수가 올 수 있으므로 경우의 수는 10가지이다. 그러므로 10,000~50,000 사이의 대칭수의 개수는 $4 \times 10 \times 10 = 400$개이다.

따라서 1,000 이상 50,000 미만의 모든 대칭수의 개수는 $90+400=490$개이다.

## 44
정답 ④

어떤 자연수의 모든 자릿수의 합이 3의 배수일 때, 그 자연수는 3의 배수이다. 그러므로 $2+5+\square$의 값이 3의 배수일 때, 25□는 3의 배수이다. $2+5=7$이므로 $7+\square$의 값이 3의 배수가 되도록 하는 □의 값은 2, 5, 8이다. 따라서 가능한 모든 자연수의 합은 $2+5+8=15$이다.

## 45
정답 ③

사회적 기업은 수익 창출을 통해 자립적인 운영을 추구하고, 사회적 문제해결과 경제적 성장을 동시에 달성하려는 특징을 가진 기업 모델로, 영리 조직에 해당한다.

**영리 조직과 비영리 조직**
- 영리 조직 : 이윤 추구를 주된 목적으로 하는 집단으로, 일반적인 사기업이 해당된다.
- 비영리 조직 : 사회적 가치 실현을 위해 공익을 추구하는 집단으로, 자선단체, 의료기관, 교육기관, 비정부기구(NGO) 등이 해당된다.

## 46
정답 ③

5km/h의 속력으로 움직이는 무빙워크로 이동하는 데 36초가 걸렸으므로 무빙워크의 거리 $x$는 다음과 같다.

$x=36 \times \frac{5}{3,600}=0.05$km

무빙워크 위에서 시간당 4km의 속력으로 걸을 때의 속력은 $5+4=9$km/h이므로 이동하는 데 걸리는 시간 $y$는 다음과 같다.

$y=\frac{0.05}{9}$ 시간

1시간은 3,600초이므로 시간 $y$를 초 단위로 구하면 다음과 같다.

$y=\frac{0.05}{9} \times 3,600=20$초

따라서 무빙워크 위에서 같은 방향으로 걸어 이동할 때 걸리는 시간은 20초이다.

## 47
정답 ⑤

팀 목표를 달성하도록 팀원을 격려하는 환경을 조성하기 위해서는 동료의 피드백이 필요하다. 긍정이든 부정이든 피드백이 없다면 팀원들은 개선을 이루거나 탁월한 성과를 내고자 하는 노력을 게을리하게 된다.

**동료의 피드백을 장려하는 4단계**
1. 간단하고 분명한 목표와 우선순위를 설정하라.
2. 행동과 수행을 관찰하라.
3. 즉각적인 피드백을 제공하라.
4. 뛰어난 수행성과에 대해 인정하라.

## 48
정답 ②

업무적으로 내적 동기를 유발하기 위해서는 업무 관련 교육을 꾸준히 하여야 한다.

**내적 동기를 유발하는 방법**
- 긍정적 강화법 활용하기
- 새로운 도전의 기회 부여하기
- 창의적인 문제해결법 찾기
- 자신의 역할과 행동에 책임감 갖기
- 팀원들을 지도 및 격려하기
- 변화를 두려워하지 않기
- 지속적인 교육 실시하기

## 49
정답 ②

갈등 정도와 조직 성과에 대한 그래프에서 갈등이 X점 수준일 때에는 조직 내부의 의욕이 상실되고 환경의 변화에 대한 적응력도 떨어져 조직 성과가 낮아진다. 갈등이 Y점 수준일 때에는 갈등의 순기능이 작용하여 조직 내부에 생동감이 넘치고 변화 지향적이며 문제해결능력이 발휘되어 조직 성과가 높아진다. 반면, 갈등이 Z점 수준일 때에는 오히려 갈등의 역기능이 작용하여 조직 내부에 혼란과 분열이 발생하고 조직 구성원들이 비협조적이 되어 조직 성과는 낮아지게 된다.

## 50
정답 ⑤

'말로는 친한 듯 하나 속으로는 해칠 생각이 있음'을 뜻하는 한자성어는 '口蜜腹劍(구밀복검)'이다.
- 刻舟求劍(각주구검) : 융통성 없이 현실에 맞지 않는 낡은 생각을 고집하는 어리석음

**오답분석**
① 水魚之交(수어지교) : 아주 친밀하여 떨어질 수 없는 사이
② 結草報恩(결초보은) : 죽은 뒤에라도 은혜를 잊지 않고 갚음
③ 靑出於藍(청출어람) : 제자나 후배가 스승이나 선배보다 나음
④ 指鹿爲馬(지록위마) : 윗사람을 농락하여 권세를 마음대로 함

## 51
정답 ③

한자어에서 'ㄹ' 받침 뒤에 연결되는 'ㄷ, ㅅ, ㅈ'은 된소리로 발음되므로 [몰쌍식]으로 발음해야 한다.

**오답분석**
①·④ 받침 'ㄴ'은 'ㄹ'의 앞이나 뒤에서 [ㄹ]로 발음하지만, 결단력, 공권력, 상견례 등에서는 [ㄴ]으로 발음한다.
② 받침 'ㄱ(ㄲ, ㅋ, ㄳ, ㄺ), ㄷ(ㅅ, ㅆ, ㅈ, ㅊ, ㅌ, ㅎ), ㅂ(ㅍ, ㄼ, ㄿ, ㅄ)'은 'ㄴ, ㅁ' 앞에서 [ㅇ, ㄴ, ㅁ]으로 발음한다.
⑤ 받침 'ㄷ, ㅌ(ㄾ)'이 조사나 접미사의 모음 'ㅣ'와 결합되는 경우에는 [ㅈ, ㅊ]으로 바꾸어서 뒤 음절 첫소리로 옮겨 발음한다.

## 52
정답 ④

나열된 수의 규칙은 (첫 번째 수)×[(두 번째 수)−(세 번째 수)]=(네 번째 수)이다.
따라서 빈칸에 들어갈 수는 $9 \times (16-9) = 63$이다.

## 53
정답 ③

**팔로워십의 유형**

| 구분 | 자아상 | 동료 / 리더의 시각 | 조직에 대한 자신의 느낌 |
| --- | --- | --- | --- |
| 소외형 | • 자립적인 사람<br>• 일부러 반대의견 제시<br>• 조직의 양심 | • 냉소적<br>• 부정적<br>• 고집이 셈 | • 자신을 인정해 주지 않음<br>• 적절한 보상이 없음<br>• 불공정하고 문제가 있음 |
| 순응형 | • 기쁜 마음으로 과업 수행<br>• 팀플레이를 함<br>• 리더나 조직을 믿고 헌신함 | • 아이디어가 없음<br>• 인기 없는 일은 하지 않음<br>• 조직을 위해 자신의 요구를 양보 | • 기존 질서를 따르는 것이 중요<br>• 리더의 의견을 거스르지 못함<br>• 획일적인 태도와 행동에 익숙함 |
| 실무형 | • 조직의 운영 방침에 민감<br>• 사건을 균형 잡힌 시각으로 봄<br>• 규정과 규칙에 따라 행동함 | • 개인의 이익을 극대화하기 위한 흥정에 능함<br>• 적당한 열의와 수완으로 업무 진행 | • 규정 준수를 강조<br>• 명령과 계획의 빈번한 변경<br>• 리더와 부하 간의 비인간적 풍토 |
| 수동형 | • 판단, 사고를 리더에 의존<br>• 지시가 있어야 행동 | • 하는 일이 없음<br>• 제 몫을 하지 못함<br>• 업무 수행에는 감독이 필요 | • 조직이 나의 아이디어를 원치 않음<br>• 노력과 공헌을 해도 소용이 없음<br>• 리더는 항상 자기 마음대로 함 |

## 54
정답 ③

**갈등의 과정 단계**

1. 의견 불일치 : 서로 생각이나 신념, 가치관, 성격이 다르므로 다른 사람들과 의견의 불일치를 가져온다. 의견 불일치는 상대방의 생각과 동기를 설명하는 기회를 주고 대화를 나누다 보면 오해가 사라지고 더 좋은 관계로 발전할 수 있지만, 그냥 내버려 두면 심각한 갈등으로 발전하게 된다.
2. 대결 국면 : 의견 불일치가 해소되지 않아 발생하며, 단순한 해결방안은 없고 다른 새로운 해결점을 찾아야 한다. 대결 국면에 이르게 되면 감정이 개입되어 상대방의 주장에 대한 문제점을 찾기 시작하고, 자신의 입장에 대해서는 그럴듯한 변명으로 옹호하면서 양보를 완강히 거부하는 상태에 이르는 등 상대방의 입장은 부정하면서 자기주장만 하려고 한다. 서로의 입장을 고수하려는 강도가 높아지면 긴장은 높아지고 감정적인 대응이 더욱 격화된다.
3. 격화 국면 : 상대방에 대하여 더욱 적대적으로 변하고, 설득을 통해 문제를 해결하기보다 강압적, 위협적인 방법을 쓰려고 하며, 극단적인 경우 언어폭력이나 신체적 폭행으로 번지기도 한다. 상대방에 대한 불신과 좌절, 부정적인 인식이 확산되면서 갈등 요인이 다른 요인으로 번지기도 한다. 격화 국면에서는 상대방의 생각이나 의견, 제안을 부정하고, 상대방은 그에 대한 반격을 함으로써 자신들의 반격을 정당하게 생각한다.
4. 진정 국면 : 계속되는 논쟁과 긴장이 시간과 에너지를 낭비하고 있음을 깨달으며, 갈등상태가 무한정 유지될 수 없다는 것을 느끼고 흥분과 불안이 가라앉으면서 이성과 이해의 원상태로 돌아가려 한다. 이후 협상과정을 통해 쟁점이 되는 주제를 논의하고 새로운 제안을 하며 대안을 모색하게 된다. 진정 국면에서는 중개자, 조정자 등의 제3자가 개입함으로써 갈등 당사자 간에 신뢰를 쌓고 문제를 해결하는 데 도움이 되기도 한다.
5. 갈등의 해소 : 진정 국면에 들어서면 갈등 당사자들은 문제를 해결하지 않고는 자신들의 목표를 달성하기 어렵다는 것을 알게 된다. 모두가 만족할 수 없는 경우도 있지만, 불일치한 서로 간의 의견을 일치하려고 한다. 갈등의 해소는 회피형, 지배 또는 강압형, 타협형, 순응형, 통합 또는 협력형 등의 방법으로 이루어진다.

## 55
정답 ②

**대인관계 유형별 특징**

| 구분 | 특징 |
| --- | --- |
| 지배형 | • 대인관계에 자신이 있으며 자기주장이 강하고 타인에 대해 주도권을 행사함<br>• 지도력과 추진력이 있어서 집단적인 일을 잘 지휘함<br>• 강압적이고 독단적, 논쟁적이어서 타인과 잦은 마찰을 빚음<br>• 윗사람의 지시에 순종적이지 못하고 거만하게 보일 수 있음 |
| 실리형 | • 대인관계에서 이해관계에 예민하고 치밀하며 성취 지향적<br>• 자기중심적이고 경쟁적이며 자신의 이익을 우선적으로 생각하기 때문에 타인에 대한 관심과 배려가 부족함<br>• 타인을 신뢰하지 못하고 불공평한 대우에 예민하며 자신에게 피해를 입힌 사람에게는 보복하는 경향을 보임 |
| 냉담형 | • 이성적이고 냉철하며 의지력이 강하고 타인과 거리를 두며 대인관계를 맺는 경향이 있음<br>• 타인의 감정에 무관심하고 상처 주기 쉬움<br>• 따뜻하고 긍정적인 감정을 표현하기 어렵고 오랜 기간 깊게 사귀지 못함 |
| 고립형 | • 혼자 있거나, 혼자 일하는 것을 좋아하며 감정을 잘 드러내지 않음<br>• 타인을 두려워하고 사회적 상황을 회피하며 자신의 감정을 지나치게 억제함<br>• 침울한 기분이 지속되고 우유부단하며 사회적으로 고립될 가능성이 있음 |
| 복종형 | • 대인관계에서 수동적이고 의존적이며 타인의 의견을 잘 따르고 주어진 일을 순종적으로 잘함<br>• 자신감이 없고 타인의 주목을 받는 일을 피함<br>• 자신이 원하는 바를 타인에게 잘 전달하지 못함<br>• 자신의 의견과 태도를 확고하게 지니지 못하며 상급자의 위치에서 일하는 것을 부담스러워 함 |
| 순박형 | • 단순하고 솔직하며 대인관계에서 너그럽고 겸손한 경향이 있음<br>• 타인에게 잘 설득당해 주관 없이 너무 끌려 다닐 수 있으며 잘 속거나 이용당할 가능성이 높음<br>• 원치 않는 타인의 의견에 반대하지 못하고 화가 나도 타인에게 알리기 어려움 |
| 친화형 | • 따뜻하고 인정이 많으며 대인관계에서 타인을 잘 배려하여 도와주고 자기희생적인 태도를 취함<br>• 타인을 즐겁게 해주려고 지나치게 노력하며 타인의 고통과 불행을 보면 도와주려고 과도하게 나서는 경향이 있음<br>• 타인의 요구를 잘 거절하지 못하고 타인의 필요를 자신의 것보다 앞세우는 경향이 있음 |
| 사교형 | • 외향적이고 쾌활하며 타인과 함께 대화하기를 좋아하고 타인으로부터 인정받고자 하는 욕구가 강함<br>• 혼자서 시간 보내는 것을 어려워하며 타인의 활동에 관심이 많아 간섭하며 나서는 경향이 있음<br>• 흥분을 잘하고 충동적인 성향이 있으며 타인의 시선을 끄는 행동을 많이 하거나 자신의 개인적인 일을 타인에게 너무 많이 이야기하는 경향이 있음 |

## 56  정답 ③

직장 내 괴롭힘이 성립하려면 다음의 행위요건이 성립해야 한다.
- 직장에서의 지위 또는 관계 등의 우위를 이용할 것
- 업무상 적정 범위를 넘는 행위일 것
- 신체적·정신적 고통을 주거나 근무환경을 악화시키는 행위일 것

A팀장이 지위를 이용하여 B사원에게 수차례 업무를 지시했지만 이는 업무상 필요성이 있는 정당한 지시이며, 완수해야 하는 적정 업무에 해당하므로 직장 내 괴롭힘으로 보기 어렵다.

**오답분석**
① 업무 이외에 개인적인 용무를 자주 지시하는 것은 업무상 적정 범위를 넘은 행위이다.
② 업무배제는 업무상 적정범위를 넘은 행위로 직장 내 괴롭힘의 주요 사례이다.
④ A대리는 동기인 B대리보다 지위상의 우위는 없으나, 다른 직원과 함께 수적 우위를 이용하여 괴롭혔으므로 직장 내 괴롭힘에 해당한다.
⑤ 지시나 주의, 명령행위의 모습이 폭행이나 과도한 폭언을 수반하는 등 사회 통념상 상당성을 결여하였다면 업무상 적정범위를 넘었다고 볼 수 있으므로 직장 내 괴롭힘에 해당한다.

## 57  정답 ⑤

A는 자신의 일이 능력과 적성에 맞다 여기고 발전을 위해 열성을 가지고 성실히 노력하고 있다. 따라서 가장 적절한 직업윤리의식은 천직의식이다.

**직업윤리 의식**
- 소명의식 : 자신이 맡은 일은 하늘에 의해 맡겨진 일이라고 생각하는 태도
- 천직의식 : 자신의 일이 자신의 능력과 적성에 꼭 맞는다 여기고 그 일에 열성을 가지고 성실히 임하는 태도
- 직분의식 : 자신이 하고 있는 일이 사회나 기업을 위해 중요한 역할을 하고 있다고 믿고 자신의 활동을 수행하는 태도
- 책임의식 : 직업에 대한 사회적 역할과 책무를 충실히 수행하고 책임을 다하는 태도
- 전문가의식 : 자신의 일이 누구나 할 수 있는 것이 아니라 해당 분야의 지식과 교육을 밑바탕으로 성실히 수행해야만 가능한 것이라 믿고 수행하는 태도
- 봉사의식 : 직업 활동을 통해 다른 사람과 공동체에 대하여 봉사하는 정신을 갖추고 실천하는 태도

## 58  정답 ②

**경력개발의 단계별 이해**
1. 직업 선택(0 ~ 25세)
   - 최대한 여러 직업의 정보를 수집하여 탐색 후 나에게 적합한 최초의 직업 선택
   - 관련학과 외부 교육 등 필요한 교육 이수
2. 조직 입사(18 ~ 25세)
   - 원하는 조직에서 일자리를 얻음
   - 정확한 정보를 토대로 적성에 맞는 적합한 직무 선택
3. 경력 초기(25 ~ 40세)
   - 조직의 규칙과 규범에 대해 배움
   - 직업과 조직에 적응해 감
   - 역량(지식, 기술, 태도)을 증대시키고 꿈을 추구해 나감
4. 경력 중기(40 ~ 55세)
   - 경력 초기를 재평가하고 좀 더 업그레이드 된 꿈으로 수정함
   - 성인 중기에 적합한 선택을 하고 지속적으로 열심히 일함
5. 경력 말기(55세 ~ 퇴직)
   - 지속적으로 열심히 일함
   - 자존심 유지
   - 퇴직준비의 자세한 계획(경력 중기부터 준비하는 것이 바람직)

## 59  정답 ③

**오답분석**
ㄱ. 삼단논법에 근거한 논리적인 추론을 한 사례이다.
ㄹ. 햄버거를 먹는 것과 주말에 늦잠을 자는 것은 서로 관련이 없으므로 논점 일탈의 오류를 범한 사례이다.

## 60  정답 ①

'밤에만 볼 수 있는 동물은 야행성 동물이다.'라는 명제에서 '고양이는 야행성 동물이다.'라는 명제를 통해 대전제의 후건을 긍정하여 '고양이는 밤에만 볼 수 있는 동물이다.'라는 결론을 내린 것은 후건긍정의 오류를 범한 것이다.

# 모듈형 NCS 집중학습 봉투모의고사

# 제1회 모의고사 정답 및 해설

| 01 | 02 | 03 | 04 | 05 | 06 | 07 | 08 | 09 | 10 |
|---|---|---|---|---|---|---|---|---|---|
| ④ | ④ | ④ | ④ | ① | ④ | ④ | ④ | ① | ③ |
| 11 | 12 | 13 | 14 | 15 | 16 | 17 | 18 | 19 | 20 |
| ② | ③ | ④ | ② | ③ | ① | ② | ② | ② | ④ |
| 21 | 22 | 23 | 24 | 25 | 26 | 27 | 28 | 29 | 30 |
| ② | ③ | ④ | ③ | ④ | ⑤ | ② | ④ | ⑤ | ① |
| 31 | 32 | 33 | 34 | 35 | 36 | 37 | 38 | 39 | 40 |
| ④ | ② | ① | ④ | ③ | ④ | ② | ③ | ③ | ④ |
| 41 | 42 | 43 | 44 | 45 | 46 | 47 | 48 | 49 | 50 |
| ④ | ① | ① | ① | ② | ④ | ③ | ③ | ① | ④ |
| 51 | 52 | 53 | 54 | 55 | 56 | 57 | 58 | 59 | 60 |
| ③ | ③ | ④ | ⑤ | ① | ③ | ② | ⑤ | ② | ② |

## 01  정답 ④

A는 직접적인 대화보다 눈치를 중요시하고 있으므로 '말하지 않아도 아는 문화'에 안주하고 있다. 따라서 A는 의사소통에 대한 잘못된 선입견을 가지고 있다.

**의사소통을 저해하는 요소**
- '일방적으로 말하고', '일방적으로 듣는' 무책임한 마음 → 의사소통 과정에서의 상호작용 부족
- '그래서 하고 싶은 말이 정확히 뭐야?' 분명하지 않은 메시지 → 복잡한 메시지, 경쟁적인 메시지
- '말하지 않아도 아는 문화'에 안주하는 마음 → 의사소통에 대한 잘못된 선입견, 고정관념

## 02  정답 ④

같은 언어를 사용하는 경우 사용하는 언어로 보고하면 된다.

## 03  정답 ④

**기안문 작성 시 유의사항**
- 정확성(바른 글)
  - 필요한 내용을 빠뜨리지 않고, 잘못된 표현이 없도록 문서를 작성한다.
  - 의미전달에 혼동을 일으키지 않도록 정확한 용어를 사용하고 문법에 맞게 문장을 구성한다.
  - 애매모호하거나 과장된 표현에 의하여 사실이 왜곡되지 않도록 한다.
- 용이성(쉬운 글)
  - 상대방의 입장에서 이해하기 쉽게 작성한다.
  - 추상적이고 일반적인 용어보다는 구체적이고 개별적인 용어를 쓴다.
- 성실성(호감 가는 글)
  - 문서는 성의 있고 진실하게 작성한다.
  - 감정적이고 위압적인 표현을 쓰지 않는다.
- 경제성(효율적으로 작성하는 글)
  - 용지의 규격·지질을 표준화한다.
  - 서식을 통일하여 규정된 서식을 사용하는 것이 경제적이다.

## 04  정답 ④

사례에 나타난 전략은 차별화 전략으로, 품질, 디자인, 서비스, 브랜드 이미지 등을 경쟁사와 차별화하여 이익을 올리는 전략이다. 광고는 회사의 브랜드 이미지를 상승시킬 수 있는 중요한 전략 중 하나이다.

**오답분석**
①·②·⑤ 원가우위 전략의 특징이다.
③ 집중화 전략의 특징이다.

## 05  정답 ①

S과장은 사회적으로는 좋은 일을 했지만, 회사의 입장에서는 자신의 책임을 그르친 행동을 하였다고 볼 수 있다. 직업을 가진 사람에게 자기가 맡은 업무는 함께한 동료들을 포함하여 수많은 사람과 관련된 공적인 약속이자 최우선 과제이다. S과장은 회사 업무 중이었으므로 공적인 입장에서도 판단해야 한다.

## 06 정답 ④
김본부장과 이팀장의 대화를 살펴보면 이팀장은 정직하게 업무에 임하는 자세를 중요하게 생각하기 때문에 개인과 조직의 일과 관계에 대해 윤리적 갈등을 겪고 있다. 근로윤리 중 정직은 신뢰를 형성하고 유지하는 데 필요한 가장 기본적이고 필수적인 규범이다.

## 07 정답 ④
이팀장은 김본부장과의 대화에서 조직 내 관계의 측면에서는 사실대로 보고할지 김본부장의 말을 따를지를 고민하는 진실 대 충성의 갈등, 조직의 업무 측면에 있어서는 단기 대 장기, 개인 대 집단의 갈등으로 고민하는 것을 알 수 있다.

## 08 정답 ④
모든 사람들은 거의 대부분의 문제에 대해 나름의 의견을 가지고 있다는 점을 인식하고 의견의 차이를 인정하는 것이 중요하다. 이러한 의견의 차이를 인정하고, 상호 간의 관점을 이해할 수 있게 됨으로써 갈등을 최소화할 수 있다.

## 09 정답 ①
인맥관리카드는 자신의 주변에 있는 인맥을 관리카드로 작성하여 관리하는 것으로, 모두를 하나의 인맥관리카드에 작성하는 것보다 핵심인맥과 파생인맥을 구분하여 작성하는 것이 효과적이다.

**오답분석**
② NQ(Network Quotient)는 인맥 지수를 의미하며, 다른 사람들의 경조사에 참석함으로써 인맥을 관리할 수 있다.
③ 인맥을 키워나가기 위해서는 가장 먼저 인맥 지도 그리기를 통해 자신의 현재 인맥 상태를 점검해 보는 것이 좋다.
④ SNS상의 정기적인 연락을 통해 인맥을 관리할 수 있다.
⑤ 명함을 효과적으로 관리하기 위해서는 명함에 상대에 대한 구체적인 정보들을 적어두는 것이 좋다.

## 10 정답 ③
문장은 되도록 간결체로 쓰는 것이 의미전달에 효과적이며, 행은 문장마다 바꾸는 것이 아니라 그 내용에 따라 적절하게 바꾸어 문서가 난잡하게 보이지 않도록 하여야 한다.

## 11 정답 ②
유사성의 원칙은 유사품은 인접한 장소에 보관한다는 것을 말한다. 한편, 같은 품종을 같은 장소에 보관하는 것은 동일성의 원칙이다.

**오답분석**
① 물적자원관리 과정에서 첫 번째로 해야 할 일은 사용 물품과 보관 물품의 구분이며, 이는 물품 활용의 편리성과 반복 작업 방지를 위해 필요한 작업이다.
③ 물품 분류가 끝나면 보관장소를 선정해야 하는데, 물품의 특성에 맞게 분류하여 보관하는 것이 바람직하다. 이때 재질의 차이로 분류하는 방법도 옳은 방법이다.
④ 회전대응 보관의 원칙에 대한 옳은 설명이다. 물품 보관장소까지 선정이 끝나면 차례로 정리하면 되는데, 이때 회전대응 보관의 원칙을 지켜야 물품 활용도가 높아질 수 있다.
⑤ 물품 보관장소를 선정할 때 무게와 부피에 따라 분류하는 방법도 중요하다. 만약 다른 약한 물품들과 같이 놓게 되면 무게 또는 부피가 큰 물품에 의해 다른 물품이 파손될 가능성이 크기 때문이다.

## 12 정답 ③
공식적 말하기는 대중을 상대로 사전에 준비된 내용을 말하는 것으로, 토론, 연설, 토의가 해당한다.

**오답분석**
ㄹ·ㅁ 의례적 말하기에 해당한다.
ㅂ 친교적 말하기에 해당한다.

## 13 정답 ④
성공적인 프레젠테이션을 위해서는 내용을 완전히 숙지해야 하며(㉠), 예행연습을 철저히 해야 한다(㉡). 또한, 다양한 시청각 기자재를 활용하여 프레젠테이션 효과를 극대화해야 한다(㉣).

**오답분석**
㉢ 성공적인 프레젠테이션을 위해서는 청중의 니즈를 파악해야 한다. 따라서 A대리의 프레젠테이션 청중은 A대리에게 광고를 의뢰한 업체 관계자이므로 A대리는 팀원이 아닌 업체 관계자의 니즈를 파악해야 한다.
㉤ 성공적인 프레젠테이션을 위해서는 일관된 흐름을 가지고 요점을 간결·명확하게 전달해야 한다. 따라서 A대리는 요점을 간결하면서도 명확하게 전달할 수 있도록 연습해야 한다.

## 14 정답 ②
바리스타로 일하는 것은 경제적 보상이 있으며, 자발적인 의사에 의한 것으로 볼 수 있고, 장기적으로 계속해서 일하는 점을 볼 때 직업의 사례로 적절하다.

**오답분석**
①·③·④ 취미활동과 봉사활동으로, 경제적인 보상이 없다.
⑤ 강제노동으로, 본인의 자발적인 의사에 위배되었다.

## 15  정답 ③

그림에 나타난 논리적 사고 개발 방법은 피라미드 구조 방법으로, 하위의 사실이나 현상부터 사고함으로써 상위의 주장을 만들어 간다. 그림의 'a ~ i'와 같은 보조 메시지들을 통해 주요 메인 메시지인 '1 ~ 3'을 얻고, 다시 메인 메시지를 종합한 최종적인 정보를 도출해 낸다.

**오답분석**
① So What 기법에 대한 설명이다.
② Logic Tree 기법에 대한 설명이다.
④ SWOT 분석 기법에 대한 설명이다.
⑤ MECE 기법에 대한 설명이다.

## 16  정답 ③

흥미나 적성은 선천적으로 부여되지만 꾸준한 연습으로 개발할 수 있으므로, 자신의 흥미나 적성을 발견하고 이를 적극적으로 개발하려는 노력이 필요하다.

## 17  정답 ①

제시된 사례는 불안전한 상태가 원인이므로 이에 대한 예방 대책을 세워야 한다. 근로자 상호 간에 불안전한 행동을 지적하여 안전에 대한 이해를 증진시키는 것은 불안전한 행동에 대한 방지 방법이므로, 해당 사례의 재해를 예방하기 위한 대책으로 적절하지 않다.

## 18  정답 ②

브랜드를 소유하거나 사용해 보고 싶다는 동기를 유발하는 것처럼, 사람들로부터 자신을 찾게 하기 위해서는 다른 사람과의 차별성을 가질 필요가 있다. 이를 위해서는 시대를 앞서 나가 다른 사람과 구별되는 능력을 끊임없이 개발해야 한다.

## 19  정답 ②

열차가 터널을 완전히 통과하려면 터널의 길이뿐만 아니라 열차의 길이까지 더해야 한다. 즉, 총거리는 $10+2=12$km이다. 따라서 열차가 3km/h의 속력으로 터널을 완전히 통과하는 데 걸리는 시간은 $\frac{12}{3}=4$시간이다.

## 20  정답 ④

증발시킨 물의 양을 $x$g이라고 하면 다음 식이 성립한다.
$\frac{10}{100} \times 300 = \frac{30}{100} \times (300-x)$
→ $300 = 900 - 3x$
→ $3x = 600$
∴ $x = 200$
따라서 증발시킨 물은 200g이다.

## 21  정답 ②

7개의 팀을 2팀씩 3개의 조로 나누고, 1개의 팀은 부전승으로 둔다. 부전승 조가 될 수 있는 경우의 수는 7가지이고, 남은 6팀을 2팀씩 3개의 조로 나눌 수 있는 방법은 다음과 같다.
$_6C_2 \times _4C_2 \times _2C_2 \times \frac{1}{3!} = \frac{6 \times 5}{2} \times \frac{4 \times 3}{2} \times 1 \times \frac{1}{3 \times 2} = 15$가지
3개의 조로 나눈 다음 1개의 조가 경기 후 부전승 팀과 시합을 하는 경우를 구하면 3가지가 나온다.
따라서 7개의 팀이 토너먼트로 경기를 할 수 있는 경우의 수는 $7 \times 15 \times 3 = 315$가지이다.

## 22  정답 ③

문제란 원활한 업무 수행을 위해 해결해야 하는 질문이나 의논 대상을 의미한다. 즉, 해결하기를 원하지만 실제로 해결해야 하는 방법을 모르고 있는 상태나 얻고자 하는 해답이 있지만 그 해답을 얻는 데 필요한 일련의 행동을 알지 못한 상태이다.
한편 문제점이란 문제의 근본 원인이 되는 사항으로, 문제해결에 필요한 핵심 사항을 말하며, 개선해야 할 사항이나 손을 써야 할 사항, 문제가 해결될 수 있고 문제의 발생을 미리 방지할 수 있는 사항을 말한다.
따라서 제시문에서 문제는 사업계획서 제출에 실패한 것이고, 문제점은 K기업의 전산망 마비로 전산시스템 접속이 불가능해진 것이라고 볼 수 있다.

## 23  정답 ④

연역법의 오류는 'A=B, B=C, so A=C'와 같은 삼단 논법에서 발생하는 오류를 의미한다.
'이현수 대리(A)는 기획팀(B)을 대표하는 인재인데(A=B), 이현수 대리가 이런 실수(C)를 하다니(A=C) 기획팀이 하는 업무는 모두 실수투성일 것이 분명할 것(B=C)'이라는 말은 'A=B, A=C, so B=C'와 같은 삼단 논법에서 발생하는 오류인 연역법의 오류에 해당한다.

**오답분석**
① 권위나 인신공격에 의존한 논증 : 위대한 성인이나 유명한 사람의 말을 활용해 자신의 주장을 합리화하거나 상대방의 주장이 아니라 상대방의 인격을 공격하는 것이다.
② 무지의 오류 : 증명되지 않았기 때문에 그 반대의 주장이 참이라는 것이다.
③ 애매성의 오류 : 언어적 애매함으로 인해 이후 주장이 논리적 오류에 빠지는 경우이다.
⑤ 허수아비 공격의 오류 : 상대방의 주장과는 전혀 상관없는 별개의 논리를 만들어 공격하는 경우이다.

## 24 정답 ③
**기술선택을 위한 의사결정**
- 상향식 기술선택(Bottom Up Approach) : 기업 전체 차원에서 필요한 기술에 대한 체계적인 분석이나 검토 없이 연구자나 엔지니어들이 자율적으로 기술을 선택하는 것이다.
- 하향식 기술선택(Top Down Approach) : 기술경영진과 기술기획담당자들에 의한 체계적인 분석을 통해 기업이 획득해야 하는 대상기술과 목표기술수준을 결정하는 것이다.

## 25 정답 ④
내부역량 분석은 기술능력, 생산능력, 마케팅 및 영업능력, 재무능력 등에 대한 분석으로, 제시문에 따르면 이미 분석하였다.

**기술선택을 위한 절차**

| 구분 | 내용 |
|---|---|
| 외부환경 분석 | 수요 변화 및 경쟁자 변화, 기술 변화 등 분석 |
| 중장기 사업목표 설정 | 기업의 장기비전, 중장기 매출목표 및 이익목표 설정 |
| 내부역량 분석 | 기술능력, 생산능력, 마케팅 및 영업능력, 재무능력 등 분석 |
| 사업전략 수립 | 사업 영역 결정, 경쟁 우위 확보 방안 수립 |
| 요구기술 분석 | 제품 설계 및 디자인 기술, 제품 생산공정ㆍ원재료 및 부품 제조기술 분석 |
| 기술전략 수립 | 기술 획득 방법 결정, 핵심기술 선택 |

## 26 정답 ⑤
- 빈도 : 어떤 사건이 일어나거나 증상이 나타나는 정도를 의미한다.
- 백분율(%) : 전체 수량을 100으로 하여 나타내려는 수량이 그 중 몇인가를 나타내는 개념으로, $\frac{(나타내려는 수량)}{(전체 수량)} \times 100$으로 산출한다.

만족도 문항의 긍정 답변에 대하여 각각의 백분율을 계산하려면, 긍정 답변을 50명을 기준으로 나누어서 계산해야 한다.
㉠=$(30 \div 50) \times 100 = 60\%$, ㉡=$(25 \div 50) \times 100 = 50\%$, ㉢=$(48 \div 50) \times 100 = 96\%$, ㉣=$(41 \div 50) \times 100 = 82\%$, ㉤=$(30 \div 50) \times 100 = 60\%$
따라서 백분율이 바르게 연결된 것은 ⑤이다.

## 27 정답 ②
K기업은 내년에도 S교육 컨설팅에게 교육을 맡겨야 하는지에 대한 의사를 통계 결과를 활용하여 결정하려고 한다.

## 28 정답 ④
㉠ A는 패스트푸드점이 가까운 거리에 있음에도 불구하고 배달료를 지불해야 하는 배달 앱을 통해 음식을 주문하고 있으므로 편리성을 추구하는 (나)에 해당한다.
㉡ B는 의자 제작에 필요한 재료들인 물적자원만 고려하고 시간은 고려하지 않았으므로 시간이라는 자원에 대한 인식 부재인 (다)에 해당한다.
㉢ C는 자원관리의 중요성을 인식하고 프로젝트를 완성하기 위해 나름의 계획을 세워 수행하였지만, 경험이 부족하여 계획한 대로 진행하지 못하였으므로 노하우 부족인 (라)에 해당한다.
㉣ D는 홈쇼핑 시청 중 충동적으로 계획에 없던 여행 상품을 구매하였으므로 비계획적 행동인 (가)에 해당한다.

## 29 정답 ⑤
색칠된 부분의 넓이를 구하기 위해서는 △CDE와 부채꼴 BCE의 넓이, 그리고 둘 사이의 색칠되지 않은 부분의 넓이를 알아야 한다.
- △CDE의 넓이 : $\frac{\sqrt{3}}{4} \times 12^2$ (∵ 정삼각형의 넓이 공식) → $36\sqrt{3}$
- 부채꼴 BCE의 넓이 : $12^2 \pi \times \frac{30°}{360°}$ (∵ 부채꼴의 넓이 공식) → $12\pi$
- [색칠되지 않은 부분(EC)의 넓이]=(부채꼴 CDE의 넓이)−(△CDE의 넓이) → $24\pi - 36\sqrt{3}$
∴ (색칠된 부분의 넓이)=$36\sqrt{3} + 12\pi - (24\pi - 36\sqrt{3})$
$= 72\sqrt{3} - 12\pi$

## 30 정답 ①
**정보관리의 3원칙**
- 목적성 : 사용목표가 명확해야 한다.
- 용이성 : 쉽게 작업할 수 있어야 한다.
- 유용성 : 즉시 사용할 수 있어야 한다.

## 31 정답 ④
사회적 입증 전략이란 사람은 과학적 이론보다 자신의 동료나 이웃의 말이나 행동에 의해서 쉽게 설득된다는 전략이다.

**오답분석**
① See – Feel – Change 전략 : 시각화하고 직접 보게 하여 이해시키고(See), 스스로가 느끼게 하여 감동시키며(Feel), 이를 통해 상대방을 변화시켜(Change) 설득에 성공한다는 전략이다.
② 호혜 관계 형성 전략 : 협상 당사자 간에 어떤 혜택을 주고받은 관계가 형성되어 있으면 그 협상과정상의 갈등 해결에 용이하다는 것이다.
③ 헌신과 일관성 전략 : 협상 당사자가 기대하는 바에 일관성 있게 헌신적으로 부응하여 행동하게 되면 협상과정상의 갈등 해결에 용이하다는 것이다.
⑤ 희소성 해결 전략 : 인적, 물적자원 등의 희소성을 해결하는 것이 협상과정상의 갈등 해결에 용이하다는 것이다.

## 32  정답 ②

가장 많이 반복되는 일에 가장 많은 시간을 분배한다.

## 33  정답 ①

설득은 논쟁이 아니라 논증을 통해 더욱 정교해지며, 공감을 필요로 한다. 자신의 주장을 다른 사람에게 이해시켜 납득시키고 상대가 자신이 원하는 행동을 하게 만드는 것이며, 이해는 머리로 하고 납득은 머리와 가슴이 동시에 공감되는 것으로, 이 공감은 논리적 사고가 기본이 된다. 따라서 ①은 상대방이 했던 이야기를 이해하도록 노력하면서 공감하려는 태도가 보이므로 '설득'에 해당한다.

**오답분석**

② 상대의 생각을 모두 부정하지 않고, 상황에 따른 생각을 이해함으로써 새로운 지식이 생길 가능성이 있으므로 논리적 사고의 구성요소 중 '타인에 대한 이해'에 해당한다.
③ 상대가 말하는 것을 잘 알 수 없어 구체적인 사례를 들어 이해하려는 것으로, 논리적 사고의 구성요소 중 '구체적인 생각'에 해당한다.
④ 상대 주장에 대한 이해가 부족하다는 것을 인식해 상대의 논리를 구조화하려는 것으로, 논리적 사고의 구성요소 중 '상대 논리의 구조화'에 해당한다.
⑤ 상대방의 말한 내용이 명확하게 이해되지 않아 먼저 자신이 생각하여 이해하도록 노력하는 것으로, 논리적 사고의 구성요소 중 '생각하는 습관'에 해당한다.

## 34  정답 ④

**경력개발계획 수립 과정**
1. 직무정보 탐색 : 관심 직무에 대한 모든 정보를 알아내는 단계이다.
2. 자신과 환경 이해 : 자기인식 관련 워크숍 참여 등의 자기 탐색과 경력 상담 회사·기관을 방문하는 등의 환경 탐색이 이루어지는 단계이다.
3. 경력목표 설정 : 하고 싶은 일과 이를 달성하기 위해서는 어떻게 능력을 개발해야 하는지에 대하여 단계별 목표를 설정한다.
4. 경력개발 전략 수립 : 경력목표를 달성하기 위한 활동계획을 수립한다.
5. 실행 및 평가 : 목표달성을 위해 전략에 따라 실행하고 도출된 결과를 검토·수정한다.

## 35  정답 ③

상대방에게 잘못을 지적하며 질책을 해야 할 때는 '칭찬의 말+질책의 말+격려의 말'의 순서인 샌드위치 화법으로 표현하는 것이 좋다. 즉, 칭찬을 먼저 한 다음 질책의 말을 하고, 끝에 격려의 말로 마무리한다면 상대방은 크게 반발하지 않고 질책을 받아들이게 될 것이다.

**오답분석**

① 상대방의 잘못을 지적할 때는 지금 당장의 잘못에만 한정해야 하며, 추궁하듯이 묻지 않아야 한다.
② 상대방의 말이 끝나기 전에 어떤 답을 할까 궁리하는 것은 좋지 않다.
④ 상대방을 설득해야 할 때는 일방적으로 강요하거나 상대방에게만 손해를 보라는 식으로 대화해서는 안 된다. 먼저 양보해서 이익을 공유하겠다는 의지를 보여주는 것이 좋다.
⑤ 상대방에게 명령을 해야 할 때는 강압적으로 말하기보다는 '~해주는 것이 어떻겠습니까?'와 같이 부드럽게 표현하는 것이 효과적이다.

## 36  정답 ④

제시문은 민주 시민으로서 기본적으로 지켜야 하는 의무와 생활자세인 준법정신에 대한 일화이다. 사회가 유지되기 위해서는 준법정신이 필요한 것처럼 직장생활에서도 조직의 운영을 위해 준법정신이 필요하다.

**오답분석**

① 봉사(서비스)에 대한 설명이다.
② 근면에 대한 설명이다.
③ 책임에 대한 설명이다.
⑤ 정직과 신용에 대한 설명이다.

## 37  정답 ②

- A : 비판적 사고의 목적은 단순히 주장의 단점을 찾아내는 것이 아니라, 종합적인 분석과 검토를 통해 그 주장이 타당한지 아닌지를 밝혀내는 것이다.
- D : 비판적 사고는 논증, 추론에 대한 문제의 핵심을 파악하는 방법을 통해 배울 수 있으며, 타고나는 것이라고 할 수 없다.

## 38  정답 ③

기술 발전에 있어 환경 보호를 추구하는 점을 볼 때, 지속가능한 개발의 사례로 볼 수 있다. 지속가능한 개발은 경제 발전과 환경 보전의 양립을 위하여 새롭게 등장한 개념으로 볼 수 있으며, 미래 세대가 그들의 필요를 충족시킬 수 있는 가능성을 손상시키지 않는 범위에서 현재 세대의 필요를 충족시키는 개발인 것이다.

**오답분석**

① 개발독재 : 개발도상국에서 개발이라는 이름으로 행해지는 정치적 독재를 말한다.
② 연구개발 : 자연과학기술에 대한 새로운 지식이나 원리를 탐색하고 해명하여, 그 성과를 실용화하는 일을 말한다.
④ 개발수입 : 기술이나 자금을 제3국에 제공하여 미개발자원 등을 개발하거나 제품화하여 수입하는 것을 말한다.
⑤ 조직개발 : 기업이 생산능률을 높이기 위하여 기업조직을 개혁하는 일을 말한다.

## 39  정답 ③

(가) 허수아비 공격의 오류 : 상대가 의도하지 않은 것을 강조하거나 허점을 비판하여 자신의 주장을 내세운다.
(나) 성급한 일반화의 오류 : 적절한 증거가 부족함에도 불구하고 몇몇 사례만을 토대로 성급하게 결론을 내린다.
(다) 대중에 호소하는 오류 : 타당한 논거를 제시하지 않고 많은 사람들이 그렇게 생각하거나 행동한다는 것을 논거로 제시한다.

**오답분석**

• 인신공격의 오류 : 주장이 아닌 상대방을 공격하여 논박한다.
• 애매성의 오류 : 여러 가지 의미로 해석될 수 있는 용어를 사용하여 혼란을 일으킨다.
• 무지의 오류 : 상대가 자신의 주장을 입증하지 못함을 근거로 상대를 반박한다.

## 40  정답 ④

**오답분석**

㉠・㉢ 외부로부터 강요당한 근면에 해당한다.

## 41  정답 ④

기존의 정보를 객관적으로 분석하는 것은 논리적 사고 또는 비판적 사고와 관련이 있다. 창의적 사고에는 성격, 태도에 걸친 전인격적 가능성이 포함되므로 모험심과 호기심이 많고 집념과 끈기가 있으며, 적극적・예술적・자유분방적일수록 높은 창의력을 보인다.

## 42  정답 ①

정보원은 1차 자료와 2차 자료로 구분된다. 1차 자료는 원래의 연구 성과가 기록된 자료를 의미하고, 2차 자료는 1차 자료를 효과적으로 찾아보기 위한 자료 혹은 1차 자료에 포함되어 있는 정보를 압축・정리해서 읽기 쉬운 형태로 제공하는 자료를 의미한다. 이때 1차 자료보다는 1차 자료를 가공한 2차 자료를 활용할 때 효율성이 더 높다. 1차 자료로는 단행본, 학술지와 학술지 논문, 학술회의 자료, 연구보고서, 학위논문, 특허 정보, 표준 및 규격 자료, 레터, 출판 전 배포 자료, 신문, 잡지, 웹 정보자원 등이 있다. 한편 2차 자료로는 사전, 백과사전, 편람, 연감, 서지 데이터베이스 등이 있다.

**오답분석**

㉡ 논문은 2차 자료가 아니라 1차 자료에 해당한다.
㉢ 인포메이션(Information)은 객관적인 단순 정보에 해당하며, 이를 분석 및 가공하여 특정 기능을 하도록 한 것은 인텔리전스(Intelligence)에 해당한다. 따라서 회의 내용과 같이 예측 기능을 하는 정보는 인텔리전스에 해당한다.

## 43  정답 ①

**오답분석**

ㄷ. 전자상거래는 거래에 관련된 모든 기관과의 관련 행위를 포함한다.
ㄹ. 인터넷이라는 전자 매체를 이용한 재화 및 용역 거래는 전자상거래이다.

## 44  정답 ①

제품의 질은 우수하나 브랜드의 저가 이미지 때문에 매출이 좋지 않은 것이므로, 선입견을 제외하고 제품의 우수성을 증명할 수 있는 블라인드 테스트를 통해 제품의 질을 인정받는다. 그리고 그 결과를 홍보의 수단으로 사용하는 것이 가장 적절하다.

## 45  정답 ②

초고령화 사회는 실버산업(기업)의 외부환경 요소로 볼 수 있으며, 기회요인으로 보는 것이 가장 적절하다.

**오답분석**

① 제품의 우수한 품질은 기업의 내부환경 요소로 볼 수 있으며, 강점요인이다.
③ 기업의 비효율적인 업무 프로세스는 기업의 내부환경 요소로 볼 수 있으며, 약점요인이다.
④ 살균제 달걀 논란은 기업의 외부환경 요소로 볼 수 있으며, 위험요인으로 보는 것이 적절하다.
⑤ 근육운동 열풍은 기업의 외부환경 요소로 볼 수 있으며, 기회요인으로 보는 것이 적절하다.

## 46  정답 ④

USB와 같은 저장매체에 저장된 자료는 시간이 지나도 언제든지 동일한 형태로 재생이 가능하므로 정적정보에 해당된다.

**오답분석**

① 정보는 원래 형태 그대로 활용하거나 분석, 정리 등 가공하여 활용할 수 있다.
② 정보를 가공하는 것뿐만 아니라 일정한 형태로 재표현하는 것도 가능하다.
③ 시의성이 사라지면 정보의 가치가 떨어지는 동적정보와 달리 정적정보의 경우, 이용 후에도 장래에 활용을 하기 위해 정리하여 보존하는 것이 좋다.
⑤ 동적정보의 특징은 입수 후 처리한 경우에는 폐기하여도 된다는 것이다. 오히려 시간의 경과에 따라 시의성이 점점 떨어지는 동적정보를 축적하는 것은 비효율적이다.

## 47  정답 ③

항목별 예산 관리는 전년도 예산을 기준으로 하며 점진주의적인 특징이 있기 때문에 예산 증감의 신축성이 없다는 것이 단점이다.

## 48  정답 ③

경청이란 다른 사람의 말을 주의 깊게 들으며, 공감하는 능력이다. 경청은 대화의 과정에서 당신에 대한 신뢰를 쌓을 수 있는 최고의 방법이다. 우리가 경청하면 상대는 본능적으로 안도감을 느끼고, 우리가 말을 할 경우 자신도 모르게 더 집중하게 된다.

## 49  정답 ①

사무인수인계는 문서에 의함을 원칙으로 하나, 기밀에 속하는 사항은 구두 또는 별책으로 인수인계할 수 있도록 한다.

## 50  정답 ④

A ~ C는 각자 자신이 해야 할 일이 무엇인지 잘 알고 있으며, 서로의 역할을 이해하는 모습을 볼 수 있다. 이처럼 효과적인 팀은 역할을 명확하게 규정한다.

## 51  정답 ③

ERP(Enterprise Resource Planning)는 기업 내 인사·재무·생산 등의 경영 활동 프로세스를 통합적으로 연결하여 관리해 주는 전사적 자원관리 시스템을 말한다.

**오답분석**

① TPS(Transaction Processing System) : 반복적이고 일상적인 거래를 처리하고, 그 거래로 발생하는 여러 가지 데이터를 저장하고 관리하는 거래처리 시스템이다.
② MRP(Material Requirement Planning) : 컴퓨터를 이용하여 최종제품의 생산계획에 따라 그에 필요한 부품 소요량의 흐름을 종합적으로 관리하는 생산관리 시스템이다.
④ CRM(Customer Relationship Management) : 기업이 고객과 관련된 자료를 분석·통합해 고객 중심 자원을 극대화하고 이를 바탕으로 마케팅 활동을 계획·지원하는 고객관계 관리이다.
⑤ MIS(Management Information System) : 기업의 경영관리에 필요한 정보를 신속하게 수집하고, 종합적으로 가공하여 제공하는 경영정보 시스템이다.

## 52  정답 ③

자원은 크게 시간, 돈, 물적자원, 인적자원으로 나눌 수 있다. 이때, 자원이 하나라도 확보되지 않으면 어떤 일도 진행할 수 없으며, 한 가지 유형의 자원이 없음으로 인해 다른 유형의 자원 확보가 어려울 수 있다. 따라서 모든 사람에게 자원관리를 적절하게 할 수 있는 능력은 필수적이라고 할 수 있다.

**오답분석**

④ 시간, 돈, 물적자원, 인적자원은 모두 제한적이다. 자원을 효과적으로 확보, 유지, 활용하는 자원관리가 중요한 이유는 자원의 유한성 때문이다.
⑤ 오늘날 우리는 자연자원만을 자원이라고 하지 않으며, 시간의 중요성이 커짐에 따라 시간 역시 중요한 자원이 되고 있다.

## 53  정답 ④

과거에는 의사소통을 기계적인 정보의 전달만으로 이해하였다. 그러나 의사소통은 정보 전달 이상의 것으로, 일방적인 언어나 문서를 통해 의사를 전달하는 것은 의사소통이라고 할 수 없다. 의사소통은 상대방에게 메시지를 전달하는 과정이 아니라 상대방과의 상호작용을 통해 메시지를 다루는 과정이다. 따라서 성공적인 의사소통을 위해서는 상대방이 어떻게 받아들일 것인가에 대한 고려를 바탕으로 메시지를 구성하여야 한다.

## 54  정답 ⑤
명함은 악수를 한 이후에 건네주어야 한다.

## 55  정답 ①
작년 기획팀 팀원 전체 나이의 합은 20×35=700세였다. 이때 65세 팀원 A와 55세 팀원 B가 퇴직하였으므로 두 직원을 제외한 팀원 전체 나이의 합은 700−(65+55)=580세이다. 이때, 새로 입사한 팀원 C의 나이를 $c$세라고 하면 다음 식이 성립한다.

$$\frac{580+c}{19}=32$$
→ $580+c=608$
∴ $c=28$

따라서 팀원 C의 나이는 28세이다.

## 56  정답 ③
A와 B는 이번 주 토요일 이후에 각각 20일, 15일마다 미용실에 간다. 20과 15의 최소공배수를 구하면 60이므로 60일마다 두 사람은 미용실에 함께 가게 된다. 따라서 토요일 이후 처음으로 다시 A와 B가 미용실에 같이 가는 요일은 60÷7=7×8 … 4이므로 토요일의 4일 후인 수요일이다.

## 57  정답 ②
자기개발은 자아인식, 자기관리, 경력개발의 세 과정으로 구성되어 있다. 이 중 자기관리란 목표를 성취하기 위해 자신의 행동 및 업무수행을 관리하고 조정하는 것을 말한다. 자신에 대한 이해를 바탕으로 비전과 목표를 수립하고, 피드백 과정을 통해 부족한 점을 고쳐 나가도록 한다.

**오답분석**
① 자아인식 : 자신의 흥미, 적성, 특성 등을 이해하고 자기정체감을 확고히 하는 것이다.
③·⑤ 자기개발의 구성요소에 해당하지 않는다.
④ 경력개발 : 자신의 진로에 대해 단계적 목표를 설정하고 목표성취에 필요한 역량을 개발해 나가는 능력이다.

## 58  정답 ⑤
기계적 조직과 유기적 조직의 특징을 통해 안정적이고 확실한 환경에서는 기계적 조직이 적절하고, 급변하는 환경에서는 유기적 조직이 적절함을 알 수 있다.

**기계적 조직과 유기적 조직의 특징**

| 기계적 조직 | 유기적 조직 |
| --- | --- |
| • 구성원들의 업무가 분명하게 정의된다.<br>• 많은 규칙과 규제들이 있다.<br>• 상하 간 의사소통이 공식적인 경로를 통해 이루어진다.<br>• 엄격한 위계질서가 존재한다.<br>• 대표적인 기계조직으로 군대를 볼 수 있다. | • 의사결정 권한이 조직의 하부구성원들에게 많이 위임되어 있다.<br>• 업무가 고정되지 않고, 공유 가능하다.<br>• 비공식적인 상호의사소통이 원활하게 이루어진다.<br>• 규제나 통제의 정도가 낮아 변화에 따라 의사결정이 쉽게 변할 수 있다. |

## 59  정답 ②
편리성 추구는 너무 편한 방향으로 자원으로 활용하는 것을 의미한다. 일회용품을 사용하는 것, 늦잠을 자는 것, 주위 사람들에게 멋대로 대하는 것 등이 이에 포함된다. 지나친 편리성 추구는 물적자원뿐만 아니라 시간과 돈의 낭비를 초래할 수 있으며, 주위의 인맥도 줄어들게 될 수 있다.

**오답분석**
① 비계획적 행동 : 자원을 어떻게 활용할 것인가에 대한 계획이 없는 것으로, 충동적이고 즉흥적으로 행동하여 자원을 낭비하게 된다.
③ 자원에 대한 인식 부재 : 자신이 가지고 있는 중요한 자원을 인식하지 못하는 것으로, 무의식적으로 자원을 낭비하게 된다.
④ 노하우 부족 : 자원관리의 중요성을 인식하면서도 자원관리에 대한 경험이나 노하우가 부족하여 자원을 효과적으로 활용할 줄 모르는 경우를 말한다.

## 60  정답 ②
3단계는 상대방의 입장을 파악하는 단계이다. 따라서 자신의 생각을 말한 뒤 A씨의 견해를 물으며 상대방의 입장을 파악하려는 ②가 3단계에 해당하는 대화로 가장 적절하다.

# 모듈형 NCS 집중학습 봉투모의고사

# 제2회 모의고사 정답 및 해설

| 01 | 02 | 03 | 04 | 05 | 06 | 07 | 08 | 09 | 10 |
|---|---|---|---|---|---|---|---|---|---|
| ④ | ② | ④ | ⑤ | ① | ④ | ① | ④ | ③ | ④ |
| 11 | 12 | 13 | 14 | 15 | 16 | 17 | 18 | 19 | 20 |
| ⑤ | ④ | ⑤ | ③ | ④ | ① | ③ | ⑤ | ④ | ③ |
| 21 | 22 | 23 | 24 | 25 | 26 | 27 | 28 | 29 | 30 |
| ③ | ② | ⑤ | ② | ① | ④ | ② | ⑤ | ④ | ① |
| 31 | 32 | 33 | 34 | 35 | 36 | 37 | 38 | 39 | 40 |
| ② | ③ | ④ | ③ | ⑤ | ① | ② | ⑤ | ① | ③ |
| 41 | 42 | 43 | 44 | 45 | 46 | 47 | 48 | 49 | 50 |
| ④ | ① | ② | ④ | ⑤ | ④ | ③ | ① | ① | ③ |
| 51 | 52 | 53 | 54 | 55 | 56 | 57 | 58 | 59 | 60 |
| ③ | ④ | ⑤ | ③ | ③ | ④ | ② | ⑤ | ⑤ | ④ |

## 01 정답 ④
기획서에 대한 설명이다. 한편 보고서는 궁금한 점에 대해 질문받을 것을 대비하고, 업무상 진행과정에서 작성하므로 핵심내용을 구체적으로 제시해야 한다.

## 02 정답 ②
문서이해의 절차
1. 문서의 목적을 이해
2. 문서가 작성된 배경과 주제 파악
3. 문서의 정보를 밝혀내고 문서가 제시하고 있는 현안 문제 파악
4. 문서를 통해 상대방의 욕구와 의도 및 요구되는 행동에 대한 내용 분석
5. 문서에서 이해한 목적 달성을 위해 취해야 할 행동을 생각하고 결정
6. 상대방의 의도를 도표나 그림 등으로 메모하여 요약 · 정리

## 03 정답 ④
A씨의 아내는 A씨가 자신의 이야기에 공감해주길 바랐지만, A씨는 아내의 이야기를 들어주기보다는 해결책을 찾아 아내의 문제에 대해 조언하려고만 하였다. 즉, 아내는 마음을 털어놓고 A씨에게 위로받고 싶었지만 A씨의 조언하려는 태도 때문에 더 이상 대화가 이어질 수 없었다.

### 오답분석
① 짐작하기 : 상대방의 말을 듣고 받아들이기보다 자신의 생각에 들어맞는 단서들을 찾아 자신의 생각을 확인하는 것이다.
② 걸러내기 : 상대의 말을 듣기는 하지만 상대방의 메시지를 온전하게 듣는 것이 아닌 경우이다.
③ 판단하기 : 상대방에 대한 부정적인 판단 때문에, 또는 상대방을 비판하기 위하여 상대방의 말을 듣지 않는 것이다.
⑤ 옳아야만 하기 : 자존심이 강한 사람은 자존심에 관한 것을 전부 막아버리려 하기 때문에 자신의 부족한 점에 대한 상대방의 말을 들을 수 없게 된다.

## 04 정답 ⑤
ⓒ 시간계획을 하는 데 있어서 가장 중요한 것은 그 계획을 따르는 것이지만, 너무 계획에 얽매여서는 안 된다. 이를 방지하기 위해 융통성 있는 시간계획을 세워야 한다.
ⓔ 시간계획을 세우더라도 실제 행동할 때는 차이가 발생하기 마련이다. 자신은 뜻하지 않았지만 다른 일을 해야 할 상황이 발생할 수 있기 때문이다. 따라서 이를 염두하고 시간계획을 세우는 것이 중요하다.
ⓜ 이동시간이나 기다리는 시간 등 자유로운 여유 시간도 시간계획에 포함하여 활용해야 한다.

## 05 정답 ①
예산관리는 활동이나 사업에 소요되는 비용을 산정하고, 예산을 편성하는 것뿐만 아니라 예산을 통제하는 것 모두를 포함한다고 할 수 있다. 즉, 예산을 수립하고 집행하는 모든 일을 예산관리라고 할 수 있다.

## 06 정답 ④
조직목표의 기능
- 조직이 존재하는 정당성과 합법성 제공
- 조직이 나아갈 방향 제시
- 조직 구성원 의사결정의 기준
- 조직 구성원 행동수행의 동기 유발
- 수행평가의 기준
- 조직설계의 기준

## 07   정답 ①

조직은 다양한 사회적 경험과 사회적 지위를 토대로 한 개인의 집단이므로 동일한 내용을 제시하더라도 각 구성원은 서로 다르게 받아들이고 반응한다. 그렇기 때문에 조직 내에서 적절한 의사소통을 형성한다는 것은 결코 쉬운 일이 아니다. 제시된 상황에서는 프로젝트를 여유 있게 진행하라는 K대리의 의견을 L사원과 P사원이 서로 다르게 받아들였기 때문에 갈등이 발생하였다.

**오답분석**

② 메시지는 고정되고 단단한 덩어리가 아니라 유동적이고 가변적인 요소이기 때문에 상호작용에 따라 다양하게 변형될 수 있다.
③・④・⑤ 제시된 갈등 상황에서는 표현 방식의 문제보다는 서로 다른 의견이 문제가 되고 있으므로 적절하지 않다.

## 08   정답 ④

한자음 '녀'가 단어 첫머리에 올 때는 두음 법칙에 따라 '여'로 적으나, 의존명사의 경우는 '녀' 음을 인정한다. 따라서 해를 세는 단위의 '년'은 의존명사이므로 ④의 '연'은 '년'으로 적어야 한다.

**오답분석**

① 이사장의 말을 직접 인용하고 있으므로 '라고'의 쓰임은 옳다.
② '말'이 표현을 하는 도구의 의미로 사용되었으므로 '로써'의 쓰임은 옳다.
③ 받침 'ㅇ'으로 끝나는 말 뒤에 쓰였으므로 '률'의 쓰임은 옳다.
⑤ 아라비아 숫자만으로 연월일을 모두 표시하고 있으므로 마침표의 쓰임은 옳다.

## 09   정답 ③

김대리는 의지와 욕구는 있지만 업무전환에 대한 인식과 자기이해 노력이 부족했다. 직업인으로서 자신이 원하는 직업을 갖고 일을 효과적으로 수행하기 위해서는 장기간에 걸친 치밀한 준비와 노력이 필요하며, 자신을 분명하게 아는 것이 선행되어야 한다.

## 10   정답 ④

**오답분석**

① 단기적인 대응책보다는 장기적인 관점에서 성장할 방법을 찾아야 할 필요가 있다.
② 과거에 했던 일과 지금 하는 일을 모두 고려하여 자신의 흥미에 대해 고민해야 한다.
③ 업무에 대한 의지와 욕구는 이미 가지고 있다.
⑤ 자기개발로 지향하는 바는 개별적인 과정으로, 사람마다 다르다.

## 11   정답 ⑤

제시문에서는 '응용프로그램과 데이터베이스를 독립시킴으로써 데이터를 변경시키더라도 응용프로그램은 변경되지 않는다.'고 하였다. 따라서 데이터 논리적 의존성이 아니라 데이터 논리적 독립성이 적절하다.

**오답분석**

① '다량의 데이터는 사용자의 질의에 대한 신속한 응답 처리를 가능하게 한다.'라는 내용이 실시간 접근성에 해당한다.
② '삽입, 삭제, 수정, 갱신 등을 통하여 항상 최신의 데이터를 유동적으로 유지할 수 있으며'라는 내용을 통해 데이터베이스는 그 내용을 변화시키면서 계속적인 진화를 하고 있음을 알 수 있다.
③ '여러 명의 사용자가 동시에 공유할 수 있고'라는 부분에서 동시 공유가 가능함을 알 수 있다.
④ '각 데이터를 참조할 때는 사용자가 요구하는 내용에 따라 참조가 가능함'이라는 부분에서 내용에 의한 참조인 것을 알 수 있다.

## 12   정답 ④

(가) 하드 어프로치 : 상이한 문화적 토양을 가지고 있는 구성원을 가정하고, 서로의 생각을 직설적으로 주장하고 논쟁이나 협상을 통해 서로의 의견을 조정해 가는 방법이다.
(나) 퍼실리테이션 : 퍼실리테이션이란 '촉진'을 의미하며, 어떤 그룹이나 집단이 의사결정을 잘하도록 도와주는 일을 의미한다. 깊이 있는 커뮤니케이션을 통해 서로의 문제점을 이해하고 공감함으로써 창조적인 문제해결을 도모한다.
(다) 소프트 어프로치 : 대부분의 기업에서 볼 수 있는 전형적인 스타일로, 조직 구성원들을 같은 문화적 토양을 가지고 이심전심으로 서로를 이해하는 상황을 가정한다. 또한, 문제해결을 위해서 직접 표현하는 것이 바람직하지 않다고 여기며, 무언가를 시사하거나 암시를 통하여 의사를 전달하고 기분을 서로 통하게 함으로써 문제해결을 도모하려고 한다.

## 13   정답 ⑤

B의 행동은 정직하고 성실한 노력을 꾸준히 하는 것만으로도 성공할 수 있다는 교훈을 주고 있다. B가 항상 해오던 정직과 성실함이 성업을 이루는 밑거름이 되었다.

## 14   정답 ③

건물이나 기계에 대한 점검・정비・보존의 불량은 산업재해의 기술적 원인으로 볼 수 있다.

**오답분석**

①・④ 산업재해의 교육적 원인에 해당한다.
②・⑤ 산업재해의 작업 관리상 원인에 해당한다.

## 15  정답 ④

층마다 높이는 동일하므로 건물 한 층의 높이는 $24 \div 8 = 3$m이다. 옥상의 넓이는 $17 \times 10 = 170$m$^2$이고, 7~8층의 4개의 면 넓이는 $\{(10 \times 3 \times 2) + (17 \times 3 \times 2)\} \times 2 = 162 \times 2 = 324$m$^2$이다. 따라서 태양광 패널 설치비용은 $(170 + 324) \times 30 = 494 \times 30 = 14,820$만 원이다.

## 16  정답 ①

사람의 행동이나 사회현상에는 기존패턴을 반복하려는 경향, 즉 타성이 존재한다. 도덕적 타성이란 나태함이나 게으름의 뜻을 내포하고 있는데, 바람직한 행동이 무엇인지 알면서 하지 않는 무기력한 모습을 말한다. 매출실적을 확대하기 위하여 거래 업체에 리베이트(부정한 금품)를 제공하는 것은 윤리적인 올바름보다 당장의 매출실적이 선호대상이 된 것으로, 이는 도덕적 타성에서 벗어나야만 해결이 가능하다.

## 17  정답 ③

비윤리적인 행위는 윤리적인 문제에 대하여 제대로 인식하지 못하는 데서 기인한다. 또한, 사람들이 가지고 있는 낙관적인 성향, 즉 비윤리적인 행동이 미치는 영향에 대하여 별거 아니라고 생각하거나 저절로 좋아질 것이라고 생각하는 데도 원인이 있다. 그리고 일상생활에서 윤리적인 배려가 선택의 우선순위에서 밀려나거나 비윤리적 행위라는 것은 분명히 알고 있으나 그것과 서로 충돌하는 다른 가치가 있을 경우 다른 가치를 선호할 때 비윤리적 행위가 나타난다.

## 18  정답 ②

A기업과 B기업의 사례를 통해 현재 겪고 있는 문제만을 인식하는 기업과 미래에 발생할지도 모르는 문제도 인식하는 기업의 차이가 있음을 알 수 있다. 문제의 유형은 현재 직면하고 있는 발생형 문제, 현재 상황은 문제가 아니지만 현재 상황을 개선하기 위한 탐색형 문제, 장래의 환경변화에 대응해서 앞으로 발생할 수 있는 설정형 문제로 구분할 수 있다. 즉, A기업은 현재 겪고 있는 발생형 문제만을 해결하는 데 급급했지만, B기업은 미래에 발생할지도 모르는 설정형 문제를 인식하고 이를 대비했다. 결국 문제를 인식하는 시점의 차이가 두 기업의 성장에 많은 차이를 초래하였음을 알 수 있다.

## 19  정답 ③

B대리가 6km/h의 속력으로 뛰어간 거리를 $x$km라 하면, 3km/h의 속력으로 걸어간 거리는 $(10-x)$가 된다. 시간에 대한 식으로 정리하면 다음과 같다.

$$\frac{x}{6} + \frac{10-x}{3} = 2$$
$\rightarrow x + 2 \times (10-x) = 6 \times 2$
$\rightarrow -x = 12 - 20$
$\therefore x = 8$

따라서 B대리가 6km/h의 속력으로 뛰어간 거리는 8km이다.

## 20  정답 ③

박팀장은 갈등이 드러남으로써 문제해결의 실마리를 더 빨리 공동으로 모색할 수 있는 긍정적인 효과로 이끌고 있으므로, 갈등이 부정적인 결과를 초래한다는 인식을 전제로 하고 있다고 볼 수 없다.

## 21  정답 ③

제시된 결과를 이용해 성별·방송사별 응답자 수를 구하면 다음과 같다.

| 구분 | 남자 | 여자 |
|---|---|---|
| 전체 응답자 수 | $\frac{40}{100} \times 200 = 80$명 | $\frac{60}{100} \times 200 = 120$명 |
| S사 응답자 수 | 18명 | $\frac{50}{100} \times 120 = 60$명 |
| K사 응답자 수 | 30명 | 40명 |
| M사 응답자 수 | $\frac{40}{100} \times 80 = 32$명 | 20명 |

S방송사의 오디션 프로그램을 좋아하는 사람은 $18 + 60 = 78$명이다. 따라서 S방송사의 오디션 프로그램을 좋아하는 사람 중 남자의 비율은 $\frac{18}{78} = \frac{3}{13}$이다.

## 22  정답 ②

레이더 차트(방사형 그래프, 거미줄 그래프)에 대한 설명이다.

**오답분석**

① 막대 그래프 : 세로 또는 가로 막대로 사물의 양을 나타내며, 크고 작음을 한눈에 볼 수 있기 때문에 편리하다.
③ 선 그래프 : 꺾은선 그래프라고도 하며, 시간에 따라 지속적으로 변화하는 것을 기록할 때 편리하다. 조사하지 않은 중간값도 대략적으로 예측할 수 있다.
④ 층별 그래프 : 합계와 각 부분의 크기를 백분율 또는 실수로 나타내고, 시간적 변화를 보고자 할 때 사용한다.
⑤ 점 그래프 : 통계학에서 데이터들의 분포를 점으로 나타내며, 점의 개수로 양의 많고 적음을 나타내는 그래프이다.

## 23
정답 ⑤

L사원이 자기개발을 하지 못하는 이유는 자기실현에 대한 욕구보다 인간의 기본적인 생리적 욕구를 더 우선적으로 여기기 때문이다.

## 24
정답 ②

해결안별 세부실행내용을 구체적으로 작성하는 것은 실행의 목적과 과정별 진행 내용을 일목요연하게 파악하도록 하는 것으로, '실행계획 수립' 단계에 해당한다.

## 25
정답 ①

제시문에서 나타난 A ~ C사가 수행한 기술선택 방법은 벤치마킹이다. 벤치마킹이란 단순한 모방과는 달리 특정 분야에서 우수한 기업이나 성공한 상품, 기술, 경영 방식 등의 장점을 충분히 익힌 후 자사의 환경에 맞추어 재창조하는 것을 의미한다.

**오답분석**

④ 비교대상에 따른 벤치마킹의 종류

| 비교대상에 따른 분류 | 내용 |
| --- | --- |
| 내부 벤치마킹 | 같은 기업 내의 다른 지역, 타 부서, 국가 간의 유사한 활용을 비교 대상으로 함 |
| 경쟁적 벤치마킹 | 동일 업종에서 고객을 직접적으로 공유하는 경쟁기업을 대상으로 함 |
| 비경쟁적 벤치마킹 | 제품, 서비스 및 프로세스의 단위 분야에 있어 가장 우수한 실무를 보이는 비경쟁적 기업 내 유사 분야를 대상으로 함 |
| 글로벌 벤치마킹 | 프로세스에 있어 최고로 우수한 성과를 보유한 동일업종의 비경쟁적 기업을 대상으로 함 |

⑤ 수행방식에 따른 벤치마킹의 종류

| 수행방식에 따른 분류 | 내용 |
| --- | --- |
| 직접적 벤치마킹 | 벤치마킹 대상을 직접 방문하여 수행하는 방법 |
| 간접적 벤치마킹 | 인터넷 검색 및 문서 형태의 자료를 통해서 수행하는 방법 |

## 26
정답 ④

ⓒ · ⓔ C금융사는 비경쟁적 관계에 있는 신문사를 대상으로 한 비경쟁적 벤치마킹과 직접 방문을 통한 직접적 벤치마킹을 수행하였다.

**오답분석**

㉠ 내부 벤치마킹에 대한 설명이다.
㉡ 경쟁적 벤치마킹에 대한 설명이다.
㉣ 간접적 벤치마킹에 대한 설명이다.

## 27
정답 ②

고객은 대출 이자가 잘못 나갔다고 생각하며, 일처리를 잘못한다고 의심하는 상황이므로 의심형 불만고객에 해당한다.

**불만고객 유형**
- 거만형 : 자신의 과시욕을 드러내고 싶어 하는 고객으로, 보통 제품을 폄하는 고객이다.
- 의심형 : 직원의 설명이나 제품의 품질에 대해 의심을 많이 하는 고객이다.
- 트집형 : 사소한 것으로 트집을 잡는 까다로운 고객이다.
- 빨리빨리형 : 성격이 급하고, 확신 있는 말이 아니면 잘 믿지 않는 고객이다.

## 28
정답 ⑤

ⓒ 빠른 해결을 약속하지 않으면 다른 불만을 야기하거나 불만이 더 커질 수 있다.
ⓔ 고객의 불만이 대출과 관련된 내용이기 때문에 이 부분에 대해 답변을 해야 한다.

**오답분석**

㉠ 해결 방안은 고객이 아닌 K기관에서 제시하는 것이 적절하다.
㉡ 불만을 동료에게 전달하는 것은 고객의 입장에서는 알 필요가 없는 정보이기 때문에 굳이 말할 필요가 없다.

## 29
정답 ④

ⓒ은 긴급하면서도 중요한 문제이므로 제일 먼저 해결해야 하는 1순위에 해당하며, ⓑ은 중요하지만 상대적으로 긴급하지 않으므로 계획하고 준비해야 할 문제인 2순위에 해당한다. ㉠은 긴급하지만 상대적으로 중요하지 않은 업무이므로 3순위에 해당하고, 마지막으로 중요하지도 긴급하지도 않은 ⓔ은 4순위에 해당한다.

## 30
정답 ①

- 7권의 소설책 중 3권을 선택하는 경우의 수
  : $_7C_3 = \dfrac{7 \times 6 \times 5}{3 \times 2 \times 1} = 35$가지
- 5권의 시집 중 2권을 선택하는 경우의 수
  : $_5C_2 = \dfrac{5 \times 4}{2 \times 1} = 10$가지

따라서 소설책 3권과 시집 2권을 선택하는 경우의 수는 $35 \times 10 = 350$가지이다.

## 31  정답 ②

- A : 창의적 사고는 아무것도 없는 무에서 유를 만들어 내는 것이 아니라, 끊임없이 참신한 아이디어를 산출하는 힘이다.
- D : 필요한 물건을 싸게 사기 위해서 하는 많은 생각들도 창의적 사고에 해당한다. 즉, 위대한 창의적 사고에서부터 일상생활의 작은 창의적 사고까지 창의적 사고의 폭은 넓으며, 우리는 매일 매일 창의적 사고를 하고 있다고 볼 수 있다.

## 32  정답 ③

세탁기 신상품의 컨셉이 중년층을 대상으로 하기 때문에 성별이 아닌 연령에 따라 자료를 분류하여 중년의 세탁기 선호 디자인에 대한 정보가 필요함을 알 수 있다.

## 33  정답 ④

3C 분석은 환경을 구성하고 있는 요소인 고객, 자사, 경쟁사에 대해 체계적으로 분석하는 방법이다. 이때 고객 분석은 '고객이 자사의 상품/서비스에 만족하고 있는지', 자사 분석은 '자사가 세운 달성목표와 현상 간에 차이가 없는지', 경쟁사 분석은 '경쟁기업의 우수한 점과 자사의 현상과 차이가 없는지'와 같은 질문을 통해 분석한다.

**오답분석**
① SWOT 분석에 대한 설명이다.
② STP 전략에 대한 설명이다.
③ 4P(마케팅 믹스)에 대한 설명이다.
⑤ 5 Force Model에 대한 설명이다.

## 34  정답 ②

피장파장의 오류는 상대방의 잘못을 들추어 서로 낫고 못함이 없다고 주장하여 자신의 잘못을 정당화하는 오류이다.

**오답분석**
① 성급한 일반화의 오류 : 제한된 증거를 기반으로 성급하게 어떤 결론을 도출하는 오류이다.
③ 군중에 호소하는 오류 : 군중 심리를 자극하여 논지를 받아들이게 하는 오류이다.
④ 인신공격의 오류 : 주장하는 사람의 인품・직업・과거 정황을 트집 잡아 비판하는 오류이다.
⑤ 흑백사고의 오류 : 세상의 모든 일을 흑 또는 백이라는 이분법적 사고로 바라보는 오류이다.

## 35  정답 ④

A씨는 주중에는 회사에서 패션디자이너로 일을 하고, 퇴근 후와 주말시간에는 유튜버로 활동하는 투잡을 가진 사람이다. 최근 사회 환경의 변화에 따라 투잡을 희망하거나 가지고 있는 사람이 꾸준히 증가하고 있다.

**오답분석**
① 청년실업은 외환위기 이후 우리나라 노동시장에서 부각된 문제로, 경기 침체 시 대부분의 기업들은 우선적으로 신규채용을 억제하기 때문에 청년 노동시장은 경기변동에 매우 민감한 특징이 있다.
② 전 세계적으로 창업이 증가하는 추세로, 최근에는 인터넷의 확산으로 공간이나 시간의 제약 없이 손쉽게 창업을 하고 있으며, 여성들의 창업도 증가하고 있다.
③ 지식과 정보의 폭발적인 증가로 새로운 기술개발에 따라 직업에서 요구되는 능력도 변화하고 있으며, 지속적인 능력개발이 필요한 시대가 되었다.
⑤ 우리나라의 경우 경쟁력 있는 복리후생 제도와 일과 삶의 균형에 대한 관심이 증가하고 있다.

## 36  정답 ①

지속적인 경기불황에 따라 2개 혹은 그 이상의 직업을 가지는 사람이 늘고 있다. 특히 주 5일제와 주 52시간 근무제가 시행되면서 이러한 투잡은 더욱 확대되고 있으며, 경제적인 이유, 자아실현, 실직 대비 등의 이유로 투잡을 원하는 사람들이 늘어가고 있다. 또한 취업 이후에도 지속적인 경력개발의 중요성이 점점 커지고 있으며, 환경의 변화가 잦고 평생직장이라는 개념이 약해지면서 취업 이후에도 자신의 직업을 유지하기 위해 노력하는 것이 좋다.

## 37  정답 ②

거래적 리더십은 기계적 관료제에 적합하고, 변혁적 리더십은 단순구조나 임시조직, 경제적응적 구조에 적합하다.
- 거래적 리더십 : 리더와 조직원들이 이해타산적 관계에 의해 규정에 따르며, 합리적인 사고를 중시하고 보상으로 동기를 유발한다.
- 변혁적 리더십 : 리더와 조직원들이 장기적 목표 달성을 추구하고, 리더는 조직원의 변화를 통해 동기를 부여하고자 한다.

## 38  정답 ⑤

업무의 공공성을 바탕으로 공사구분을 명확히 하고, 모든 것을 숨김없이 투명하게 처리하는 원칙은 객관성의 원칙이다.

**직업윤리의 5대 원칙**
- 객관성의 원칙
- 고객 중심의 원칙
- 전문성의 원칙
- 정직과 신용의 원칙
- 공정경쟁의 원칙

## 39 정답 ①

기술 시스템(Technological System)은 개별 기술이 네트워크로 결합하는 것을 말한다. 인공물의 집합체만이 아니라 투자회사, 법적 제도, 정치, 과학, 자연자원을 모두 포함하는 것으로, 사회기술 시스템이라고도 한다.

## 40 정답 ③

비판적 사고를 발휘하는 데에는 개방성, 융통성 등이 필요하다. 개방성은 여러 신념들이 진실일 수 있다는 것을 받아들이는 태도로, 편견이나 선입견에 의하여 결정을 내려서는 안 된다. 융통성은 개인의 신념이나 탐구 방법을 변경할 수 있는 태도로, 비판적 사고를 위해서는 특정한 신념의 지배를 받는 고정성, 독단적 태도 등을 배제해야 한다. 따라서 비판적 사고와 관련하여 가장 낮은 평가를 받게 될 지원자는 본인의 신념을 갖고 상대를 끝까지 설득하겠다는 C지원자이다.

## 41 정답 ④

문제 도출은 선정된 문제를 분석하여 해결해야 할 것이 무엇인지를 명확히 하는 단계로, (가) 문제 구조 파악과 (나) 핵심 문제 선정의 절차를 거쳐 수행된다. 이때, 문제 구조 파악을 위해서는 현상에 얽매이지 말고 문제의 본질과 실제를 봐야 하며, 한쪽만 보지 말고 다면적으로 보며, 눈앞의 결과만 보지 말고 넓은 시야로 문제를 바라봐야 한다.

## 42 정답 ①

P부장은 자신감이 있고 지도력이 있으나, 논쟁적이고 독단이 강하여 대인 갈등을 겪을 수 있는 지배형에 해당한다. P부장에게는 타인의 의견을 경청하고 수용하는 자세가 필요하다.

#### 오답분석

② 냉담형 : 이성적인 의지력이 강하고 타인의 감정에 무관심하며 피상적인 대인관계를 유지하므로, 타인의 감정 상태에 관심을 가지고 긍정적 감정을 표현하는 것이 필요하다.
③ 고립형 : 혼자 있는 것을 선호하고 사회적 상황을 회피하며 지나치게 자신의 감정을 억제하므로, 대인관계의 중요성을 인식하고 타인에 대한 비현실적인 두려움의 근원을 성찰해 볼 필요가 있다.
④ 복종형 : 수동적이고 의존적이며 자신감이 없으므로, 적극적인 자기표현과 주장이 필요하다.
⑤ 친화형 : 따뜻하고 인정이 많고 자기희생적이나 타인의 요구를 거절하지 못하므로, 타인과의 정서적인 거리를 유지하는 노력이 필요하다.

## 43 정답 ②

비공식조직이 회사 내 동호회와 같이 공식조직 내에 있을 경우, 비공식조직 내에서의 취미 공유 등 행동의 공유는 공식조직에서의 업무 효율을 증대시키기도 한다.

#### 오답분석

① 공식조직과 비공식조직의 구분 기준은 규모가 아니라 공식화 정도이다.
③ 정부조직은 대표적인 비영리조직이자 공식조직에 해당한다.
④ 조직발달의 역사는 인간관계에 기반을 둔 비공식조직에서 시작하여 여러 공식적인 체계가 형성되는 공식조직의 순서로 발전하였다.
⑤ 환경보존이라는 공익적 메시지를 담은 상품을 판매하더라도 수익을 극대화하려는 목적에서 운영된다면 영리조직에 해당한다.

## 44 정답 ④

협상과정의 단계에 따르면 간접적인 방법으로 협상의사를 전달(협상시작 단계) → 적극적으로 자기주장 제시(상호이해 단계) → 분할과 통합 기법을 활용하여 이해관계 분석(실질이해 단계) → 협상 안건마다 대안 평가(해결대안 단계) → 합의문 작성(합의문서 단계)의 순서이다.

## 45 정답 ⑤

색인이란 주요 키워드나 주제어를 소장하고 있는 정보원을 관리하는 방법으로, 정보를 찾을 때 쓸 수 있는 키워드인 색인어와 색인어의 출처인 위치 정보로 구성한 것이다. 요리연구가 A씨는 요리의 주재료를 키워드로 하여 출처와 함께 정보를 기록하였다.

#### 오답분석

① 목록 : 정보에서 중요한 항목을 찾아 기술한 후 정리한 것이다.
② 목차 : 책이나 서류 따위에서 항목 제목과 해당 쪽 번호를 차례대로 적은 목록으로, 그 내용을 간략히 알거나 쉽게 찾아볼 수 있게 한 것이다.
③ 분류 : 유사한 정보끼리 모아 체계화하여 정리한 것이다.
④ 초록 : 논문 등 글의 앞부분에서 그 요지를 간략히 설명해 놓은 것이다.

## 46 정답 ④

개방적인 질문은 상대방의 다양한 생각을 이해하고, 상대방으로부터 보다 많은 정보를 얻기 위한 방법으로, 이로 인하여 서로에 대한 이해의 정도를 높일 수 있다. 그러나 G씨에게 누구와 여행을 함께 가는지 묻는 F씨의 질문은 개방적 질문이 아닌 단답형의 대답이나 반응을 이끌어 내는 폐쇄적 질문에 해당하므로 ④는 개방적인 질문 방법에 대한 사례로 적절하지 않다.

## 47  정답 ③

제시된 사례에 나타난 의사표현에 영향을 미치는 요소는 연단공포증이다. 연단공포증은 90% 이상의 사람들이 호소하는 불안이므로, 이러한 심리현상을 잘 통제하면서 표현을 한다면 청자는 더 인간답다고 생각하게 될 것이다. 이러한 공포증은 본질적인 것이기 때문에 완전히 치유할 수는 없으나, 노력에 의해서 심리적 불안을 어느정도 유화시킬 수 있다. 따라서 완전히 치유할 수 있다는 ③은 적절하지 않다.

## 48  정답 ①

㉠은 능력주의, ㉡은 적재적소주의, ㉢은 적재적소주의, ㉣은 능력주의이다. 개인에게 능력을 발휘할 수 있는 기회와 장소를 부여하고, 그 성과를 바르게 평가한 뒤 평가된 능력과 실적에 대해 그에 상응하는 보상을 주는 능력주의 원칙은 적재적소주의 원칙의 상위개념이라고 할 수 있다. 따라서 적재적소주의는 능력주의의 하위개념에 해당한다.

## 49  정답 ①

인맥을 활용하면 각종 정보와 정보의 소스를 주변 사람으로부터 획득할 수 있다. 또한, '나' 자신의 인간관계나 생활에 대해서 알 수 있으며, 이로 인해 자신의 인생에 탄력을 불어넣을 수 있다. 그리고 주변 사람들의 참신한 아이디어를 통해 자신만의 사업을 시작할 수도 있다. 따라서 A사원의 메모는 모두 옳은 내용이다.

## 50  정답 ③

6T는 인류의 미래를 주도할 첨단 산업기술로, IT, BT, NT, ET, ST, CT의 6가지 첨단 산업기술을 말한다. IT는 광통신부품, 집적회로기술, 차세대디스플레이, 차세대네트워크 등의 정보기술, BT는 기초·기반기술, 보건의료, 농업·해양 관련 응용 등의 생명공학기술, NT는 나노소자, 나노소재·나노바이오, 나노보건, 나노기반공정 등의 나노기술, ET는 환경기반기술, 에너지, 청정생산, 해양환경기술 등의 환경공학기술, ST는 위성, 발사체, 항공기 등의 항공기술, CT는 문화콘텐츠, 생활문화, 문화유산 등의 문화콘텐츠기술을 의미한다. 따라서 6T가 아닌 것은 ㄴ, ㄷ, ㅅ이다.

## 51  정답 ③

자원 활용 계획을 수립할 때는 자원의 희소성이 아닌 자원이 투입되는 활동의 우선순위를 고려하여 자원을 할당해야 한다.

## 52  정답 ④

상대방이 이해하기 어려운 전문적 언어(㉣)나 단조로운 언어(㉤)는 의사표현에 사용되는 언어로 적절하지 않다.

**오답분석**

의사표현에 사용되는 언어로는 이해하기 쉬운 언어(㉠), 상세하고 구체적인 언어(㉡), 간결하면서 정확한 언어(㉢), 문법적 언어(㉥), 감각적 언어 등이 있다.

## 53  정답 ⑤

일을 할 때에는 너무 큰 단위로 수행하지 않고 작은 단위로 나누어 수행하는 것이 좋다. 작은 성공의 경험들이 축적되어 자신에 대한 믿음이 강화되면 보다 큰 일을 할 수 있기 때문이다. 즉, 작은 단위의 업무로 조금씩 성취감을 느끼는 것이 흥미와 적성을 개발하는 데 적절하다.

## 54  정답 ③

C사의 직접적인 관리가 불가능한 기술적 오류에 따라 발생한 사례이므로 자원 낭비 사례로 볼 수 없다.

**오답분석**

① 비계획적 행동에 따른 자원 낭비 사례에 해당한다. 예산의 용도를 적절한 수준에서 세부적으로 설정해 두어야 집행부서가 용도별 한도에 맞게 예산을 사용할 수 있다.
② 편리성 추구로 인한 자원 낭비 사례에 해당한다. 개인의 인적 관계망이 인적자원에 포함되듯, 협력업체와의 관계도 기업의 자원에 해당한다. 휴일의 편의를 누리느라 협력업체의 신뢰를 잃었으므로 자원 낭비 사례로 볼 수 있다.
④ 보유자원에 대한 인식 부재로 인한 자원 낭비 사례에 해당한다. 보유 중인 물품의 재고량을 제대로 파악하지 못하여 재고를 처리하지 못하는 것은 자원관리의 실패로 볼 수 있다.
⑤ 노하우 부족에 따른 자원 낭비 사례에 해당한다. 자원관리에 대한 경험이나 노하우가 부족한 경우 교육 및 훈련 프로그램을 통해 효과적인 자원관리가 이루어질 수 있도록 해야 한다.

## 55  정답 ③

경영활동은 조직의 효과성을 높이기 위해 총수입 극대화, 총비용 극소화를 통해 이윤을 창출하는 외부경영활동과 조직내부에서 인적, 물적자원 및 생산기술을 관리하는 내부경영활동으로 구분할 수 있다. 인도네시아 현지 시장의 규율을 조사하는 것은 시장진출을 준비하는 과정으로, 외부경영활동에 해당한다.

**오답분석**

① 추후 진출 예정인 인도네시아 시장 고객들의 성향을 미리 파악하는 것은 외부경영활동에 해당한다.
② 가동률이 급락한 중국 업체를 대신해 국내 업체들과의 협력안을 검토하는 것은 내부 생산공정 관리와 같은 내부경영활동에 해당한다.
④ 내부 엔진 조립 공정을 개선하면 생산성을 증가시킬 수 있다는 피드백에 따라 이를 위한 기술개발에 투자하는 것은 생산관리로, 내부경영활동에 해당한다.
⑤ 다수의 직원들이 유연근무제를 원한다는 설문조사 결과에 따라 유연근무제의 일환인 탄력근무제를 도입하여 능률적으로 인력을 관리하는 것은 내부경영활동에 해당한다.

## 56  정답 ④

농도 9% 소금물 200g에 들어있는 소금의 양은 $\frac{9}{100} \times 200 = 18$g이므로, 100g에 들어있는 소금의 양은 9g이다. 한편, 농도 4% 소금물 150g에 들어있는 소금의 양은 $\frac{4}{100} \times 150 = 6$g이다. 따라서 그릇 B에 들어있는 소금물의 농도는 $\frac{9+6}{100+150} \times 100 = 6$%이다.

## 57  정답 ②

10초짜리 음악 $a$곡, 20초짜리 음악 $b$곡, 30초짜리 음악 4곡으로 구성하여 6분(360초) 동안 총 20곡을 재생한다. 이를 식으로 정리하면 다음과 같다.
$a+b+4=20 \rightarrow a+b=16 \cdots$ ㉠
$10a+20b+30\times4=360$
$\rightarrow 10a+20b=240 \rightarrow a+2b=24 \cdots$ ㉡
두 방정식을 연립하면 $a=8$, $b=8$이므로 10초짜리 음악과 20초짜리 음악은 각각 8곡씩 재생된다.
따라서 $a+b=8+8=16$이다.

## 58  정답 ⑤

시간관리를 통해 스트레스 감소, 균형적인 삶, 생산성 향상, 목표 성취 등의 효과를 얻을 수 있다.

**시간관리를 통해 얻을 수 있는 효과**

- 스트레스 감소 : 사람들은 시간이 부족하면 스트레스를 받기 때문에 모든 시간 낭비 요인은 잠재적인 스트레스 유발 요인이라 할 수 있다. 따라서 시간관리를 통해 시간을 제대로 활용한다면 스트레스 감소 효과를 얻을 수 있다.
- 균형적인 삶 : 시간관리를 통해 일을 수행하는 시간을 줄인다면, 일 외에 다양한 여가를 즐길 수 있다. 또한, 시간관리는 삶에 있어서 수행해야 할 다양한 역할들의 균형을 잡는 것을 도와준다.
- 생산성 향상 : 한정된 자원인 시간을 적절히 관리하여 효율적으로 일을 하게 된다면 생산성 향상에 큰 도움이 될 수 있다.
- 목표 성취 : 목표를 성취하기 위해서는 시간이 필요하고, 시간은 시간관리를 통해 얻을 수 있다.

## 59  정답 ⑤

(A)의 경우 상대방이 제시하는 것을 일방적으로 수용한다는 점에서 유화전략임을 알 수 있으며, (B)의 경우 자신의 이익을 극대화하기 위한 공격적 전략이라는 점에서 강압전략임을 알 수 있다. 또한, (C)의 경우 협상을 피한다는 점에서 회피전략임을, (D)의 경우 협동과 통합으로 문제를 해결한다는 점에서 협력전략임을 알 수 있다.

## 60  정답 ④

새로운 사회환경을 접할 때는 개방적 태도를 갖는 동시에 자신의 정체성을 유지하도록 해야 한다.

# 제3회 모의고사 정답 및 해설

| 01 | 02 | 03 | 04 | 05 | 06 | 07 | 08 | 09 | 10 |
|---|---|---|---|---|---|---|---|---|---|
| ③ | ④ | ⑤ | ② | ① | ④ | ④ | ① | ③ | ② |
| 11 | 12 | 13 | 14 | 15 | 16 | 17 | 18 | 19 | 20 |
| ⑤ | ⑤ | ④ | ④ | ② | ④ | ① | ⑤ | ③ | ③ |
| 21 | 22 | 23 | 24 | 25 | 26 | 27 | 28 | 29 | 30 |
| ⑤ | ② | ④ | ④ | ④ | ① | ④ | ④ | ③ | ③ |
| 31 | 32 | 33 | 34 | 35 | 36 | 37 | 38 | 39 | 40 |
| ④ | ④ | ④ | ① | ④ | ④ | ④ | ④ | ③ | ④ |
| 41 | 42 | 43 | 44 | 45 | 46 | 47 | 48 | 49 | 50 |
| ② | ③ | ③ | ③ | ③ | ④ | ④ | ① | ④ | ③ |
| 51 | 52 | 53 | 54 | 55 | 56 | 57 | 58 | 59 | 60 |
| ③ | ② | ④ | ② | ③ | ⑤ | ① | ① | ⑤ | ① |

## 01  정답 ③

직업생활에서 요구되는 문서적인 의사소통능력은 문서로 작성된 글이나 그림을 읽고 내용을 이해하고 요점을 판단하며, 이를 바탕으로 목적과 상황에 적합하도록 아이디어와 정보를 전달할 수 있는 문서를 작성하는 능력을 말한다. 한편, 언어적인 의사소통능력은 상대방의 이야기를 듣고 의미를 파악하며, 이에 적절히 반응하고, 이에 대한 자신의 의사를 목적과 상황에 맞게 설득력을 가지고 표현하기 위한 능력을 말한다.
- 문서적인 의사소통 : ㉠, ㉢, ㉤
- 언어적인 의사소통 : ㉡, ㉣

## 02  정답 ④

조직의 구조, 기능, 규정 등이 조직화되어 있는 것은 공식조직이다. 한편, 비공식조직은 개인들의 협동과 상호작용에 따라 형성된 자발적인 집단으로 볼 수 있다. 공식조직은 인간관계에 따라 형성된 비공식조직으로부터 시작되지만, 조직의 규모가 커지면서 점차 조직 구성원들의 행동을 통제할 장치를 마련하게 되고, 이를 통해 공식화된다.

## 03  정답 ⑤

비영리조직은 공익을 추구하는 특징을 가진다. 공장은 하나의 기업으로, 이윤을 목적으로 하는 영리조직이다.

## 04  정답 ②

부패의 원인은 사회적 윤리 의식의 부재, 공사구분을 모호하게 하는 문화적 특성, 건전한 가치관의 미정립, 과도한 법규의 규제, 효율적 사회 시스템의 미비, 과거를 답습하는 문화 등 여러 가지가 있을 수 있다. 그러나 제시문에서 사회 시스템에 대한 내용은 언급되지 않았다.

## 05  정답 ①

제시문은 정부 사업을 수주하는 업체가 정부기관의 권력을 이용해 이익을 취하고 기업의 건전한 이윤추구의 가치를 훼손시킨 사례이다. 부패는 사회 시스템 전체가 유기적으로 움직이는 데 피해를 주고, 다른 사회구성원들로 하여금 엄청난 사회적 비용을 물도록 하여 국가와 사회의 정상적인 발전을 저해한다. 따라서 거래 당사자 간의 문제에 그치는 것이 아니라 사회적 비용으로 보아야 한다.

## 06  정답 ④

- 윗면 넓이 : $\pi r^2 = 3 \times \left(\dfrac{0.8}{2}\right)^2 = 0.48\text{m}^2$ ($r$은 원의 반지름)
- 옆면 넓이 : $2\pi rl = 2 \times 3 \times 0.4 \times 1 = 2.4\text{m}^2$ ($l$은 원기둥의 높이)

따라서 페인트칠에 들어가는 총비용은 $(0.48 \times 100,000) + (2.4 \times 70,000) = 48,000 + 168,000 = 216,000$원이다.

## 07  정답 ④

문제해결은 조직, 고객, 자신의 세 가지 측면에서 도움을 줄 수 있다.
- 조직 측면 : 자신이 속한 조직의 관련 분야에서 세계 일류 수준을 지향하며, 경쟁사와 대비하여 탁월하게 우위를 확보하기 위해서 끊임없는 문제해결이 요구된다.
- 고객 측면 : 고객이 불편하게 느끼는 부분을 찾아 개선하고, 고객 감동을 통해 고객만족을 높이는 측면에서 문제해결이 요구된다.
- 자신 측면 : 불필요한 업무를 제거하거나 단순화하여 업무를 효율적으로 처리하게 됨으로써 자신을 경쟁력 있는 사람으로 만들어 나가는 데 문제해결이 요구된다.

## 08 정답 ①

전략적 사고란 당면하고 있는 문제와 그 해결방법에만 집착하지 않고, 그 문제와 해결 방안이 상위 시스템과 어떻게 연결되어 있는지 생각하는 사고이다. 본사의 규정 변화가 영업점에 미칠 영향을 분석하는 것은 문제나 해결 방안이 하위 시스템과 어떻게 연결되어 있는지를 생각하는 것이다.

**오답분석**
② 문제와 해결방안이 상위 시스템 또는 다른 문제와 어떻게 연결되어 있는지를 생각하는 전략적 사고에 해당한다.
③ 경영성과와 같은 객관적 사실로부터 사고와 행동을 시작하는 사실 지향의 문제적 사고는 분석적 사고에 해당한다.
④ 전체를 각각의 요소로 나누어 그 요소의 의미를 도출하는 것은 분석적 사고에 해당한다.
⑤ 기대하는 결과를 명시하고 효과적으로 달성하는 방법을 여러 요소의 측면에서 도출하는 분석적 사고에 해당한다.

## 09 정답 ③

ㄱ. 팀워크는 공동의 목적을 달성하기 위해 구성원들이 협력하는 것을 의미하지만, 응집력은 공동목표나 목적 없이 소속감을 갖고 모이는 것을 의미한다.
ㄷ. 응집력은 협력을 전제하지 않으며, 구성원 간의 협력이 없더라도 구성원으로서의 소속감이나 의지 등으로 이를 충족할 수 있다. 구성원 간의 협력을 전제하는 것은 팀워크만의 특성이다.

**오답분석**
ㄴ. 응집력은 단순히 조직력이 좋은 것을 의미하고, 팀워크는 이를 통해 목적을 달성하는 것을 의미한다. 따라서 응집력과 달리 팀워크는 좋은 성과를 필요로 한다.

## 10 정답 ②

직장 내에서의 서열과 직위를 고려한 소개의 순서를 볼 때, 내가 속해 있는 회사의 관계자를 타 회사의 관계자에게 먼저 소개해야 한다.

## 11 정답 ⑤

꺾은선 그래프는 시간의 흐름에 따라 변하는 모습을 나타내는 데 많이 쓰인다. 따라서 날씨 변화, 에너지 사용 증가율, 물가의 변화 등을 나타내는 데 적절하다.

**오답분석**
①·② 원 그래프·띠 그래프 : 전체를 100%로 놓고 그에 대한 부분의 비율을 나타내는 데 많이 쓰인다. 따라서 각각의 항목이 차지하는 비중이 어느 정도인지를 나타내거나 중요도와 우선순위를 고려해야 할 자료에 적절하다.
③ 막대 그래프 : 크기나 작은 것 또는 많거나 적은 것을 한눈에 비교하는 데 적절하다.
④ 그림 그래프 : 지역이나 위치에 따라 수량의 많고 적음을 한눈에 알 수 있기 때문에 크기를 쉽게 비교할 필요성이 있는 자료에 적절하다.

## 12 정답 ⑤

빨리빨리형의 경우 성격이 급하고, 확신이 있는 말이 아니면 잘 믿지 않는 고객을 말한다. 빨리빨리형에게 애매한 화법을 사용하면 고객의 기분은 더욱 나빠질 수 있으므로, 만사를 시원스럽게 처리하는 모습으로 응대하는 것이 가장 적절하다.

**불만고객 유형별 대처 시 주의사항**
• 거만형
  - 정중하게 대하는 것이 좋다.
  - 자신의 과시욕이 채워지도록 뽐내든 말든 내버려 둔다.
• 의심형
  - 분명한 증거나 근거를 제시하여 스스로 확신을 갖도록 유도한다.
  - 때로는 책임자로 하여금 응대하는 것도 좋다.
• 트집형
  - 이야기를 경청하고, 맞장구치고, 추켜세우고, 설득해 가는 방법이 효과적이다.
  예 '손님의 말씀이 맞습니다. 역시 손님께서 정확하십니다.' 하고 고객의 지적이 옳음을 표시한 후 '저도 그렇게 생각하고 있습니다만….' 하고 설득한다.
  - 고객의 의견을 경청하고 사과를 하는 응대가 바람직하다.
• 빨리빨리형
  - "글쎄요?", "아마…", "저…" 하는 식의 애매한 화법을 사용하면 고객은 신경이 더욱 날카롭게 곤두서게 된다.
  - 만사를 시원스럽게 처리하는 모습을 보이면 응대하기 쉽다.

## 13 정답 ④

협상전략 수립, 협상환경 분석 등은 협상 전 단계에서 이루어진다.

**오답분석**
① 협상 후 단계에서는 협의내용의 비준과 실행, 분석평가가 이루어진다.
② 정보교환, 설득, 협상전략 및 전술구사는 협상진행 단계에서 이루어진다.
③ 합의문 작성 및 교환은 협상종결 단계로, 협상진행 단계에서 이루어진다.
⑤ 협상의 준비, 집행, 평가 등을 계획하는 기획과정은 협상 전 단계에 해당한다.

## 14
정답 ④

시간계획이란 시간 자원을 최대한 활용하기 위하여 가장 많이 반복되는 일에 가장 많은 시간을 분배하고, 최단 시간에 최선의 목표를 달성하는 것을 의미한다. 시간을 잘 계획할수록 일이나 개인적 측면에서 자신의 이상을 달성할 수 있는 시간을 창출할 수 있다.

## 15
정답 ②

**기술 시스템의 발전 단계**
발명・개발・혁신의 단계 → 기술 이전의 단계 → 기술 경쟁의 단계 → 기술 공고화 단계

## 16
정답 ④

**기술 시스템의 발전 단계**

| 단계 | 중요 역할자 |
| --- | --- |
| 발명・개발・혁신의 단계 | 기술자 |
| 기술 이전의 단계 | 기술자 |
| 기술 경쟁의 단계 | 기업가 |
| 기술 공고화 단계 | 자문 엔지니어, 금융 전문가 |

## 17
정답 ①

상향식 기술선택(Bottom Up Approach)은 기술자들로 하여금 자율적으로 기술을 선택하게 함으로써 기술자들의 흥미를 유발할 수 있고, 이를 통해 그들의 창의적인 아이디어를 활용할 수 있다는 장점이 있다.

**오답분석**
② 상향식 기술선택은 기술자들로 하여금 자율적으로 기술을 선택하게 함으로써, 시장에서 불리한 기술이 선택될 수 있다.
③ 상향식 기술선택은 기술자들이 자신의 과학기술 전문 분야에 대한 지식과 흥미만을 고려하여 기술을 선택하게 하므로 시장의 고객들이 요구하는 제품이나 서비스를 개발하는 데 부적합한 기술이 선택될 수 있다.
④ 하향식 기술선택은 기술에 대한 체계적인 분석을 한 후, 기업이 획득해야 하는 대상기술과 목표기술수준을 결정한다.
⑤ 하향식 기술선택은 먼저 기업이 직면하고 있는 외부환경과 기업의 보유 자원에 대한 분석을 통해 기업의 중장기적인 사업목표를 설정하고, 이를 달성하기 위해 확보해야 하는 핵심고객층과 그들에게 제공하고자 하는 제품과 서비스를 결정한다.

## 18
정답 ⑤

외부환경 모니터링은 정보적 역할에 해당된다.

**민츠버그의 경영자 역할에 따른 분류**

| 대인적 역할 | 조직의 대표자, 조직의 리더, 상징자, 지도자 |
| --- | --- |
| 정보적 역할 | 외부환경 모니터링, 변화전달, 정보전달자 |
| 의사결정적 역할 | 문제 조정, 대외적 협상 주도, 분쟁조정자, 자원 배분자, 협상가 |

## 19
정답 ③

조직외부의 정보를 내부 구성원들에게 전달하는 것은 정보 수문장(Gate Keeping)의 혁신 활동으로 볼 수 있다. (C)에는 '프로젝트의 효과적인 진행을 감독한다.' 등의 내용이 들어가야 한다.

## 20
정답 ③

잔액에는 당월 실적이 아닌 배정액에서 누적 실적(ⓒ)을 뺀 값을 작성한다.

## 21
정답 ⑤

피드백은 상대방이 원하는 경우 대인관계에 있어서 그의 행동을 개선할 수 있는 기회를 제공해 줄 수 있다. 그러나 부정적이고 비판적인 피드백만을 계속적으로 주는 경우에는 오히려 역효과가 나타날 수 있으므로 피드백을 줄 때 상대방의 긍정적인 면과 부정적인 면을 균형 있게 전달하도록 유의하여야 한다.

## 22
정답 ②

간트차트(Gantt Chart)는 1919년 간트(Gantt)가 고안한 작업진도 도표이다. 단계별로 업무의 시작부터 끝나는 데까지 걸리는 시간을 바(Bar) 형식으로 표시한다. 전체 일정 및 단계별 소요 시간, 각 업무 활동 사이의 관계 등을 한눈에 볼 수 있는 장점이 있다.

**오답분석**
① 업무계획표(Business Planner) : 업무 진행 계획을 기재한 표 형식의 문서이다.
③ 체크리스트(Checklist) : 업무 단계 각각의 수행수준을 스스로 점검할 수 있는 도구이다.
④ 워크플로시트(Work Flow Sheet) : 각 과정을 도형으로 나타내어 일의 흐름을 동적으로 보여주는 도구이다.
⑤ 플로차트(Flow Chart) : 문제의 범위를 정하여 분석하고, 그 해법을 명확하게 하기 위해서 필요한 작업이나 사무처리 순서를 통일된 기호와 도형을 사용하여 도식적으로 표시한 것을 말한다.

## 23  정답 ④
문제해결은 문제해결자의 개선의식, 도전 의식과 끈기를 필요로 한다. 특히 문제해결자의 현상에 대한 도전 의식과 새로운 것을 추구하려는 자세, 난관에 봉착했을 때 헤쳐 나가려는 태도 등이 문제해결의 밑바탕이 된다. A씨의 경우 문제해결방법에 대한 지식이 충분함에도 불구하고 도전 의식과 끈기가 부족하여 문제해결에 어려움을 겪고 있다.

## 24  정답 ④
자기개발은 개별적인 과정으로, 자신에 대한 이해를 바탕으로 환경변화를 예측하고, 자신에게 적합한 목표를 설정하며, 자신에게 알맞은 자기개발 전략이나 방법을 선정하여야 한다.

**오답분석**
① 자기개발은 일과 관련하여 이루어지는 활동으로, 생활 가운데 이루어져야 한다.
② 자기개발에서 개발의 주체는 타인이 아니라 자기 자신으로, 자기개발은 스스로 계획하고 실행하는 것이다.
③ 자기개발은 보다 보람되고 나은 삶을 영위하고자 노력하는 사람이라면 누구나 해야 하는 것이다.
⑤ 자기개발은 평생에 걸쳐서 이루어지는 과정으로, 변화하는 환경에 적응하기 위해서는 지속적인 자기개발이 필요하다.

## 25  정답 ③
'1인 가구의 인기 음식(ㄴ)'과 '5세 미만 아동들의 선호 색상(ㅂ)'은 각각 음식과 색상에 대한 자료를 가구, 연령으로 특징지음으로써 자료를 특정한 목적으로 가공한 정보(Information)로 볼 수 있다.

**오답분석**
ㄱ·ㄹ·ㅁ 특정한 목적이 없는 자료(Data)의 사례이다.
ㄷ 특정한 목적을 달성하기 위한 지식(Knowledge)의 사례이다.

## 26  정답 ④
보기의 자료는 '운동'을 주제로 나열되어 있는 자료임을 알 수 있다. 따라서 ④는 운동이 아닌 '식이요법'을 주제로 하는 지식의 사례이므로 적절하지 않다.

## 27  정답 ③
정보를 관리하지 않고 그저 머릿속에만 기억해 두는 것은 정보관리에 허술한 사례이다.

**오답분석**
①·④ 정보검색의 바람직한 사례이다.
② 정보전파의 바람직한 사례이다.
⑤ 정보관리의 바람직한 사례이다.

## 28  정답 ⑤
국제동향을 파악하기 위해서는 국제적인 법규나 규정을 숙지해야 한다. 우리나라에서는 합법적인 행동이 다른 나라에서는 불법적일 수 있기 때문에 국제적인 업무를 수행하기 전에 반드시 숙지하여 피해를 방지해야 한다. 따라서 국내의 법률, 법규 등을 공부하는 것은 국제동향을 파악하기 위한 행동으로 적절하지 않다.

## 29  정답 ③
㉠은 생리적 욕구가 자기개발을 방해하는 장애요인으로 작용한 것이다. 생리적 욕구는 인간의 생명 자체를 유지시켜 주는 기본적인 욕구로, 음식물, 수면, 성생활 등 본능적 생리현상에 따른 욕구를 말한다.

## 30  정답 ③
A금속과 B금속의 실제 질량을 $a\mathrm{g}$, $b\mathrm{g}$이라 가정하자. (A+B)합금의 실제 질량과 물속에서의 질량에 대한 식을 세우면 다음과 같다.
$a+b=58 \cdots ㉠$
$\frac{4}{5}a+\frac{2}{3}b=42 \rightarrow 6a+5b=315 \cdots ㉡$
㉠과 ㉡을 연립하면 $a=25$, $b=33$임을 알 수 있다.
따라서 합금에 포함된 A금속의 실제 질량은 25g이다.

## 31  정답 ④
거절의 의사결정에는 거절함으로써 발생될 문제들과 자신이 거절하지 못해서 그 일을 수락했을 때의 기회비용을 따져봐야 하고, 이를 추진할 수 있는 의지가 필요하다. 또한, 거절의 의사표현을 할 때에는 문제의 본질을 파악하여 생각해야 하고 빠르게 결정하여 거절해야 하며, 분명한 이유를 제시하거나 대안을 제시하는 것이 좋다.

## 32  정답 ④
**문서의 기능**
- 의사의 기록·구체화
  문서는 사람의 의사를 구체적으로 표현하는 기능을 갖는다. 사람이 가지고 있는 주관적인 의사는 문자·숫자·기호 등을 활용하여 종이나 다른 매체에 표시하여 문서화함으로써 그 내용이 구체화된다.
- 의사의 전달
  문서는 자신의 의사를 타인에게 전달하는 기능을 갖는다. 문서에 의한 의사 전달은 전화나 구두로 전달하는 것보다 좀 더 정확하고 변함없는 내용을 전달할 수 있다.
- 의사의 보존
  문서는 의사를 오랫동안 보존하는 기능을 갖는다. 문서로써 전달된 의사는 지속적으로 보존할 수 있고, 역사자료로서 가치를 갖기도 한다.

- 자료 제공
  보관·보존된 문서는 필요한 경우 언제든 참고자료 내지 증거자료로 제공되어 행정 활동을 지원·촉진시킨다.
- 업무의 연결·조정
  문서의 기안·결재 및 협조 과정 등을 통해 조직 내외의 업무처리 및 정보 순환이 이루어져 업무의 연결·조정 기능을 수행하게 한다.

## 33 정답 ③

제품의 원가를 $x$원이라고 하자.
제품의 정가는 $(1+0.2)x=1.2x$원이고, 판매가는 $1.2x\times(1-0.15)=1.02x$원이다.
50개를 판매한 금액이 127,500원이므로 다음 식이 성립한다.
$1.02x\times50=127,500$
→ $1.02x=2,550$
∴ $x=2,500$
따라서 제품의 원가는 2,500원이다.

## 34 정답 ①

**임파워먼트의 장애요인**
- 개인 차원 : 주어진 일을 해내는 역량의 결여, 대응성, 동기의 결여, 결의의 부족, 책임감 부족, 성숙 수준의 전반적인 의존성, 빈곤의 정신 등
- 대인 차원 : 다른 사람과의 성실성 결여, 약속 불이행, 성과를 제한하는 조직의 규범, 갈등처리 능력의 결여, 승패의 태도 등
- 관리 차원 : 통제적 리더십 스타일, 효과적 리더십 발휘능력 결여, 경험 부족, 정책 및 기획의 실행능력 결여, 비전의 효과적 전달능력 결여 등
- 조직 차원 : 공감대 형성이 없는 구조와 시스템, 제한된 정책과 절차 등

## 35 정답 ④

D는 물품을 분실한 경우로, 보관 장소를 파악하지 못한 경우와 비슷할 수 있으나 분실한 경우에는 물품을 다시 구입하지 않으면 향후 활용할 수 없다는 점에서 차이가 있다. 물품을 분실한 경우 물품을 다시 구입해야 하므로 경제적인 손실을 가져올 수 있으며, 경우에 따라 동일한 물품이 시중에서 판매되지 않는 경우가 있을 수 있다.

## 36 정답 ④

말의 속도와 리듬에 있어서 매우 빠르거나 짧게 얘기하면 공포나 노여움을 나타낸다.

## 37 정답 ③

두 수의 곱이 짝수인 경우는 (짝수, 홀수), (홀수, 짝수), (짝수, 짝수)이고, 두 수의 곱이 홀수인 경우는 (홀수, 홀수)이다.
$a$, $b$의 곱이 짝수일 확률은 $1-(a, b$의 곱이 홀수일 확률)이다.
따라서 $a$와 $b$의 곱이 짝수일 확률은 $1-\left(\frac{1}{3}\times\frac{2}{5}\right)=\frac{13}{15}$이다.

## 38 정답 ④

(가)의 입장에 따르면 국가 청렴도가 낮은 문제를 해결하기 위해서는 청렴을 강조한 전통 윤리를 지킬 필요가 있다. 이에 개인을 넘어서 공동체, 나아가 국가의 공사(公事)를 우선하는 봉공 정신, 청빈한 생활 태도를 유지하면서 국가의 일에 충심을 다하려는 청백리 정신을 실천하는 자세가 필요하다.

## 39 정답 ③

직장에서의 근면한 생활을 위해서는 B사원과 같이 일에 지장이 없도록 항상 건강관리에 유의해야 하며, C대리와 같이 오늘 할 일을 내일로 미루지 않고, 업무 시간에 개인적인 일을 하지 않아야 한다.

**오답분석**
- A사원 : 항상 일을 배우는 자세로 임하여 열심히 해야 한다.
- D대리 : 사무실 내에서 메신저 등을 통해 사적인 대화를 나누지 않아야 한다.

## 40 정답 ④

B대리는 A사원의 질문에 대해 명료한 대답을 하지 않고 모호한 태도를 보이고 있으므로 협력의 원리 중 태도의 격률을 어기고 있음을 알 수 있다.

## 41  정답 ②

설정형 문제는 앞으로 어떻게 할 것인가의 문제를 의미한다. 설정형 문제는 지금까지 해오던 것과 전혀 관계없이 미래 지향적으로 새로운 과제 또는 목표를 설정함에 따라 발생하는 문제로, 목표지향적 문제라고 할 수 있다. 문제해결에 많은 창조적인 노력이 요구되어 창조적 문제라고 하기도 한다.

**오답분석**
① 발생형 문제 : 우리가 바로 직면하고 걱정하고 해결하기 위해 고민하는 문제를 의미한다. 문제의 원인이 내재되어 있기 때문에 원인 지향적인 문제라고도 한다.
③ 잠재형 문제 : 드러나지 않았으나 방치해 두면 불량이 발생하는 문제를 의미한다.
④ 탐색형 문제 : 현재 상황을 개선하거나 효율을 높이기 위한 문제를 의미한다. 문제를 방치하면 뒤에 큰 손실이 따르거나 결국 해결할 수 없는 문제로 나타나게 된다.
⑤ 원상회복형 문제 : 과거의 상태를 이상적인 상태로 여기고 현재의 상태를 과거의 상태로 회복하고자 하는 문제 유형을 의미한다.

## 42  정답 ③

A사원은 자사의 수익과 성과가 적은 이유를 단순히 영업에서의 문제로 판단하고, 타사의 근무하는 친구의 경험만을 바탕으로 이에 대한 해결 방안을 제시하였다. 따라서 문제를 각각의 요소로 나누어 판단하는 분석적 사고가 부족한 사례로 볼 수 있다. A사원은 먼저 문제를 각각의 요소로 나누고, 그 요소의 의미를 도출한 후 우선순위를 부여하여 구체적인 문제해결방법을 실행해야 한다.

## 43  정답 ③

R대리와 S과장은 경력개발의 이유로 환경변화를 이야기하고 있다. 환경변화에 따른 개발 요인에는 지식정보의 빠른 변화, 인력난 심화, 삶의 질 추구, 중견사원 이직 증가 등이 있다.

## 44  정답 ③

시간계획을 세울 때 한정된 시간을 효율적으로 활용하기 위해서는 명확한 목표를 설정하는 것이 중요하다. 명확한 목표를 설정한 후 일이 가진 중요성과 긴급성을 바탕으로 우선순위를 정하고, 예상 소요시간을 적어본다. 그리고 시간 계획서를 작성하면 보다 효율적으로 일을 처리할 수 있다. 따라서 효율적인 시간계획의 작성 순서는 (나) - (가) - (라) - (다)이다.

## 45  정답 ③

리더는 조직 구성원들 중 한 명일 뿐이라는 점에서 파트너십 유형임을 알 수 있다. 독재자 유형과 민주주의에 근접한 유형은 리더와 조직 구성원 사이에 명확한 구분이 있으나, 파트너십 유형에서는 그러한 구분이 희미하고, 리더가 조직의 구성원이 되기도 한다.

**오답분석**
① 독재자 유형 : 독재자에 해당하는 리더가 집단의 규칙하에 지배자로 군림하며, 팀원들이 자신의 권위에 대한 도전이나 반항 없이 순응하도록 요구하고, 개개인들에게 주어진 업무만을 묵묵히 수행할 것을 기대한다.
② 민주주의에 근접한 유형 : 리더는 팀원들이 동등하다는 것을 확신시키고 경쟁과 토론, 새로운 방향의 설정에 팀원들을 참여시킨다. 비록 민주주의적이긴 하지만 최종 결정권은 리더에게 있음이 특징이다.
④ 변혁적 유형 : 변혁적 리더를 통해 개개인과 팀이 유지해 온 업무수행 상태를 뛰어넘으려 한다. 변혁적 리더는 특정한 카리스마를 통해 조직에 명확한 비전을 제시하고, 그 비전을 향해 자극을 주고 도움을 주는 일을 수행한다.
⑤ 자유방임적 유형 : 리더가 조직의 의사결정과정을 이끌지 않고 조직 구성원들에게 의사결정 권한을 위임해 버리는 리더십 유형이다. 자유로운 회의를 통해 다양한 의견을 제시할 수 있으나, 리더의 지시나 명령이 영향력을 발휘하지 못하고, 구성원의 역량이 낮을 때 의사결정을 내리기 어려운 단점을 볼 수 있다.

## 46  정답 ⑤

물적자원을 효과적으로 관리하기 위해서는 먼저 사용 물품과 보관 물품을 구분하고, 동일 및 유사 물품으로 분류한 뒤 물품을 적절하게 보관할 수 있는 장소를 선정해야 한다. 따라서 효과적인 물적자원관리 과정은 (다) - (나) - (가)의 순서로 이루어져야 한다.

## 47  정답 ④

물품은 일괄적으로 같은 장소에 보관하는 것이 아니라 개별 물품의 재질, 부피, 무게 등 특성을 고려하여 보관 장소를 선정해야 한다. 물품에 따라 재질, 부피, 무게 등을 기준으로 물품을 분류하기도 하지만, 모든 물품의 분류 기준이 되는 것은 아니므로 재질, 부피, 무게 등을 모두 포함하는 물품의 특성이 기준이 된다.

## 48  정답 ①

SWOT 분석은 내부환경요인과 외부환경요인으로 구성되어 있다. 내부환경요인은 자사 내부의 환경을 분석하는 것으로, 자사의 강점과 약점으로 구분되며, 외부환경요인은 자사 외부의 환경을 분석하는 것으로, 기회와 위협으로 구분된다.

## 49  정답 ④

정보처리는 기획 – 수집 – 관리 – 활용 순으로 이루어진다.

**오답분석**
① 전략적 기획은 정보수집의 첫 단계로서 정보처리 과정 전반에 필요한 전략적 계획수립 단계이다.
② 정보 관리 시 고려해야 하는 요소 3가지는 목적성, 용이성, 유용성이다.
③ 다양한 정보원으로부터 합목적적 정보를 수집하는 것이 좋다.
⑤ 정보윤리가 강조되고 있는 만큼, 합목적성과 합법성을 모두 고려해야 한다.

## 50  정답 ③

ⓒ 데이터베이스를 이용하면 다량의 데이터를 정렬하여 저장하게 되므로 검색 효율이 개선된다.
ⓓ 데이터가 중복되지 않고 한 곳에만 기록되어 있으므로, 오류 발견 시 그 부분만 수정하면 되기 때문에 데이터의 무결성을 높일 수 있다.

**오답분석**
ⓐ 대부분의 데이터베이스 관리시스템은 사용자가 정보에 대한 보안등급을 정할 수 있게 해 준다. 따라서 부서별로 읽기 권한, 읽기와 쓰기 권한 등을 구분해 부여하므로 안정성을 높일 수 있다.
ⓔ 데이터베이스를 형성하여 중복된 데이터를 제거하면 데이터 유지비를 감축할 수 있다.

## 51  정답 ③

원의 둘레는 $2 \times \pi \times r$이고, 각 롤러가 칠할 수 있는 면적은 (원의 둘레)×(너비)이다. A롤러가 1회전 할 때 칠할 수 있는 면적은 $2 \times \pi \times 5 \times$(너비)이고, B롤러가 1회전 할 때 칠할 수 있는 면적은 $2 \times \pi \times 1.5 \times$(너비)이다. $\pi$와 롤러의 너비는 동일하므로 소거하면, 1회전 할 때 A롤러는 10, B롤러는 3만큼의 면적을 칠한다. 즉, 처음으로 같은 면적을 칠하기 위해 A롤러는 3바퀴, B롤러는 10바퀴를 회전해야 한다.
따라서 A롤러와 B롤러의 회전수의 합은 10+3=13바퀴이다.

## 52  정답 ②

인상적인 의사소통을 위해서는 이전의 표현과 다른 색다른 표현을 사용하기 위해 노력하여야 한다. 따라서 옳지 않은 것은 ⓔ로 1개이다.

**인상적인 의사소통을 위한 노력**
- 항상 주위의 언어 정보에 민감하게 반응하고, 자신이 활용할 수 있도록 노력한다.
- 자신이 자주 사용하는 표현을 찾아내 다른 표현으로 바꿔 본다.
- 언제나 '다른 표현은 없을까?' 생각하고, 새로운 표현을 검토해 본다.

## 53  정답 ④

문화 및 제도적인 차이에 대한 내용을 통해 글로벌 벤치마킹에 대한 설명임을 알 수 있다.

**오답분석**
① 내부 벤치마킹 : 같은 기업 내의 다른 지역, 타 부서, 국가 간의 유사한 활용을 비교 대상으로 한다. 자료 수집이 용이하고 다각화된 우량기업의 경우 효과가 큰 반면, 관점이 제한적일 수 있고, 편중된 내부 시각에 대한 우려가 있다는 단점을 가지고 있다.
② 경쟁적 벤치마킹 : 동일 업종에서 고객을 직접적으로 공유하는 경쟁기업을 대상으로 한다. 경영성과와 관련된 정보 입수가 가능하고 업무/기술에 대한 비교가 가능한 반면, 윤리적인 문제가 발생할 소지가 있으며, 대상의 적대적 태도로 인해 자료 수집이 어렵다는 단점이 있다.
③ 비경쟁적 벤치마킹 : 제품, 서비스 및 프로세스의 단위 분야에 있어 가장 우수한 실무를 보이는 비경쟁적 기업 내의 유사 분야를 대상으로 하는 방법이다. 혁신적인 아이디어의 창출 가능성이 높은 반면 다른 환경의 사례를 가공하지 않고 적용할 경우 효과를 보지 못할 가능성이 높다는 단점이 있다.
⑤ 간접적 벤치마킹 : 벤치마킹을 수행 방식에 따라 분류한 것으로, 인터넷 및 문서 형태의 자료를 통해서 간접적으로 수행하는 방법이다.

## 54  정답 ②

(가) 강제연상법 : 각종 힌트에서 강제적으로 연결 지어서 발상하는 방법이다.
(나) 자유연상법 : 어떤 생각에서 다른 생각을 떠올리는 작용을 통해 어떤 주제에서 생각나는 것을 열거해 나가는 방법이다.
(다) 비교발상법 : 주제가 본질적으로 닮은 것을 힌트로 하여 새로운 아이디어를 얻는 방법이다.

## 55 　　　　　　　　　　　　　　　정답 ③
대부상황은 개인정보 중 신용정보로 분류된다.

## 56 　　　　　　　　　　　　　　　정답 ⑤
ㄱ. 세계화는 조직 구성원들의 근무환경 등 개인의 삶에도 직·간접적으로 영향을 주므로 구성원들은 의식 및 태도, 지식습득에 있어서 적응이 필요하다. 따라서 기업의 대외적 경영 측면뿐 아니라 대내적 관리에도 영향을 준다.
ㄷ. 이문화 이해는 언어적 소통 및 비언어적 소통, 문화, 정서의 이해를 모두 포괄하는 개념이다. 따라서 이문화 이해가 곧 언어적 소통이 되는 것은 아니다.
ㄹ. 문화란 장시간에 걸쳐 무의식적으로 형성되는 영역으로, 단기간에 외국문화를 이해하는 것은 한계가 있기 때문에 지속적인 학습과 노력이 요구된다.

**오답분석**
ㄴ. 대상국가의 법규 및 제도 역시 기업이 적응해야 할 경영환경이다.

## 57 　　　　　　　　　　　　　　　정답 ①
벤치마킹 데이터를 수집하고 분석하는 과정에서는 여러 보고서를 동시에 보고, 붙이고 자르는 작업을 용이하게 해주는 문서 편집 시스템을 이용하는 것이 유용하다.

## 58 　　　　　　　　　　　　　　　정답 ①
자기관리는 자신의 목표성취를 위해 자신의 행동과 자신의 업무수행을 관리하고 조정하는 것이다. 따라서 (가) 자기관리 계획, (마) 업무의 생산성 향상 방안, (아) 대인관계 향상 방안이 자기관리에 해당하는 질문으로 적절하다.

**오답분석**
- (나), (라), (자) : 자아인식에 해당하는 질문이다.
- (다), (바), (사) : 경력개발에 해당하는 질문이다.

## 59 　　　　　　　　　　　　　　　정답 ⑤
준법이란 민주 시민으로서 기본적으로 지켜야 하는 의무이며, 생활 자세이다. 민주 사회에서 법과 규칙을 준수하는 것은 시민으로서의 자신의 권리를 보장받고, 다른 사람의 권리를 보호해 주며, 사회 질서를 유지하는 역할을 한다. 가볍게 생각할 수 있는 교통질서이지만, 한 사람의 질서 거부가 전체 시스템의 마비로 이어질 수 있다. 그리고 그 피해는 결국 다른 사람은 물론 나 자신에게도 돌아오기 때문에 개개인의 준법의식이 매우 중요하다.

## 60 　　　　　　　　　　　　　　　정답 ①
현재 갑의 부서배치는 갑의 성격을 고려하지 않은 배치이므로 갑의 업무 능력을 감소시킨다. 따라서 팀의 효율성을 높이기 위해 팀원의 능력·성격을 고려해 배치하는 적재적소 배치 방법이 필요하다.

**오답분석**
② 능력 배치 : 개인에게 능력을 발휘할 수 있는 기회와 장소를 부여한 뒤, 그 성과를 바르게 평가하고 평가된 능력과 실적에 대해 상응하는 보상을 하는 원칙을 말한다.
③ 균형 배치 : 모든 팀원에 대한 평등한 적재적소, 즉 팀 전체의 적재적소를 고려하는 것으로, 팀 전체의 능력향상, 의식개혁, 사기양양 등을 도모하는 의미에서 전체와 개체의 균형을 이루도록 하는 배치를 말한다.
④ 양적 배치 : 작업량과 조업도, 여유 또는 부족 인원을 감안하여 소요 인원을 결정, 배치하는 것을 말한다.
⑤ 적성 배치 : 팀원의 적성 및 흥미에 따라 배치하는 것으로, 이는 적성에 맞고 흥미를 가질 때 성과가 높아진다는 것을 가정한 배치 방법이다.

# 모듈형 NCS 집중학습 봉투모의고사

# 제4회 모의고사 정답 및 해설

| 01 | 02 | 03 | 04 | 05 | 06 | 07 | 08 | 09 | 10 |
|---|---|---|---|---|---|---|---|---|---|
| ① | ③ | ④ | ③ | ② | ① | ② | ③ | ② | ② |
| 11 | 12 | 13 | 14 | 15 | 16 | 17 | 18 | 19 | 20 |
| ③ | ⑤ | ③ | ⑤ | ① | ③ | ③ | ⑤ | ③ | ④ |
| 21 | 22 | 23 | 24 | 25 | 26 | 27 | 28 | 29 | 30 |
| ② | ① | ④ | ② | ⑤ | ② | ② | ② | ② | ⑤ |
| 31 | 32 | 33 | 34 | 35 | 36 | 37 | 38 | 39 | 40 |
| ④ | ① | ④ | ④ | ② | ① | ⑤ | ⑤ | ④ | ⑤ |
| 41 | 42 | 43 | 44 | 45 | 46 | 47 | 48 | 49 | 50 |
| ② | ⑤ | ② | ① | ② | ④ | ④ | ⑤ | ② | ① |
| 51 | 52 | 53 | 54 | 55 | 56 | 57 | 58 | 59 | 60 |
| ④ | ② | ③ | ② | ② | ③ | ① | ③ | ③ | ③ |

## 01     정답 ①

막대 그래프는 비교하고자 하는 수량을 막대 길이로 표시하고, 그 길이를 비교하여 각 수량 간의 대소관계를 나타내고자 할 때 가장 기본적으로 활용할 수 있는 그래프이다.

### 오답분석
② 선 그래프 : 꺾은선 그래프라고도 하며, 시간적 추이(시계열 변화)를 표시하는 데 적합하다.
③ 원 그래프 : 일반적으로 내역이나 내용의 구성비를 분할하여 나타내고자 할 때 활용할 수 있는 그래프이다.
④ 점 그래프 : 지역분포를 비롯하여 도시, 지방, 기업, 상품 등의 평가나 위치, 성격을 표시하는 데 활용할 수 있는 그래프이다.
⑤ 방사형 그래프 : 다양한 요소를 비교할 때 또는 경과를 나타낼 때 활용할 수 있는 그래프이다. 레이더 차트 또는 거미줄 그래프라고도 한다.

## 02     정답 ③

균형주의란 모든 팀원에 대한 평등한 적재적소, 즉 팀 전체의 적재적소를 고려하는 것으로, 팀 전체의 능력향상, 의식개혁, 사기양양 등을 도모하는 것이다. C기업의 사례에서는 직원들의 능력향상이 팀 전체의 능력을 향상시킬 뿐 아니라 근무기간과 관계없이 열심히 할수록 진급할 수 있는 기회를 제공해 직원들의 의식을 개혁하고 사기를 높였다.

### 오답분석
① A기업은 개인에게 능력을 발휘할 수 있는 기회와 장소를 부여한 뒤, 그 성과를 바르게 평가하고 평가된 능력과 실적에 대해 상응하는 보상을 하는 것으로, 능력주의에 해당하는 사례이다.
② B기업은 팀원을 능력이나 성격 등과 가장 적합한 위치에 배치하여 팀원 개개인의 능력을 최대로 발휘해 줄 것을 기대하는 것으로, 적재적소주의에 해당하는 사례이다.
④ D기업은 근로자의 인권을 존중하고 공헌도에 따라 노동의 대가를 공정하게 지급하는 공정 보상의 원리에 해당하는 사례이다.
⑤ E기업은 근로자가 직장에서 신분이 보장되고 계속해서 근무할 수 있다는 믿음을 갖게 하여 근로자가 안정된 회사 생활을 할 수 있도록 하는 종업원 안정의 원칙에 해당하는 사례이다.

## 03     정답 ④

- C사원 : 문서의 첨부 자료는 반드시 필요한 자료 외에는 첨부하지 않도록 해야 하므로 옳지 않다.
- D사원 : 문서를 작성한 후에는 다시 한 번 내용을 검토해야 하지만, 작성자의 성의가 담기도록 경어나 단어 사용에 신경을 써야 하므로 낮춤말인 '해라체'로 고쳐 쓰는 것은 옳지 않다.

## 04     정답 ③

자기개발이 자신의 직위와 직급을 향상시키기 위해서 필요하다는 내용은 제시문을 통해 확인할 수 없다. 자기개발은 효과적으로 업무를 처리하기 위하여, 즉 업무의 성과를 향상시키기 위해서 필요한 것이며, 직위와 직급의 향상은 이를 통해 부차적으로 얻게 된다.

## 05     정답 ②

백과사전은 2차 자료에 해당한다.

| 1차 자료 | 단행본, 학술지와 학술지 논문, 학술회의자료, 연구보고서, 학위논문, 특허정보, 표준 및 규격자료, 레터, 출판 전 배포자료, 신문, 잡지, 웹 정보자원 등 |
|---|---|
| 2차 자료 | 사전, 백과사전, 편람, 연감, 서지 데이터베이스 등 |

## 06 정답 ①

조직의 규칙과 규정은 조직의 목표나 전략에 따라 수립되어 조직 구성원들의 활동범위를 제약하고 일관성을 부여하는 기능을 한다. 예로는 인사규정, 총무규정, 회계규정 등이 있다.

## 07 정답 ②

**오답분석**
① 이메일 제목에서 실무자 회의라고 했으므로 받는 사람이 실무자가 되어야 한다.
③ 이메일 내용이 회의에 대해 형식에 맞고 간결한 안내가 되어 있지 않고, 비즈니스 서식에도 맞지 않게 작성되었다.
④ 첨부 파일명에 세부 내용이 요약되어 있지 않다.
⑤ 참조하는 사람이 관리자가 되어야 한다.

**바람직한 이메일 예절**
- 서두에 소속과 이름을 밝힌다.
- 메일 제목은 반드시 쓰고 간결하면서 핵심을 알 수 있게 작성한다.
- 내용은 일시, 장소, 참석자, 안건 등 업무 성격에 맞는 형식으로 일목요연하게 정리되어야 하고 간결하면서도 명확하게 써서 수신자가 빠르게 읽고 제대로 응답할 수 있도록 한다.
- 첨부파일은 상대방이 내용에 대해 쉽게 인지할 수 있도록 세부 내용을 요약하여 이름을 정해야 한다.

## 08 정답 ③

부득이하게 참석이 어려운 사람에 대한 회신은 이미 이메일 내용에 언급되어 있다.

**오답분석**
① 비즈니스 서식에는 맞지 않는 구어체를 사용하고 있으므로 수정해야 한다.
② 서두에 회의의 목적에 대해 명확하게 기술되어 있지 않아 받는 사람이 바로 의도를 파악하기 어려워 빠르게 응답받기 어려울 수 있으므로 수정해야 한다.
④ 일시, 장소, 참석자, 안건 등 필요 내용이 일목요연하고 간결하게 정리되어 있지 않아 응답자가 빠르게 응답하기 어려우므로 수정할 필요가 있다.
⑤ 첨부 파일명에 세부 내용을 요약하여 받는 사람이 내용에 대해 쉽게 인지할 수 있도록 수정해야 한다.

## 09 정답 ②

창의적 사고는 선천적으로 타고날 수도 있지만, 후천적 노력에 의해서도 개발이 가능하다.

**오답분석**
① 새로운 경험을 찾아 나서는 사람은 적극적이고 모험심과 호기심 등을 가진 사람으로, 창의력 교육훈련에 필요한 요소를 가지고 있는 사람이다.
③ 창의적인 사고는 창의력 교육훈련을 통해 후천적 노력에 의해서도 개발이 가능하다.
④ 창의력은 본인 스스로 자신의 틀에서 벗어나도록 노력하는 것으로, 통상적인 사고가 아니라 기발하고 독창적인 것을 말한다.
⑤ 창의적 사고는 전문지식보다 자신의 경험 및 기존의 정보를 특정한 요구 조건에 맞추거나 유용하도록 새롭게 조합시킨 것이다.

## 10 정답 ②

코칭을 진행할 경우 어떤 활동을 다룰 것이며 시간은 어느 정도 소요될 것인지에 대해서 직원들에게 구체적이고 명확히 밝혀야 한다. 또한 지나치게 많은 지시와 정보로 직원들을 압도하는 일이 없도록 하고, 질문과 피드백에 충분한 시간을 할애해야 한다.

**오답분석**
ㄴ. 직원 스스로 해결책을 찾도록 유도한다.
ㅁ. 핵심적인 질문으로 효과를 높일 뿐 아니라 적극적으로 경청한다.

**코칭의 진행 과정**
- 시간을 명확히 알린다.
- 목표를 확실히 밝힌다.
- 핵심적인 질문으로 효과를 높인다.
- 적극적으로 경청한다.
- 반응을 이해하고 인정한다.
- 직원 스스로 해결책을 찾도록 유도한다.
- 코칭 과정을 반복한다.
- 인정할 만한 일은 확실히 인정한다.
- 결과에 대한 후속 작업에 집중한다.

## 11 정답 ③

제시된 문제해결방법은 Logic Tree 방법이다. Logic Tree 방법은 문제의 원인을 깊이 파고들거나 해결책을 구체화할 때 제한된 시간에서 넓이와 깊이를 추구하는 데 도움이 되는 기술로, 주요 과제를 나무 모양으로 분해·정리하는 기술이다.

**오답분석**
① So What 방법 : '그래서 무엇이지?' 하고 자문자답하는 것으로, 눈앞에 있는 정보로부터 의미를 찾아내어 가치 있는 정보를 이끌어 내는 방법이다.
② 피라미드 구조 방법 : 하위의 사실이나 현상부터 사고함으로써 상위의 주장을 만들어가는 방법이다.
④ SWOT 분석 방법 : 기업내부의 강점, 약점과 외부환경의 기회, 위협요인을 분석 평가하고 이들을 서로 연관 지어 전략과 문제해결 방안을 개발하는 방법이다.
⑤ 3C 분석 방법 : 환경을 구성하고 있는 요소인 자사, 경쟁사, 고객에 대해 체계적으로 분석하는 방법이다.

## 12  정답 ⑤

서번트 리더십은 다른 사람을 섬기는 사람이 리더가 될 수 있다는 이론으로, 로버트 그린리프(Robert K. Greenleaf)가 처음 제시하였다. 인재를 가장 중요한 자원으로 보았으며, 봉사를 통해 구성원을 현명하면서도 자율적인 사람이 되게 하는 것을 리더의 역할로 보고 있다.

**오답분석**
① 지시적 리더십 : 조직 구성원에게 해야 할 일과 따라야 할 일을 지시하는 유형의 리더십이다.
② 파트너십 리더십 : 리더를 하나의 조직 구성원으로 보는 것으로, 집단의 모든 구성원이 결과에 대한 책임을 함께 가져야 한다고 보는 리더십이다.
③ 슈퍼 리더십 : 구성원 개인의 능력을 중요시하여 인재를 영입하고 육성하는 것에 집중하며, 리더가 구성원의 능력을 발현할 수 있게 하는 리더십이다.
④ 변혁적 리더십 : 리더가 조직 구성원의 사기를 고양시키기 위해 미래의 비전과 집단의 사명감을 강조하고, 이를 통해 조직의 장기적 목표를 달성하려 하는 리더십이다.

## 13  정답 ③

다혈질적인 면은 K사원 자신은 알고, 타인은 모르는 자신의 모습이다. 따라서 자신이 다혈질적인지 생각해 볼 필요는 없으며, 자신이 가지고 있는 다혈질적인 면을 사람들과의 대인관계에 있어 어떻게 해야 할지 고민하는 것이 가장 적절하다.

## 14  정답 ⑤

벤치마킹은 비교대상에 따라 내부·경쟁적·비경쟁적·글로벌 벤치마킹으로 분류되며, 네스프레소는 뛰어난 비경쟁 기업의 유사 분야를 대상으로 벤치마킹하는 비경쟁적 벤치마킹을 하고 있다. 비경쟁적 벤치마킹은 아이디어 창출 가능성은 높으나 가공하지 않고 사용하면 실패할 가능성이 높다.

**오답분석**
① 내부 벤치마킹에 대한 설명이다.
②·③ 글로벌 벤치마킹에 대한 설명이다.
④ 경쟁적 벤치마킹에 대한 설명이다.

## 15  정답 ①

석유자원을 대체하고 에너지의 효율성을 높이는 것은 기존 기술에서 탈피하고 새로운 기술을 습득하는 기술경영자의 능력으로 볼 수 있다.

**기술경영자의 능력**
• 기술을 기업의 전반적인 전략 목표에 통합시키는 능력
• 빠르고 효과적으로 새로운 기술을 습득하고 기존의 기술에서 탈피하는 능력
• 기술을 효과적으로 평가할 수 있는 능력
• 기술 이전을 효과적으로 할 수 있는 능력
• 새로운 제품개발 시간을 단축할 수 있는 능력
• 크고 복잡하며 서로 다른 분야에 걸쳐 있는 프로젝트를 수행할 수 있는 능력
• 조직 내의 기술 이용을 수행할 수 있는 능력
• 기술 전문 인력을 운용할 수 있는 능력

## 16  정답 ③

과장은 서로 다른 지역으로 출장을 가야 하므로 과장이 서로 다른 지역으로 출장을 가는 경우의 수는 $_4P_2=120$이다. 또한 각 지역은 대리급 이상이 포함되어야 한다.

• 과장과 대리 1명이 같은 지역으로 출장을 가는 경우의 수
  대리 3명 중 1명이 과장과 같은 지역으로 출장을 가고 남은 2명의 대리는 남은 두 지역으로 출장을 간다.
  $_3C_1 \times _2C_1 \times 2! = 12$가지
• 과장과 대리가 서로 다른 지역으로 출장을 가는 경우의 수
  대리 2명, 대리 1명으로 나누어 남은 두 지역으로 출장을 간다.
  $_3C_2 \times 2! = 6$가지

각 경우의 남은 세 자리에 대하여 남은 사원 3명이 출장을 가는 경우의 수는 $3!$가지이다.
따라서 구하고자 하는 확률은
$$\frac{12 \times 12 \times 3!}{12 \times 12 \times 3! + 12 \times 6 \times 3!} = \frac{12}{12+6} = \frac{2}{3}$$ 이다.

## 17  정답 ③

K유통업체는 바코드(Bar Code)를 사용하여 물품을 관리하고 있다. 물품의 수명기간 동안 무선으로 물품을 추적 관리할 수 있는 것은 바코드가 아닌 RFID 물품관리 시스템으로, 물품에 전자태그(RFID)를 부착하여 관리하는 것이다.

## 18  정답 ⑤

군인은 하나의 직업으로, 직업을 가진 사람이라면 누구나 반드시 지켜야 할 직업윤리를 가진다. 직업윤리는 기본적으로 개인윤리를 바탕으로 성립되는 규범이기는 하지만 상황에 따라 개인윤리와 직업윤리가 서로 충돌하는 경우가 발생한다. 주어진 사례의 경우 K씨의 입장에서 타인에 대한 물리적 행사가 절대 금지되어 있다고 생각하는 개인윤리와 군인의 입장에서 필요한 경우 물리적 행사가 허용된다는 직업윤리가 충돌하고 있다. 이러한 상황에서는 직업인이라면 직업윤리를 개인윤리보다 우선하여야 한다는 조언이 가장 적절하다.

## 19  정답 ③

(가), (다), (라)의 경우 외부로부터의 강요가 아니라 자진해서 행동하고 있다. 자진해서 하는 근면은 능동적이고 적극적인 태도가 우선시된다.

**오답분석**
- (나) : 팀장으로부터 강요당하였다.
- (마) : 어머니로부터 강요당하였다.

## 20  정답 ④

㉠은 고객접점 서비스이다. 고객접점 서비스에서는 짧은 순간의 서비스를 통해 고객의 인상이 달라질 수 있으며, 이로 인해 서비스 직원의 첫인상은 매우 중요하다고 볼 수 있다. 따뜻한 미소와 친절한 한마디 역시 중요하지만, 서비스 직원의 용모와 복장은 친절한 서비스를 제공하기 전에 첫인상을 좌우하는 첫 번째 요소이므로 고객접점 서비스에서 중요하다.

## 21  정답 ②

**기술선택을 위한 절차**
- 외부환경분석 : 수요 변화 및 경쟁자 변화, 기술 변화 등 분석
- 중장기 사업목표 설정 : 기업의 장기비전, 중장기 매출목표 및 이익목표 설정
- 내부역량 분석 : 기술능력, 생산능력, 마케팅 / 영업능력, 재무능력 등 분석
- 사업전략 수립 : 사업 영역 결정, 경쟁 우위 확보 방안 수립
- 요구기술 분석 : 제품 설계 / 디자인 기술, 제품 생산 공정, 원재료 / 부품 제조기술 분석
- 기술전략 수립 : 기술획득 방법 결정

## 22  정답 ①

ㄱ. 환경이 안정적이거나 일상적인 기술, 조직 내부의 효율성을 중요시하는 기업은 기능적 조직구조의 형태를 띠고 있다.
ㄴ. 사업별 조직구조는 주로 안정적인 환경이 아닌 급변하는 환경에서의 대응이 용이한 조직구조이다.

**오답분석**
ㄷ. 기능적 조직구조는 업무의 내용이 유사하고 관련성이 있는 것들을 결합하여 부서를 조직하는 방식이다.
ㄹ. 환경변화에 효과적으로 대응하고 제품, 지역, 고객별 차이에 신속하게 적응하기 위해서는 분권화된 의사결정이 가능한 사업별 조직구조가 유리하다.

## 23  정답 ④

IT와 융합한 지능형 로봇이 유망한 기술로 전망되는 것을 볼 때, 빈칸에 들어갈 용어로 가장 적절한 것은 전기전자공학임을 알 수 있다.

**오답분석**
① 토목공학 : 도로・하천・도시계획 등 토목에 대한 이론과 실제를 연구하는 공학의 한 부문으로, 국토를 대상으로 해서 그 보전・개수・개발경영을 맡는 공학이다.
② 환경공학 : 대기・수질・폐기물・토양・해양 등의 오염 예방과 소음 및 진동공해 방지 등의 환경문제를 해결하기 위하여 학문적인 연구를 하는 분야이다.
③ 생체공학 : 생체의 기구・기능을 공학적으로 연구해서 얻은 지식을 기술적 문제에 응용하는 학문이다.
⑤ 자원공학 : 지구의 표면 및 내부, 즉 지하와 해저에 부존하는 유용자원과 지하매체를 경제적인 목적과 관련하여 각종 원리와 방법을 이용하여 다루는 학문이다.

**전기전자공학**
국가 기간산업의 근간을 이루며 최근 전자와 정보(컴퓨터), 정보통신공학의 기본이 되는 공학이다. 전기전자공학에서는 전기 에너지의 생산, 수송 및 변환, 반도체 소자와 컴퓨터를 계측기화할 수 있는 각종 컴퓨터 언어와 하드웨어, 그리고 컴퓨터를 이용한 디지털 시스템 설계, VHDL 및 VLSI 설계, 시스템의 자동계측, 자동화, 디지털통신 기술 및 영상 신호처리, 고속전기철도 등을 중심으로 기본 원리부터 응용에 이르기까지 기술적인 방법 등을 다룬다.

## 24  정답 ②

회사 자체에 대한 홍보나 기업정보를 제공하는 경우에는 홍보물 혹은 보도자료 등 보도에 특화된 정보제공 문서가 가장 적합하다. 따라서 A주임은 보도자료 형태의 문서를 작성해야 한다.

**오답분석**
① 설명서 : 상품 등에 대한 상세 정보를 기술한 문서이다.
③ 회의보고서 : 회의 내용을 정리하여 기록한 문서이다.
④ 주간업무보고서 : 한 주간에 진행된 업무를 보고하는 문서이다.
⑤ 제안서 : 회사의 경영 활동의 중요한 일환으로 사업 계획의 발전 및 개선안을 제안하기 위해 작성하는 양식이다.

## 25  정답 ⑤

- 기율 : 무관심이란 자신의 행위가 비윤리적이라는 것을 알고 있지만, 윤리적인 기준에 따라 행동해야 한다는 것을 중요하게 여기지 않는 것을 의미하므로 옳은 설명이다.
- 지현 : 무절제란 자신의 행위가 잘못이라는 것을 알고 그러한 행위를 하지 않으려고 함에도 불구하고 자신의 통제를 벗어나는 어떤 요인으로 인하여 비윤리적 행위를 저지르는 것이므로 옳은 설명이다.

**오답분석**

- 지원 : 비윤리적 행위의 주요 원인은 무지, 무관심, 무절제이며, 자유는 비윤리적 행위의 직접적 원인으로 볼 수 없다.
- 창인 : 어떤 사람이 악이라는 사실을 모른 채 선이라고 생각하여 노력하였다면, 이는 무관심이 아닌 무지에서 비롯된 것이다.

## 26  정답 ②

- A : 아이의 이야기를 들어주기보다는 자신의 기준에 따라 성급하게 판단하여 충고를 하고 있다. 상대방의 생각이나 느낌과 일치된 의사소통을 하지 못하는 인습적 수준에 해당한다.
- B : 아이의 이야기에 대하여 긍정적으로 반응하고 아이가 자신의 일에 책임감을 가질 수 있도록 돕고 있다. 상대방의 내면적 감정과 사고를 지각하고 적극적인 성장 동기를 이해하는 심층적 수준에 해당한다.
- C : 아이의 현재 마음 상태를 이해하고 있으며, 아이의 의견을 재언급하면서 반응을 보이고 있다. 상대방의 마음 상태나 전달하려는 내용을 파악하고 그에 맞는 반응을 보이는 기본적 수준에 해당한다.

**공감적 이해의 구분**

- 인습적 수준 : 청자가 상대방의 말을 듣고 그에 대한 반응을 보이기는 하지만, 청자가 주로 자신의 생각에 사로잡혀 있기 때문에 자기주장만 할 뿐 상대방의 생각이나 느낌과 일치된 의사소통을 하지 못하는 경우이다.
- 심층적 수준 : 청자는 언어적으로 명백히 표현되지 않은 상대방의 내면적 감정과 사고를 지각하고 이를 자신의 개념 틀에 의하여 왜곡 없이 충분히 표현함으로써 상대방의 적극적인 성장 동기를 이해하고 표출한다.
- 기본적 수준 : 청자는 상대방의 행동이나 말에 주의를 기울여 상대방의 현재 마음 상태나 전달하려는 내용을 정확하게 파악하고 그에 맞는 반응을 보인다.

## 27  정답 ③

농도를 알 수 없는 소금물의 농도를 $x\%$라고 하면 다음 식이 성립한다.

$$\frac{13}{100} \times 400 + \frac{7}{100} \times 200 + \frac{x}{100} \times 100 - \frac{22}{100} \times 700$$

$\rightarrow 52 + 14 + x = 154$

$\therefore x = 88$

따라서 농도를 알 수 없는 소금물의 농도는 88%이다.

## 28  정답 ②

나래가 자전거를 탈 때의 속력을 $x$km/h, 진혁이가 걸을 때의 속력을 $y$km/h라고 하면 다음 식이 성립한다.

$1.5(x-y)=6 \cdots$ ㉠

$x+y=6 \cdots$ ㉡

㉠, ㉡을 연립하면 $x=5$, $y=1$이다.

따라서 나래의 속력은 5km/h이다.

## 29  정답 ②

제시된 시간계획의 기본원리에서는 기본 원칙으로 '60 : 40의 원칙'을 정의하고 있다. 이때 ㉠은 계획 행동, ㉡은 계획 외 행동, ㉢은 자발적 행동이다.

## 30  정답 ⑤

유니온 숍과 오픈 숍은 경영참가제도가 아닌 노동조합의 가입과 관련된 제도이다.

**오답분석**

① 경영참가제도의 가장 큰 목적은 경영의 민주성을 제고하는 것이다.
②·③ 근로자 또는 노동조합이 경영과정에 참여하여 자신의 의사를 반영함으로써 공동으로 문제를 해결하고, 노사 간의 세력 균형을 이룰 수 있다.
④ 근로자나 노동조합이 새로운 아이디어를 제시하거나 현장에 적합한 개선방안을 마련함으로써 경영의 효율성을 높일 수 있다.

## 31  정답 ④

먼저 이슈 분석은 현재 수행하고 있는 업무에 가장 큰 영향을 미치는 핵심이슈 설정, 이슈에 대한 일시적인 결론을 예측해 보는 가설 설정, 가설검증계획에 의거하여 분석결과를 이미지화하는 Output 이미지 결정의 절차를 거쳐 수행된다. 다음으로 데이터 분석은 목적에 따라 데이터 수집 범위를 정하는 데이터 수집계획 수립, 정량적이고 객관적인 사실을 수집하는 데이터 수집, 수집된 정보를 항목별로 분류·정리한 후 의미를 해석하는 데이터 분석의 절차를 거쳐 수행된다. 마지막으로 원인 파악 단계에서는 이슈와 데이터 분석을 통해서 얻은 결과를 바탕으로 최종 원인을 확인한다. 따라서 원인 분석 단계는 ㉢-㉤-㉠-㉡-㉥-㉣의 순서로 진행된다.

## 32  정답 ①

조직이 생존하기 위해서는 급변하는 환경에 적응하여야 한다. 이를 위해서는 원칙이 확립되어 있고 고지식한 기계적 조직보다는 운영이 유연한 유기적 조직이 더 적합하다.

**오답분석**

② 대규모 조직은 소규모 조직과는 다른 조직구조를 갖게 되는데, 대규모 조직은 소규모 조직에 비해 업무가 전문화, 분화되어 있고 많은 규칙과 규정이 존재하게 된다.
③ 조직구조 결정요인으로는 크게 전략, 규모, 기술, 환경이 있다. 전략은 조직의 목적을 달성하기 위하여 수립한 계획으로, 조직이 자원을 배분하고 경쟁적 우위를 달성하기 위한 주요 방침이며, 기술은 조직이 투입요소를 산출물로 전환시키는 지식, 기계, 절차 등을 의미한다. 또한 조직은 환경의 변화에 적절하게 대응하기 위해 환경에 따라 조직의 구조를 다르게 한다.
④ 조직 활동의 결과에 따라 조직의 성과와 조직만족이 결정되며, 그 수준은 조직 구성원들의 개인적 성향과 조직문화의 차이에 따라 달라진다.
⑤ 조직구조의 결정요인 중 하나인 기술은 조직이 투입요소를 산출물로 전환시키는 지식, 기계, 절차 등을 의미하며, 소량생산기술을 가진 조직은 유기적 조직구조를, 대량생산기술을 가진 조직은 기계적 조직구조를 가진다.

## 33  정답 ④

'피재해자는 전기 관련 자격이 없었으며, 복장은 일반 안전화, 면장갑, 패딩점퍼를 착용한 상태였다.'는 내용에서 불안전한 행동·상태, 작업 관리상 원인, 작업 준비 불충분이었다는 것을 확인할 수 있다. 그러나 기술적 원인은 제시문에서 찾을 수 없다.

**오답분석**

① 불안전한 행동 : 위험 장소 접근, 안전장치 기능 제거, 보호장비의 미착용 및 잘못 사용, 운전 중인 기계의 속도 조작, 기계·기구의 잘못된 사용, 위험물 취급 부주의, 불안전한 상태 방치, 불안전한 자세와 동작, 감독 및 연락 잘못 등이 해당한다.
② 불안전한 상태 : 시설물 자체 결함, 전기 시설물의 누전, 구조물의 불안정, 소방기구의 미확보, 안전 보호 장치 결함, 복장·보호구의 결함, 시설물의 배치 및 장소 불량, 작업 환경 결함, 생산 공정의 결함, 경계 표시 설비의 결함 등이 해당한다.
③ 작업 관리상 원인 : 안전 관리 조직의 결함, 안전 수칙 미제정, 작업 준비 불충분, 인원 배치 및 작업 지시 부적당 등이 해당한다.
⑤ 작업 준비 불충분 : 작업 관리상 원인의 하나이며, 피재해자는 경첩의 높이가 높음에도 불구하고 작업 준비에 필요한 자재를 준비하지 않은 채 불안전한 자세로 일을 시작하였다.

## 34  정답 ④

직업생활에서의 목표를 단지 높은 지위에 올라가는 것이라고 생각하는 것은 잘못된 직업관으로, 입사 동기들보다 빠른 승진을 목표로 삼은 D는 잘못된 직업관을 가지고 있는 것이다.

**바람직한 직업관**
- 소명의식과 천직의식을 가져야 한다.
- 봉사정신과 협동정신이 있어야 한다.
- 책임의식과 전문의식이 있어야 한다.
- 공평무사한 자세가 필요하다.

## 35  정답 ②

퍼실리테이션은 단순히 타협점을 조정하는 것에 그치는 것이 아니라 창조적인 해결 방안까지 도출하고자 한다.

**오답분석**

① 깊이 있는 커뮤니케이션을 통해 서로의 문제점을 이해하고 공감하게 한다.
③ 초기에 생각하지 못했던 창조적인 해결방법을 도출한다.
④ 구성원이 자율적으로 실행하는 것으로, 제3자가 합의점이나 줄거리를 준비해 놓고 예정대로 결론이 도출되는 것이 아니다.
⑤ 구성원의 동기가 강화되고 팀워크도 한층 강화된다는 특징을 보인다.

## 36  정답 ①

- ㉠·㉢ : 현재 직면하고 있으면서 해결 방법을 찾기 위해 고민하는 발생형 문제에 해당한다.
- ㉡·㉣ : 현재 상황은 문제가 아니지만, 상황 개선을 통해 효율을 높일 수 있는 탐색형 문제에 해당한다.
- ㉤·㉥ : 새로운 과제나 목표를 설정함에 따라 발생할 수 있는 설정형 문제에 해당한다.

## 37  정답 ⑤

좋은 경청은 상대방과 상호작용하고, 말한 내용에 대해 생각하며, 무엇을 말할지 기대하는 것을 의미한다. 질문에 대한 답이 즉각적으로 이루어질 수 없다고 하더라도 질문을 하려고 하면 오히려 경청하는 데 적극적 태도를 갖게 되고 집중력이 높아질 수 있다.

## 38  정답 ⑤
전략적 사고란 현재 당면하고 있는 문제와 그 해결방법에만 집착하지 않고, 그 문제와 해결 방안이 상위 시스템과 어떻게 연결되어 있는지를 생각하는 것을 의미한다.

**오답분석**
① 분석적 사고 : 전체를 각각의 요소로 나누어 그 요소의 의미를 도출한 다음 우선순위를 부여하여 구체적인 문제해결방법을 실행하는 것을 의미한다.
② 발상의 전환 : 사물과 세상을 바라보는 기존의 인식 틀을 전환하여 새로운 관점에서 바라보는 것을 의미한다.
③ 내・외부자원의 활용 : 문제해결 시 기술, 재료, 방법, 사람 등 필요한 자원 확보 계획을 수립하고 내・외부자원을 효과적으로 활용한다.
④ 창의적 사고 : 당면한 문제를 해결하기 위해 이미 알고 있는 경험지식을 해체하여 새로운 아이디어를 다시 도출하는 것을 의미한다.

## 39  정답 ④
전략정보 시스템은 기업의 전략을 실현하여 경쟁우위를 확보하기 위한 목적으로 사용되는 정보 시스템으로, 기업의 궁극적 목표인 이익에 직접 영향을 줄 수 있는 시장점유율 향상, 매출신장, 신상품 전략, 경영전략 등의 전략계획에 도움을 준다.

**오답분석**
① 비지니스 프로세스 관리 : 기업 내외의 비지니스 프로세스를 실제로 드러나게 하고, 비지니스의 수행과 관련된 사람 및 시스템을 프로세스에 맞게 실행・통제하며, 전체 비지니스 프로세스를 효율적으로 관리하고 최적화할 수 있는 변화 관리 및 시스템 구현 기법이다.
② 전사적 자원관리 : 인사・재무・생산 등 기업의 전 부문에 걸쳐 독립적으로 운영되던 각종 관리시스템의 경영자원을 하나의 통합 시스템으로 재구축함으로써 생산성을 극대화하려는 경영혁신기법이다.
③ 경영정보 시스템 : 기업 경영정보를 총괄하는 시스템으로, 의사결정 등을 지원하는 종합시스템이다.
⑤ 의사결정 지원 시스템 : 컴퓨터의 데이터베이스 기능과 모델 시뮬레이션 기능을 이용하여 경영의 의사결정을 지원하는 시스템이다.

## 40  정답 ⑤
사람들은 마감 기한보다 결과의 질을 중요하게 생각하는 경향이 있으나, 어떤 일이든 기한을 넘겨서는 안 된다. 완벽에 가깝지만 기한을 넘긴 일은 완벽하지는 않지만 기한 내에 끝낸 일보다 인정을 받기 어렵다. 따라서 시간관리에 있어서는 주어진 기한을 지키는 것이 가장 중요하다.

**오답분석**
① 시간관리는 상식에 불과하다는 오해를 하고 있다.
② 시간에 쫓기면 일을 더 잘한다는 오해를 하고 있다.
③ 시간관리는 할 일에 대한 목록만으로 충분하다는 오해를 하고 있다.
④ 창의적인 일을 하는 사람에게는 시간관리가 맞지 않는다는 오해를 하고 있다.

## 41  정답 ②
직접비는 제품 또는 서비스를 창출하기 위해 직접 소요되는 비용으로, 재료비, 원료와 장비, 여행(출장)비 및 잡비, 인건비 등이 포함된다. 그리고 간접비는 생산에 직접 관련되지 않는 비용으로, 보험료, 건물관리비, 광고비, 통신비 등이 포함된다. 따라서 여행(출장)비 및 잡비는 제품 또는 서비스 창출에 직접 관련 있는 항목이므로 직접비에 해당한다.

## 42  정답 ⑤
ㄱ. 자기개발은 크게 자아인식, 자기관리, 경력개발로 이루어진다.
ㄷ. 경력개발이 아닌 자기관리에 대한 설명이다.
ㄹ. 자기관리가 아닌 경력개발에 대한 설명이다.

**오답분석**
ㄴ. 자신의 가치, 신념, 흥미, 적성, 성격 등을 바르게 인식하는 자아인식은 자기개발의 첫 단계가 되며, 자신이 어떠한 특성을 가지고 있는지를 바르게 인식할 수 있어야 적절한 자기개발이 이루어질 수 있다.

## 43  정답 ②
처음 참석한 사람의 수를 $x$명이라 하면 다음 식이 성립한다.

i) $8x < 17 \times 10 \to x < \dfrac{170}{8} ≒ 21.3$

ii) $9x > 17 \times 10 \to x > \dfrac{170}{9} ≒ 18.9$

iii) $8(x+9) < 10 \times (17+6) \to x < \dfrac{230}{8} - 9 = 19.75$

따라서 세 식을 모두 만족해야 하므로 처음의 참석자 수는 19명임을 알 수 있다.

## 44
정답 ①

데이터베이스(DB; Data Base)란 어느 한 조직의 여러 응용 프로그램들이 공유하는 관련 데이터들의 모임이다. 대학 내 서로 관련 있는 데이터들을 하나로 통합하여 데이터베이스로 구축하게 되면 학생 관리 프로그램, 교수 관리 프로그램, 성적 관리 프로그램은 이 데이터베이스를 공유하며 사용하게 된다. 이처럼 데이터베이스는 여러 사람에 의해 공유되어 사용될 목적으로 통합하여 관리되는 데이터의 집합을 말하며, 자료항목의 중복을 없애고 자료를 구조화하여 저장함으로써 자료 검색과 갱신의 효율을 높인다.

**오답분석**

② 유비쿼터스 : 사용자가 네트워크나 컴퓨터를 의식하지 않고 장소에 상관없이 자유롭게 네트워크에 접속할 수 있는 정보통신 환경을 의미한다.
③ RFID : 극소형 칩에 상품정보를 저장하고 안테나를 달아 무선으로 데이터를 송신하는 장치를 말한다.
④ NFC : 전자태그(RFID)의 하나로, 13.56MHz 주파수 대역을 사용하는 비접촉식 근거리 무선통신 모듈이며, 10cm의 가까운 거리에서 단말기 간 데이터를 전송하는 기술을 말한다.
⑤ 와이파이 : 무선접속장치(AP; Access Point)가 설치된 곳에서 전파를 이용하여 일정 거리 안에서 무선인터넷을 할 수 있는 근거리 통신망을 칭하는 기술이다.

## 45
정답 ②

목표관리(MBO; Management By Objectives)란 조직의 상하 구성원들이 참여의 과정을 통해 조직 단위와 구성원의 목표를 명확하게 설정하고, 그에 따라 생산 활동을 수행하도록 한 뒤 업적을 측정·평가하는 포괄적 조직관리 체제를 말한다. 목표관리는 종합적인 조직운영 기법으로 활용될 뿐만 아니라 근무성적평정 수단, 예산 운영 및 재정관리의 수단으로 다양하게 활용되고 있다.

**오답분석**

① 과업평가계획(Project Evaluation and Review Technique) : 특정 프로젝트의 일정과 순서를 계획적으로 관리하는 기법으로, 계획내용인 프로젝트의 달성에 필요한 모든 작업을 작업 관련 내용과 순서를 기초로 하여 네트워크상으로 파악한다.
③ 조직개발(Organization Development) : 조직의 유효성과 건강을 높이고, 환경변화에 적절하게 대응하기 위하여 구성원의 가치관과 태도, 조직풍토, 인간관계 등을 향상시키는 변화활동을 의미한다.
④ 총체적 품질관리(Total Quality Management) : 조직의 생산성·효율성 제고를 목표로 조직 구성원 전원이 참여해 고객의 욕구와 기대를 충족시키기 위한 지속적인 개선 활동을 하는 것을 의미한다.
⑤ 전사적 자원관리(Enterprise Resource Planning) : 기업 내 생산, 물류, 재무, 회계, 영업과 구매, 재고 등 경영 활동 프로세스들을 통합적으로 연계해 관리하며, 기업에서 발생하는 정보를 공유하여 새로운 정보의 생성과 빠른 의사결정을 도와주는 전사적 자원관리 시스템을 의미한다.

## 46
정답 ④

당직근무 배치가 원활하지 않아 일어난 사고는 배치의 불충분으로 일어난 산업재해의 경우로, 4M 중 Management(관리)에 해당한다.

**오답분석**

① 개인의 심리적 요인으로, 4M 중 Man에 해당한다.
② 작업 공간 불량으로, 4M 중 Media에 해당한다.
③ 점검, 정비의 결함으로, 4M 중 Machine에 해당한다.
⑤ 안전보건교육 부족으로, 4M 중 Management에 해당한다.

## 47
정답 ④

- (A) : 구명밧줄이나 공기 호흡기 등을 준비하지 않아 사고가 발생했음을 알 수 있다. 따라서 보호구 사용 부적절로, 4M 중 Media의 사례이다.
- (B) : 안전장치가 제대로 작동하지 않았음을 볼 때, Machine의 사례이다.

## 48
정답 ⑤

조건에서 $a$, $b$, $c$의 나이를 식으로 표현하면 $a \times b \times c = 2,450$, $a+b+c=46$이다.

세 명의 나이의 곱을 소인수분해하면 $a \times b \times c = 2,450 = 2 \times 5^2 \times 7^2$이다.

2,450의 약수 중에서 19~34세에 해당하는 나이를 구하면 25세이므로 甲의 동생 $a$는 25세이다.

그러므로 아들과 딸 나이의 합은 $b+c=21$이다.

따라서 甲과 乙 나이의 합은 $21 \times 4 = 84$이며, 甲은 乙과 동갑이거나 乙보다 연상이라고 했으므로 乙의 나이는 42세 이하이다.

## 49
정답 ②

Why(왜)는 목적을 의미하며, ②는 강연 목적으로 적절하다.

**오답분석**

① Why(왜)에 해당한다.
③ When(언제)에 해당한다.
④ Who(누가)에 해당한다.
⑤ Where(어디서)에 해당한다.

## 50
정답 ①

①은 예산(금액, 인력, 시간, 시설자원 등)을 나타내는 내용에 가깝다. 따라서 How Much(얼마나)에 들어가야 한다.

## 51  정답 ④

자연자원의 경우 자연 상태에 있는 그대로의 자원을 말하므로 석탄, 햇빛, 구리, 철광석, 나무 등이 이에 해당한다. 반면 인공자원의 경우 사람들이 인위적으로 가공하여 만든 물적자원으로, 시설이나 장비 등이 포함되므로 댐, 인공위성, 컴퓨터가 이에 해당한다.

## 52  정답 ②

**직업인의 기본자세**
- 소명의식
- 천직의식
- 봉사정신
- 협동정신
- 책임의식
- 전문의식
- 공평무사한 자세

## 53  정답 ③

(가) 공리주의 : 최대 다수를 위한 최대 행복이 의사결정의 합리적 판단 기준이 된다.
(나) 권리 : 헌법과 법에 의해 보호되는 기본적인 권리를 의사결정의 기준으로 삼는다.
(다) 공정성 : 이익과 비용에 대한 공평한 배분과 공정한 과정을 중시한다.

## 54  정답 ②

K사원의 전화통화 내용을 보면 고객이 키보드 작동 문제에 설명하려고 하는 도중에 말을 끊고 바로 사과하고 있다. 즉, 고객의 말을 주의 깊게 들어주지 않은 실수를 하였다.

## 55  정답 ②

최선의 대안에 대해서 합의하고 선택하는 것은 '해결 대안'에 해당하는 내용이다.

## 56  정답 ②

구성원들이 보유하고 있는 능력, 스킬, 욕구, 태도 등은 구성원(Staff)에 해당한다. 조직구조(Structure)는 전략을 실행하기 위한 틀로, 조직도라 할 수 있으며, 구성원들의 역할과 구성원 간 상호관계를 지배하는 공식 요소들(예 권한, 책임)을 포함한다. 또한, 제도·절차(System)와 함께 구성원들의 행동을 특정 방향으로 유도하는 역할을 한다.

**맥킨지 7S 모델**
- 공유가치(Shared Value) : 모든 조직 구성원들이 공유하는 기업의 핵심 이념이나 가치관, 목적 등을 말한다.
- 전략(Strategy) : 조직의 장기적 계획 및 목표를 달성하기 위한 수단이나 방법을 말한다.
- 제도·절차(System) : 조직의 관리체계나 운영절차, 제도 등을 말한다.
- 조직구조(Structure) : 전략을 실행하기 위한 틀로, 조직도라 할 수 있다.
- 리더십 스타일(Style) : 조직을 이끌어 나가는 관리자의 경영방식이나 리더십 스타일을 말한다.
- 관리기술(Skill) : 전략을 실행하는 데 필요한 구체적 요소를 말한다.
- 구성원(Staff) : 조직 내 인력 구성을 말한다. 구성원들의 단순한 인력 구성 현황을 의미하기보다는 구성원들이 보유하고 있는 능력, 스킬, 욕구, 태도 등을 포함한다.

## 57  정답 ③

좋은 자료가 있다고 해서 항상 훌륭한 분석이 되는 것은 아니다. 좋은 자료가 있어도 그것을 평범하게 바꾸는 것만으로는 훌륭한 분석이라고 할 수 없다. 훌륭한 분석이란 하나의 메커니즘을 그려낼 수 있고, 동향, 미래를 예측할 수 있는 것이어야 한다.

## 58  정답 ①

자아인식은 자신의 직업 흥미, 적성, 장단점을 분석하고 인식하는 것이다. 자기개발의 첫 단계로 표준화된 검사 척도를 이용하여 자아를 인식한다. 자아를 인식한 후, 자기관리 단계에서 비전과 목표 수립이 이루어진다.

## 59 정답 ③

피드백의 효과를 극대화하려면 즉각적(㉠)이고, 정직(㉡)하고 지지(㉢)하는 자세여야 한다.
- ㉠ 즉각적 : 시간을 낭비하지 않는 것이다. 다시 말하기를 통해 상대방의 말을 이해했다고 생각하자마자 명료화하고, 바로 피드백을 주는 것이 좋다. 시간이 갈수록 피드백의 영향력은 줄어든다.
- ㉡ 정직 : 진정한 반응뿐만 아니라 조정하고자 하는 마음 또는 보이고 싶지 않은 부정적인 느낌까지 보여주어야 한다.
- ㉢ 지지 : 정직하다고 해서 잔인해서는 안 된다. 부정적인 의견을 표현할 때도 상대방의 자존심을 상하게 하거나 약점을 이용하거나 위협적인 표현 방법을 택하는 대신에 부드럽게 표현하는 방법을 사용할 필요가 있다.

## 60 정답 ③

규칙과 법을 준수하고 관행과 안정, 문서와 형식, 명확한 책임소재 등을 강조하는 관리적 문화의 특징을 가진 문화는 (다)이다.
(가)는 집단문화, (나)는 개발문화, (다)는 계층문화, (라)는 합리문화이며, 분야별 주요 특징은 다음과 같다.

| 조직문화 유형 | 주요 특징 |
| --- | --- |
| 집단문화 | 관계지향적인 문화이며, 조직 구성원 간 인간애 또는 인간미를 중시하는 문화로, 조직내부의 통합과 유연한 인간관계를 강조한다. 따라서 조직 구성원 간 인화단결, 협동, 팀워크, 공유가치, 사기, 의사결정과정 참여 등을 중요시하며, 개인의 능력개발에 대한 관심이 높고, 조직 구성원에 대한 인간적 배려와 가족적인 분위기를 만들어 내는 특징을 가진다. |
| 개발문화 | 높은 유연성과 개성을 강조하고, 외부환경에 대한 변화지향성과 신축적 대응성을 기반으로 조직 구성원의 도전의식, 모험성, 창의성, 혁신성, 자원획득 등을 중시하며, 조직의 성장과 발전에 관심이 높은 조직문화를 의미한다. 따라서 조직 구성원의 업무수행에 대한 자율성과 자유재량권 부여 여부가 핵심요인이다. |
| 계층문화 | 조직내부의 통합과 안정성을 확보하고, 현상유지 차원에서 계층화되고 서열화된 조직구조를 중요시하는 조직문화이다. 즉, 위계질서에 의한 명령과 통제, 업무처리 시 규칙과 법을 준수, 관행과 안정, 문서와 형식, 보고와 정보관리, 명확한 책임소재 등을 강조하는 관리적 문화의 특징을 나타내고 있다. |
| 합리문화 | 과업지향적인 문화로, 결과지향적인 조직으로써의 업무의 완수를 강조한다. 조직의 목표를 명확하게 설정하여 합리적으로 달성하고, 주어진 과업을 효과적이고 효율적으로 수행하기 위하여 실적을 중시하고, 직무에 몰입하며, 미래를 위한 계획을 수립하는 것을 강조한다. 때로는 지나친 성과를 강조하게 되어 조직에 대한 조직 구성원들의 방어적인 태도와 개인주의적인 성향을 드러내는 경향을 보인다. |

# 모듈형 NCS 집중학습 봉투모의고사 답안카드

# 모듈형 NCS 집중학습 봉투모의고사 답안카드

# 모듈형 NCS 집중학습 봉투모의고사 답안카드

# 모둘형 NCS 집중학습 봉투모의고사 답안카드